백전
기략 百戰奇略

엮은이 | 엄기헌

1954년 경북 김천 출생.
동국대학교 법학과 및 동 경영대학원을 졸업했으며 서울대에서 공기업고급경영자과정을 수료했다.
1981년 한국토지공사에 입사하여 중국사업팀장 등을 거쳐 현재 단지사업처용지팀장으로 재직 중이다.
30여 년 동안 중국의 명리학, 한의학, 무술 등 중국의 문화와 역사에 대해 공부하고 있다.
특히 명리학 중에서도 '자미두수', '사주추명', '기문둔갑', '매화역수', '풍수', '양택' 분야에 일가를 이루었다.
저서로《복을 부르는 관상 화를 부르는 관상》(아카데미북) 이 있고,〈양택3요의 풍수이론적고찰〉(강남대 세미나),
〈양택경관풍수〉(토지연구) 등의 논문을 발표했으며 Goodday-365 등에 20여 편의 글을 연재한 바 있다.

백전기략

초판 1쇄 발행 | 2004년 2월 25일
초판 2쇄 발행 | 2004년 5월 20일

지은이 | 명. 유기
엮은이 | 엄기헌
펴낸이 | 양동현

펴낸곳 | 도서출판 나들목
출판등록 | 제 6-483호
주소 | 서울 성북구 동소문동4가 124-2
대표전화 | 02) 927-2345 팩시밀리 | 02) 927-3199
이메일 | academybook@hanmail.net

ISBN | 89-90517-16-8 03820

ⓒ 나들목, 2004

잘못 만들어진 책은 구입한 곳에서 바꾸어 드립니다.

www.academypub.com

백전기략 百戰奇略

明 유기 — 엄기헌 편역

나들목

|서 문|

《백전기략》은 《백전기법》이라고도 하며 명 나라 초 유기(劉基, 1311~1375)의 작품으로 알려져 있다. 역사적으로 이 책이 처음 등장하는 것은 명의 양사기가 편찬한 《문연각서목》에서이다. 그 밖에 명 나라 조율의 《보문당서목》, 주홍조의 《고금서각》, 초횡의 《국사경적지》 등에도 등장하긴 하나 그 이름만 전할 뿐 작자나 내용에 대한 언급은 없다.

현존하는 최초의 판본은 명 나라 홍치 17년인 서기 1504년에 이찬이 새긴 《무경총요》의 부간본으로, 이 책에서 저자는 유기를 고증할 수 없는 인물로 밝히고 있다. 그러나 그 후 청대에 이르러 벽광도인이 모은 군사 총서 《수륙공수전략 비서 칠종》과 청 초본 군사 총서인 《유악전서 십사종》을 보면 《백전기략》의 내용을 모두 실어 놓았을 뿐만 아니라 유기가 편찬했다는 기록까지 명시해 놓았다.

《백전기략》의 저자로 알려진 유기의 자는 백온(伯溫)이며, 절강청전인(浙江靑田人)으로서 어려서부터 총명하고 학문을 좋아했다. 유학뿐만 아니라 군사 작전, 모략에도 능했으며, 천문·지리·인사·명리 등 술수에도 밝아 《기문둔갑전서〈奇門遁甲全書〉》의 총 서문을 쓰고 전체적인 교정을 보아 후세에 전했다고 한다. 또한 사주 명리의 기본 고전인 《적천수〈滴天髓〉》라는 명저를 남기기도 했다. 일찍이 원 나라에 출사하여 벼슬길에 올

랐으나, 후에 주 원장을 도와 명이 천하를 통일하는 데 결정적인 기여를 했다. 명 나라의 개국 공신으로서 그는, 한의 장량, 촉의 제갈량에 버금가는 전략가로 후세에 높이 평가받고 있다.

한편으로는 이 책의 저자가 유기라는 설은 탁명이라는 견해도 유력하다. 원래 중국인들은 자기가 지은 책의 권위를 높이기 위해 자신의 이름을 숨기고 역사상 유명한 인물을 내세우는 경우가 많았다. 《황제내경》의 황제라든지 《신농본초경》의 신농 등이 그 예다. 때문에 일각에서는 이 책을 두고 원 나라 때의 작품이라고도 하며, 1987년 중국인민해방군 출판사에서 발간한 《백전기법천설》에서는 송 대의 작품이라고 단정짓기도 했다.

《백전기략》은 그 내용과 형식 면에서 다른 병서들과 매우 다르다. 작자는 《무경칠서》 등을 비롯한 각종 병서를 널리 취하여 '전쟁'을 여러 방면에서 개괄하고 1백 개의 제목으로 귀납시켜 이른바 '백전'이라는 표제를 붙였다. 그리고 각 편마다 저자의 견해를 먼저 천명하고 손자와 오자의 병서 가운데 핵심을 찌르는 명언이나 수언을 찾아 인용했다. 또한 춘추 전국 시대부터 당 나라 말 5대에 이르는 1680여 년간 중국에서 일어난 전쟁과 장수의 사적, 언행 가운데 그 내용과 부합되는 사실을 찾아 제시함으로써 사람들의 이해를 도왔다.

《백전기략》에는 전쟁의 성질, 전략과 전술, 군사 모략, 국방 전비, 작전 지도, 후방 보급, 군사 지리, 장수 수양 등 전쟁과 관련된 모든 내용이 들어 있다. 각종 전자 장비와 최첨단 병기로 진행되는 오늘날의 전쟁과 비교해 볼 때 크게 진부하고 시대에 뒤떨어지지만 전쟁 그 자체의 기본 원리는 예나 지금이나 큰 변함이 없다. 그렇기 때문에 《백전기략》의 내용은 오늘날에도 여전히 그 가치가 있다.

손자는 《손자》의 〈시계〉 편에서 전쟁을 궤도(詭道), 즉 속임수라고 했다. 여기에서도 상당 부분은 속임수, 즉 모략을 강조하고 있다. 이를 부정적으로 생각하는 사람도 있을 테지만 적과 투쟁을 함에 있어서 모략은 불가피한 요소다. 모략은 동서고금을 막론하고 수많은 사람들에게 활용되어 왔고, 또 그 덕분에 전쟁에서 승리를 이룬 예도 많다. 이런 이유로, 전쟁을 할 때는 가능한 한 아군에게 이로운 모략을 세우는 동시에 이를 무시하거나 기피해서는 안 된다. 필요에 따라서는 그것을 이해하고 중시해야만 자신을 방어할 수 있고, 나아가 반격할 수 있는 수단과 방법까지 찾아낼 수 있다.

병법(兵法)은 비단 군사·전쟁과 직접적으로 관련이 있는 전략가뿐만 아니라 정치, 경제, 외교, 무역, 정보, 조직 등에 종사하는 이들에게도 매우 유용한 지혜나 방편이 된다. 작게는 개인에서 크게는 국가에 이르기까지 선택에 대한 결단력과 책략, 지혜가 필요한 경우가 많다. 그런 사람들에게 이 책은 좋은 친구가 될 것이다. 그러기에 중국의 마오쩌둥(毛澤東) 주석도 생전에 이 책을 탐독했고, 지금도 여러 사람들에게 널리 읽혀지고 있는 것이 아니겠는가.

갈수록 중요시되고 있는 비즈니스의 세계도 전쟁과 다름없다. 영토와 국권을 지키거나 땅을 빼앗기 위해 국가 간에 전쟁을 벌이듯 기업들도 자기 시장을 지키고 남의 빼앗기 위해 다양한 전쟁을 치르고 있다. 맥도널드와 버거킹 간의 '버거 전쟁', 코카콜라와 펩시콜라의 '콜라 전쟁', 아마존과 반스 앤드 노블의 '책 전쟁', 마이크로소프트와 네스케이프 간의 '브라우저 전쟁', 삼성과 하이닉스, 그리고 마이크로 테크놀로지 간의 '반도체 전쟁' 등이 그것이다. 전쟁에서 승리하기 위해 최고 경영자는 전면전을 할 것인지 국지전을 할 것인지, 선전포고를 할 것인지 기습 공격을 할 것인지, 적진의 어디를 어떤 무기로 공격할 것인지, 가지고 있는 진지를 버릴 것인지 끝까지 지킬 것인지를 결정해야 한다. 이 모든 것이 비즈니스계에서 벌어지는 전쟁이다.

엮은이는 군략가도 아니고 직업 군인도 아니다. 그저 동양 사상에 관심이 많은 평범한 샐러리맨에 불과하다. 군사 전략에 관한 한 지식이 부족하고 미비하기에 이 책의 내용과 관련하여 부족한 점도 많을 것이다. 그러기에 강호제현(江湖諸賢)의 많은 이해와 도움을 바란다. 새로운 역사적 고증에 따라 나름대로 원문의 오류를 다수 교정했으나 혹 간과하거나 잘못된 부분이 있다면 정확한 지적을 바란다.

새 천년이 시작되고 다시 서너 해가 지나가는 시점에서, 이 책이 전하는 숱한 전례는 나의 가슴을 무한한 감회와 무상함으로 회오리치게 만든다. 국가·정의·명예·승리·지혜라는 값진 가치를 위해 그들은 그토록 싸웠을 것이다. 그러나 그 전쟁 영웅들은 지금 어디로 갔는가?

일 년, 이 년 무심하게 흘러가는 세월 속에서 한 편의 옛 노래가 가슴속에 저려 오는 것은 무슨 연유일까?

장강은 유유히 동쪽으로 흐르는데(滾滾長江東逝水)
물거품처럼 일어났다가 스러지는 숱한 영웅들(浪花淘盡英雄)
옳고 그르고 흥하고 망하고 간에 세상일 돌아보니 허무하다(是非成敗轉頭空)
푸른 산은 옛날과 다름없는데(靑山依舊在)
얼마나 석양빛은 타듯이 붉었더냐(幾度夕陽紅)
백발의 어부와 나무꾼은 강가에서(白髮漁樵江渚上)
가을달과 봄바람을 늘 보며 살아왔지(慣看秋月春風)
한 병 탁주로 친구를 반겨 맞고(一壺濁酒喜相逢)
고금의 허다한 일들을(古今多小事)
모두 웃음거리에 부치노라(都付笑談中).

2004년 2월 성남 분당 불곡산 자락에서
엄기헌 씀

|차 례|

1. 계 전(計戰) 14
2. 모 전(謀戰) 19
3. 간 전(間戰) 23
4. 선 전(選戰) 27
5. 보 전(步戰) 31
6. 기 전(騎戰) 36
7. 주 전(舟戰) 41
8. 차 전(車戰) 43
9. 신 전(信戰) 47
10. 교 전(敎戰) 51
11. 중 전(衆戰) 55
12. 과 전(寡戰) 60
13. 애 전(愛戰) 65
14. 위 전(威戰) 75
15. 상 전(賞戰) 81
16. 벌 전(罰戰) 85
17. 주 전(主戰) 89
18. 객 전(客戰) 94
19. 강 전(强戰) 100
20. 약 전(弱戰) 105

21. 교 전(騎戰) 110
22. 교 전(交戰) 116
23. 형 전(形戰) 120
24. 세 전(勢戰) 124
25. 주 전(晝戰) 130
26. 야 전(夜戰) 134
27. 비 전(備戰) 140
28. 양 전(糧戰) 144
29. 도 전(導戰) 148
30. 지 전(知戰) 152
31. 척 전(斥戰) 160
32. 택 전(澤戰) 166
33. 쟁 전(爭戰) 170
34. 지 전(地戰) 174
35. 산 전(山戰) 179
36. 곡 전(谷戰) 184
37. 공 전(攻戰) 187
38. 수 전(守戰) 191
39. 선 전(先戰) 196
40. 후 전(後戰) 200

41. 기 전(奇戰) 205
42. 정 전(正戰) 211
43. 허 전(虛戰) 217
44. 실 전(實戰) 221
45. 경 전(輕戰) 225
46. 중 전(重戰) 229
47. 이 전(利戰) 235
48. 해 전(害戰) 240
49. 안 전(安戰) 244
50. 위 전(危戰) 249
51. 사 전(死戰) 256
52. 생 전(生戰) 261
53. 기 전(飢戰) 265
54. 포 전(飽戰) 270
55. 노 전(勞戰) 274
56. 일 전(逸戰) 278
57. 승 전(勝戰) 282
58. 패 전(敗戰) 286
59. 진 전(進戰) 290
60. 퇴 전(退戰) 295

61. 도 전(挑戰) 298

62. 치 전(致戰) 302

63. 원 전(遠戰) 306

64. 근 전(近戰) 310

65. 수 전(水戰) 313

66. 화 전(火戰) 318

67. 완 전(緩戰) 322

68. 속 전(速戰) 326

69. 정 전(整戰) 330

70. 난 전(亂戰) 334

71. 분 전(分戰) 338

72. 합 전(合戰) 342

73. 노 전(怒戰) 350

74. 기 전(氣戰) 354

75. 귀 전(歸戰) 359

76. 축 전(逐戰) 363

77. 부 전(不戰) 367

78. 필 전(必戰) 371

79. 피 전(避戰) 377

80. 위 전(圍戰) 381

81. 성 전(聲戰) 384
82. 화 전(和戰) 388
83. 수 전(受戰) 392
84. 항 전(降戰) 396
85. 천 전(天戰) 400
86. 인 전(人戰) 404
87. 난 전(亂戰) 408
88. 이 전(易戰) 414
89. 이 전(餌戰) 418
90. 이 전(離戰) 422
91. 의 전(疑戰) 428
92. 궁 전(窮戰) 432
93. 풍 전(風戰) 436
94. 설 전(雪戰) 440
95. 양 전(養戰) 446
96. 서 전(書戰) 451
97. 변 전(變戰) 455
98. 외 전(畏戰) 460
99. 호 전(好戰) 464
100. 망 전(忘戰) 468

백전기략

계 전

1

계책 계(計), 計戰

적의 정황을 살펴 승리할 방도를 찾고, 작전 지형의 지세와 도로의 원근을 정확하게 계산하여 파악하는 것이 뛰어난 장수의 기본적인 직능이다.

유비는 제갈량의 계책에 따라 이를 실행에 옮겨 이후에 삼국이 정립되는 국면을 만들었다.

계전(計戰)

용병(用兵)은 치밀한 계획의 수립을 첫 번째 도로 삼는다. 전장(戰場)에서 적과 대전(對戰)하기 전에 먼저 상대편 장수가 현명한지 어리석은지, 군세(軍勢)가 강한지 약한지, 병력(兵力)은 많은지 적은지, 작전 지형은 험준한지 평탄한지, 군량(軍糧)은 충분한지 부족한지 등 적의 정황을 반드시 먼저 살펴야 한다. 이렇게 치밀한 계획과 계산으로 적과 아군의 형세를 판단한 다음 출병하여 싸우면 승리하지 못하는 경우가 없다.

《손자병법》에 '적의 정황을 살펴 승리할 방도를 찾고, 작전 지형의 지세와 도로의 원근을 정확하게 계산하여 파악하는 것이 뛰어난 장수의 기본적인 직능이다' 라고 했다.

후한 말엽인 서기 207년, 유비(劉備, 161~223)가 양양에 머물고 있을 때 삼고초려(三顧草廬) 끝에 융중에 은거하고 있는 제갈량(諸葛亮, 181~234)을 만났다. 유비가 공명을 보니 키는 팔 척이요, 얼굴은 관옥(冠玉)처럼 희고 머리에는 윤건(綸巾)을 쓰고 학창의(鶴氅衣)를 입었는데, 표연한 풍채가 마치 신선과 같았다.

유비가 절하며 말했다. "나는 한 나라 황실의 후손이자 탁군 출신의 미천한 몸으로, 오래전부터 선생의 높은 이름을 우레 소리처럼 듣고 두 번씩이나 뵈러 왔었지만 뵙지 못했습니다. 천한 이름으로 두어 자 적어 두고 갔었는데, 혹 읽어 보셨는지요?"

그러자 공명이 대답했다. "나는 남양 땅 야인으로 성글고 게으른 것이 천성이 되어 여러 번 장군을 오시게 했으니 부끄럽습니다."

유비는 앞으로의 방략(方略)을 물었다. "한 황실은 이미 기울고 간신들이 천명을 도둑질할 새, 내가 힘을 돌보지 않고 천하에 대의명분을 펴려고 하나 지혜가 부족하여 어찌할 바를 모르겠습니다. 선생이 어리석은 나를 가르치고 액운에 빠진 나라를 건져 주신다면 실로 만행(萬幸)이겠습니다."

"역적 동탁이 세상을 어지럽힌 이후로 각지에서 영웅호걸(英雄豪傑)들이 일어나 제각기 그 지방을 장악하고 있으니 그러한 예를 일일이 다 들 수가 없습니다. 조조(曹操, 155~220)는 원소(袁紹, ?~202)에 비해 명망이 미미하고 병력도 훨씬 작았습니다. 그러나 조조는 원소를 이기고 약세를 강세로 전환했습니다. 이는 결코 시기가 좋았기 때문이 아니라 지략(智略)이 뛰어났기 때문입니다. 지금 조조는 백만의 대군을 보유하고 천자를 방패로 삼아 모든 제후들을 호령하고 있으므로 조조의 세력과 정면으로 겨루기는 어렵습니다.

한편 손권(孫權, 182~252)의 가문은 강동 지방에서 3대에 걸쳐 그 기반을 다져 왔습니다. 강동 지역은 천연의 요새인데다 백성들이 손권을 잘 따르고 있습니다. 또 현명하고 유능한 인물들이 그를 잘 보필하고 있으니 이런 손권과는 그 세력을 다투지 말고 유대를 돈독히 하는 것이 좋을듯 싶습니다.

그러나 형주는 북으로 한수와 면수가 있고 남해에 이르기까지 다 이로운 땅이며, 동으로는 오의 여러 지방 도시와 연결되어 있고 서로는 파·촉과 통해 있으므로 그곳이야말로 군사를 거느리고 천하를 경영할 만한 곳입니다. 하지만 그곳은 참다운 주인이 아니면 능히 지키지 못할 곳입니다. 이야말로 하늘이 장군을 위해서 남겨 둔 곳인데, 장군은 어째서 거들떠보지도 않습니까?

또 익주로 말할 것 같으면 험준한 요새를 이루고 비옥한 들이 천 리에 걸쳐 뻗어 있는 좋은 나라입니다. 옛날에 한 고조께서도 그곳에서 기반을 마련했는데, 오늘날은 유장이 혼암하고 약해서 나라가 풍성하고 백성이 번성하건만 사랑할 줄을 몰라 그곳의 뜻 있는 사람들은 새로운 어진 주인을 섬기고 싶어합니다. 장군은 이미 한 황실의 종친으로서 신의를 천하에 드날렸고, 모든 영웅을 휘하에 거느렸으며 어진 인재를 목마르게 구하고 있습니다. 그러니 형주와 익주 두 곳을 요새로 삼아 서쪽 오랑캐와는 화친하고 남쪽의 오랑캐들을 위로하고 밖으로는 손권과 동맹하고 안으로는 실력을 쌓으십시오. 그러다가 천하에 변화가 생기거든 기회를 놓치지 말고 즉시 상장으로 하여금 형주의 군을 지휘하여 완성을 경유하여 낙양을 목표로 진격하게 하십시오. 그런 다음 장군께서 친히 익주에 있는 군을 지휘하여 진천으로 출정하시면 장군을 환영하지 않는 백성이 없을 것입니다. 장군께서 이렇게만 하신다면 천하를 장악할 수 있는 패업(霸業)을 도모할 수 있으며 한의 황실을 다시 부흥시킬 수 있을 것입니다. 이것이 내가 장군을 위해서 계책한 바이니 장군께서는 힘써 보십시오."

　공명은 말을 마친 다음 동자에게 명하여 한 족자로 된 지도를 중당에 걸게 했다. 그리고는 지도를 가리키면서 "이것은 서천 54주를 그린 지도입니다. 장군이 패업을 성취하시려거든 하늘의 때를 얻은 조조에게 북쪽 땅을 양보하고, 지리의 이점을 차지한 손권에게 남쪽 땅을 양보하고, 인심을 얻어 먼저 형주를 차지하여 집으로 삼고 뒤에 서천 일대를 차지하여 기반 삼아 솥발처럼 대립한 연후에 중원을 쳐야 할 것입니다"라고 말했다.

　이에 유비는 찬동했고, 그 이후의 정세는 제갈량이 예측한 대로 전개되어 유명한 삼국지의 시대적 풍운이 일게 되었다. 후세 사람들은 이 일을 찬탄하며 '유현덕이 당시에는 곤궁하여 탄식만 하더니 남양 땅에 와룡이 있었음은 참으로 다행이었다. 훗날 세상이 솥발처럼 셋으로 나뉘는 것을 알고 싶거든 공명이 가리키는 지도를 보라'고 했다.

_《삼국지》〈촉서-제갈량전〉

② 모 전

꾀 모(謀), 謀戰
가장 훌륭한 용병은 적의 계략을 공격하여 분쇄하는 것이다.

모전(謀戰)

적이 먼저 계략을 세우면 아군은 신속하게 그 계략을 좌절시켜야 한다. 즉 적의 계략을 무력화하여 아군에게 굴복시켜야 한다.
《손자병법》에 '가장 훌륭한 용병은 적의 계략을 공격하여 분쇄하는 것이다' 라고 했다.

해설

춘추 전국 시대인 BC 550년경, 진 나라의 평공이 제를 공격할 심산으로 재상인 범소를 제 나라로 보내 제의 실상을 탐지하게 했다.

범소가 제 나라에 도착했을 때 제의 군주인 경공은 잔치를 베풀어 범소를 대접했다.

한창 술기운이 무르익었을 무렵, 범소가 무례하게도 경공에게 "왕께서 저에게 술 한잔 주시지 않겠습니까?"라고 청했다. 이에 경공은 "내 술을 한잔 받으시오"라고 하며 자신의 잔에 술을 따라 범소에게 주었다. 범소가 그 술을 다 마시자, 제의 재상이었던 안영(晏嬰, ?~BC 500)이 범소가 마신 임금의 술잔을 치우고 다른 술잔을 갖다 놓았다. 범소는 짐짓 불쾌한 표정으로 취한 척하며 일어나서는 춤을 추면서 음악을 연주하는 태사에게 청했다.

"옛날 주공이 즐기던 음악을 연주해 주시겠소? 그 음악에 맞추어 내가 춤을 추리다."

이에 태사는 "나는 눈이 어두워 악보를 익히지 못합니다"라며 거절했다.

이에 범소가 노하여 밖으로 나가자 경공은 걱정이 되었다.

"진은 강대국으로 우리를 치기 위해 범소를 보내 우리의 국정을 정탐하고 있는데, 그대들이 범소를 화나게 만들었으니 장차 이를 어찌한단 말이오?"

이에 안영이 대답했다.

"신이 보건대, 범소가 사리를 몰라서 그런 무례를 범할 자가 아닙니다. 그는 단지 우리 신하들에게 무안을 주어 그 반응을 보려고 한 것입니다. 그래서 신이 그에게 맞섰던 것입니다."

태사 역시 같은 대답을 했다.

"주공의 음악은 천자를 위한 음악으로 오직 군주만이 그 음악에 맞춰 춤을 출 수 있습니다. 그런데 범소는 신하의 신분으로 천자의 음악을 연주하게 하여 춤을 추려고 했습니다. 그 때문에 저는 그 음악을 연주하지 않았던 것입니다."

범소는 귀국하여 평공에게 보고했다.

"아직까진 제 나라를 공격하면 안 됩니다. 신이 제의 군주를 일부러 욕보이려고 했으나 안영이 알아차렸고, 제의 예악(禮樂)을 혼란시키려 했으나 태사가 이를 알아차렸습니다."

훗날 이 말을 전해들은 공자는 이렇게 말했다.

"술자리에서도 천 리 밖의 외침을 물리친다는 옛말은 바로 안자를 두고 한 말이구나!"

_《안자춘추》〈내편〉

3 간 전

간첩 간(間), 間戰
첩자를 활용하지 못하는 경우는 없다.

많은 간첩들이 북제의 수도에 잠입하여 사방에 노래를 퍼뜨렸다.

제의 후주는 대노했다.

곡률광을 사형에 처하라.

북주는 병력을 대거 동원하여 공격하여 마침내 북제를 멸망시켰다.

간전(間戰)

  적국을 침공하려 할 때는 먼저 간첩을 이용해야 한다. 적의 많고 적음과 허와 실, 군의 배치와 상대방의 의도, 동정 등을 자세하게 정탐한 뒤에 군을 출동시켜야 한다. 그렇게 하면 공략의 성과를 크게 거둘 수 있고 싸울 때마다 승리할 수 있다.
  《손자병법》에 '첩자를 활용하지 못하는 경우는 없다'고 했다.

  남북조 시대인 서기 577년, 북주의 장군이었던 위숙유(韋叔裕, 510~581)는 자가 효관으로, 그 덕행을 인정받아 벼슬길에 올라 옥벽 지방을 수비하는 임무를 맡게 되었다. 그는 부하를 아끼고 군대를 잘 통솔하여 부하들에게 두터운 신망을 받고 있었다. 그리하여 그가 적국인 북제에 파견한 첩자들은 모두 힘을 다해 활약했으며, 심지어 북제인 중에서도 위숙유에게 금은 등을 받고 북주에 내통해 오는 자도 있었다. 이 때문에 북주의 조정에서는 북제의 동정을 소상하게 파악할 수 있었다.
  한편 당시 북제의 재상이었던 곡률광은 자가 명월(明月)로서, 현명하고 용맹스러웠던 까닭에 위숙유는 그를 매우 꺼렸다. 그러던 어느 날, 위숙유의 참모 가운데 점술에 능통한 곡엄이 점괘를 보고 위숙유에게 말했다.
  "내년에 북제에서는 큰 살육이 있을 것입니다."
  위숙유는 곡률광을 실각시킬 유언비어를 퍼뜨리기 위해 곡엄에게 다음과 같은 노래를 지어 부르게 했다.

  백승(百升)이 날아 하늘에 오르고

명월(明月)이 장안에 비추네

높은 산(高山)은 떠밀지 않아도 스스로 무너지고
곡나무는 붙들어 주지 않아도 스스로 서 있네

당시의 도량형으로 백승은 1백 되, 즉 1곡으로 이는 곡률광의 성을, 그리고 하늘에 오른다는 것은 황제의 자리에 오른다는 것을 의미했다. 그리고 명월은 곡률광의 자로써 이는 결국 곡률광의 위엄이 서울인 장안을 뒤덮는다는, 즉 곡률광이 모반을 꾀한다는 의미였다. 또한 당시 북제의 황제의 성은 고씨로 높은 산은 황제를, 곡나무는 곡률광을 빗대는 것으로 이 역시 곡률광이 새 황제가 될 것임을 암시하는 내용의 가사였다.

그런 다음 위숙유는 첩자들을 동원하여 수도가 있는 업 지방에 이 노래를 퍼뜨리게 했다.

한편 당시 북제의 조정에는 곡률광과 사이가 좋지 않은 조효징이라는 인물이 있었는데, 그는 이 노래를 듣고 내용을 다시 변조하여 황제에게 곡률광을 모함했다. 결국 곡률광은 북제의 황제에게 의심을 받아 죽임을 당했다.

북주의 무제(武帝, 543~578)는 곡률광이 살해되었다는 보고를 받고 즉시 전국에 사면령을 내려 민심을 모아 대군을 일으켜 북제를 멸망시켰다.

_《주서》〈위효관전〉

4 선 전

가릴 선(選), 選戰
정예 장수와 병사를 선발하지 않은 군대는 반드시 실패한다.

한 나라 말, 원소의 아들인 원상이 북방의 이민족인 오환 족에게로 도망쳤다.

오환 족은 자주 변방을 침입하여 피해를 끼쳤다.

조조는 이들을 토벌하기로 결심했다.

조조 군은 오환의 수만 병력과 조우했다.

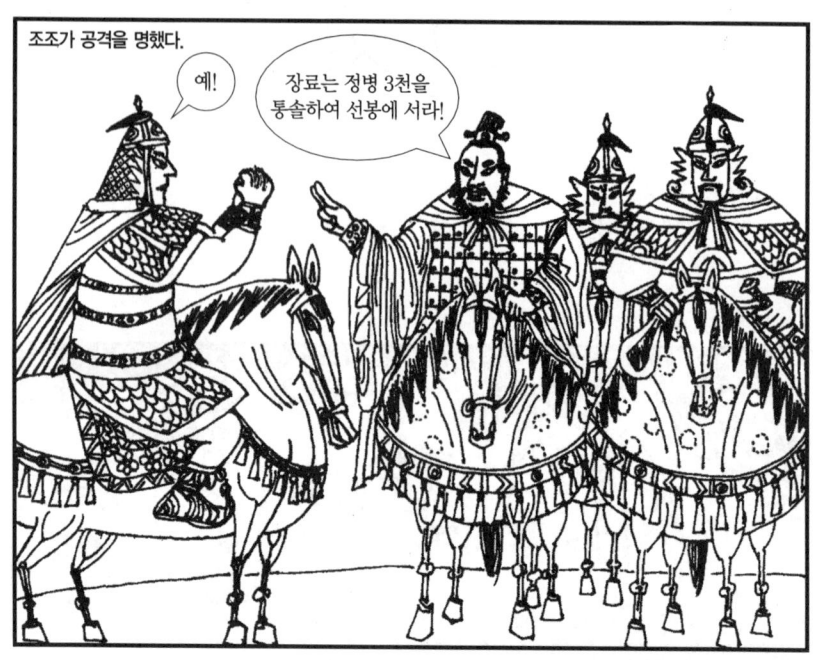

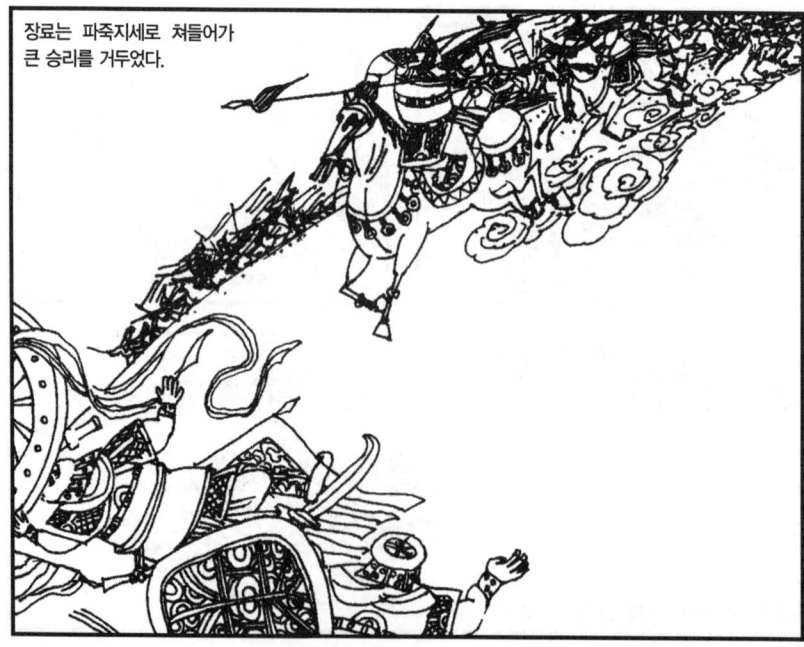

선전(選戰)

적과 대전할 때는 반드시 용장과 정예병을 선발하여 이들을 선봉 부대로 삼아야 한다. 그 이유는 첫째, 아군의 사기를 진작시키기 위해서이고, 둘째는 적의 예봉(銳鋒)을 꺾기 위해서이다.

《손자병법》에 '정예 장수와 병사를 선발하지 않은 군대는 반드시 실패한다'고 했다.

후한 말엽 헌제 건안 12년인 207년, 조조에게 쫓겨 상곡으로 달아난 원소의 아들 원상, 원희 형제는 오환 족의 무리를 이끌고 자주 변방(邊方)에 침입하여 피해를 끼쳤다.

이에 조조는 이들을 토벌하기 위해 군을 출동시켰다. 조조의 출정군은 여름철인 음력 5월에 무종에 도착했는데, 7월이 되자 큰비가 내려 강물이 범람하여 연해의 통행이 곤란했다. 게다가 오랑캐들이 계곡의 요로(要路)를 막고 있어서 대군이 진출하기가 어려웠다. 조조가 이를 염려하자, 함께 종군하던 사공호조연 전주가 향도를 자청하면서 말했다.

"이 통로는 여름과 가을이면 언제나 강물이 불어나 얕은 곳이라고 해도 수레와 말이 통과하지 못하고, 또 깊은 곳이라 해도 선박이 통행할 정도는 못 됩니다. 옛 북평군 소재지가 평강에 있는데, 그 통로가 노룡군을 거쳐 유성으로 통합니다. 그 길이 오랫동안 폐지되었긴 하나 아직까지 지름길이 남아 있습니다. 오랑캐들은 우리가 장차 무종현을 통과할 것이라는 생각에 진군하지 않고 뒤로 물러간 상태라 수비가 허술할 것입니다. 만일 아군이 조용히 회군하여 노룡군을 거쳐 백단의 험한 길만 넘는다면 무인지경이 됩니다. 그렇게 진출하면 길은 가까워지고 불편하지도 않을 것이고, 무방비 상태에 있는 저들을 신속히 공격하면 싸우지 않고도 사로잡을 수 있을 것입니다."

조조는 전주의 이 말을 듣고 좋은 계략이라고 하면서, 즉시 대군을 이끌고 돌아가는 척했다. 그러면서 큰 나무를 물가 길 옆에 세운 다음 '지금은 여름이라 길을 건널 수 없으므로 기다렸다가 겨울에 다시 오겠다'라는 글을 남겨 두었다. 순찰병은 이를 보고 정말로 대군이 돌아간 줄로 믿었다.

한편 조조는 전주를 향도로 삼아 휘하 군사를 거느리고 진군하였다. 조조의 군사들은 서무산을 오르는데, 산길을 뚫고 골짜기를 메우면서 5백여 리를 진군하여 백단을 넘고 평강을 지나 우북평군 경계에 있는 선비 부락의 영지를 지나 동쪽으로 유성을 2백여 리 남겨 놓은 지점에까지 접근했다.

원상과 원희는 그제야 조조군의 진격 사실을 알아차리고 서둘러 답돈과 요서 지방 흉노 족의 추장인 누반과 우북평 지방의 추장인 능신저지 등과 함께 수만 명의 기병(騎兵)을 이끌고 조조 군을 맞을 전투 태세를 갖추었다.

8월, 조조가 백랑산에 올랐다가 갑자기 오랑캐 군과 마주쳤는데, 그 수가 매우 많았다. 그러나 조조의 군사들은 후미에 있는 치중대를 호송하느라 병력이 분산되는 바람에 실제 전투에 참가할 수 있는 병력이 적었고, 군사들 중에서도 갑옷을 입은 자가 적어서 두려워하는 자가 많았다.

이때 조조가 고지에 올라가서 적의 형세를 관찰해 보니, 적의 진용이 미처 정돈되지 못한 상태였다. 이를 간파한 조조는 원상, 원희 군을 선제 공격했다. 장료(張遼, 169~222)의 공격을 시작으로 조조 군은 답돈과 오랑캐 부족의 이름 있는 왕을 비롯한 여러 명을 참수하고 호족과 원씨 형제 군사 20여만 명을 항복시키는 큰 승리를 거두었다.

_《삼국지》〈위서-무제기제1〉

5 보 전

걸을 보(步), 步戰

보병을 거느리고 적의 전차병이나 기병을 상대하여 싸울 때는 반드시 산과 구릉 같이 험준한 요지를 이용해야 한다. 만일 험준한 요지가 없을 때는 행마질려(行馬 蒺藜) 등의 장애물을 설치해야 한다.

보전(步戰)

보병을 이끌고 적의 전차병이나 기병과 싸울 때는 반드시 산이나 구릉, 험한 요새, 또는 풀이나 나무로 우거진 지형에 의지해 싸워야만 승리할 수 있다. 평탄한 도로에서 교전할 때는 거마창(기병의 진출을 저지하기 위해 설치하는 목책)을 이용해 방진(方陣)을 결성하고 보병은 진영 안에, 기병은 진영 밖에 배치하고, 병력을 수비대와 공격 부대로 나누어 편성한 다음, 역할을 분담하여 수비와 공격을 담당하도록 한다.

만일 적이 일면에서 공격해 온다면 2개의 초대를 적의 측면으로 진출시켜 측면 공격을 가하고, 양면에서 공격해 온다면 전후로 병력을 나누어 적을 공격한다. 그리고 사방에서 공격해 온다면 원진(圓陣)을 결성하고 병력을 사방으로 나누어 출동시켜 맹렬하게 정면 공격을 해야 한다. 그리하여 적이 패주(敗走)하면 기병에게는 적을 추격하게 하고 보병에게는 그 뒤를 따르게 하면 필승할 수 있다.

《육도》에 '보병을 거느리고 적의 전차병이나 기병을 상대하여 싸울 때는 반드시 산과 구릉같이 험준한 요지를 이용해야 한다. 만일 험준한 요지가 없을 때는 행마질려(行馬蒺藜) 등의 장애물을 설치해야 한다'고 했다.

후량 균 왕 정명 3년인 서기 917년의 일이다. 유주의 북쪽 7백 리쯤 되는 지점에 유관이라는 곳이 있었다. 이곳의 동북쪽에는 바닷가를 따라 난 길이 있었는데, 좁은 곳은 겨우 몇 자에 불과했으며 옆은 모두 높은 산으로 가로막혀 있어서 인마(人馬)의 통행이 어려웠다.

진 나라는 그곳에 8개 방어군을 배치하고 지방군을 모집하여 병사들로 하여금 그곳을 지키게 했다. 그리하여 이들은 매년 수확을 일찍 끝낸 뒤에 들판을 깨끗이 치워 놓고 거란 군의 침공에 대비했다. 그러다 거란 군이 침입해 오면 성벽을 굳게 닫고 싸우지 않다가 그들이 떠나기를 기다려 용감한 군사를 뽑아 좁은 골목에서 요격하곤 했다. 이 때문에 거란 군은 항상 뜻을 이루지 못하고 도망쳤으며, 감히 유주를 침략하지 못했다.

그런데 진(후당의 전신)의 장군 주덕위가 노룡 절도사로 임명되면서 자신의 용맹만을 믿고 변방의 수비를 제대로 갖추지 않은 나머지 진은 험준한 요새인 유관을 거란 군에게 빼앗겼다. 이때부터 거란 군은 걸핏하면 영주와 평주 일대를 침략하여 마초(馬草)를 베어 가고 소와 말을 방목하며 신주를 함락했다. 이에 주덕위는 다시 유관을 탈환하려고 했으나 성공하지 못하고 결국 유주로 도망쳤다. 게다가 거란이 주덕위의 뒤를 쫓아와 2백 일 이상이나 유주성을 포위하는 바람에 유주성은 매우 위급한 상황에 처하게 되었다.

그 소식을 들은 이사원은 이존심(李存審)과 더불어 보병과 기병 7만 명을 역주에 집결시켜 유주를 구하기로 했다. 이사원의 부대는 역주에서 북상하여 대방령을 넘은 다음 계곡을 따라 유주로 동진하던 중에 이들 진 군의 구원군을 저지하려는 거란 군과 마주치게 되었다. 이사원은 1백 명의 기병을 끌고 선두에 서서 투구를 벗어 버린 채 채찍을 치켜들고 거란 군의 진영을 가리키면서 거란 말로 호통을 쳤다.

"너희가 아무런 이유 없이 우리의 국경을 침범했기에 내가 진 왕의 명령을 받아 1백만의 기병을 거느리고 여기에 왔다. 이제 내가 너희의 소굴인 서루로 쳐들어가서 너희를 모조리 섬멸하고 말 것이다."

그런 다음 이사원은 재빨리 말을 몰아 맹렬한 기세로 세 차례나 거란 군의 진영으로 돌진하여 거란 족 추장의 목을 베고 후군을 일제히 출격시켰다. 그 결과 진 군은 거란 군의 저지 부대를 크게 격파하고 유주로 전진할 수 있었다.

  이존심은 보병 부대로 하여금 나무를 베어 녹각 형태의 장비를 만들어 병사마다 하나씩 휴대하게 한 다음, 행군(行軍)을 멈췄을 때 이것을 이용해 목책을 만들게 했다. 거란의 기병이 목책을 돌아 통과하자 목책 안에서는 수만 개의 궁노(弓弩)가 발사되었는데, 그 화살이 하늘을 가릴 정도였다. 이에 죽거나 부상당한 거란 군의 인마가 길에 가득했다.

  진 군이 유주에 이르렀을 때 거란 군은 포진한 상태로 대기하고 있었다. 이존심은 강력한 보병 부대를 후방에 집결시켜 놓고 절대로 먼저 움직이지 말라는 엄명을 내렸다. 그런 다음 나약한 군사들을 먼저 출동시켜 나뭇가지 다발을 바닥으로 끌면서 풀숲에 불을 지르고 전진하게 했다. 연기와 먼지가 하늘을 뒤덮으니 거란 군은 진 군의 병력이 도대체 얼마나 되는지 판단할 길이 없었다.

  드디어 양군이 북을 울리고 함성을 지르며 교전에 들어갔다. 이존심은 그제야 후군의 정예 부대를 출동시켜 거란 군에게 마지막 총공격을 가했다. 그 결과 거란 군은 대패하여 북산으로 패주했으며, 이 전투에서 생포되거나 죽은 거란 병은 1만 명이 넘었다. 유주에 포위되었던 주덕위의 군도 포위망에서 풀려났다.

_《구오대사》〈당서-장종본기제2〉

6 기 전

기마 기(騎), 騎戰
평탄하고 메마른 지형에서만 기병을 보내 싸우게 할 수 있다.

기전(騎戰)

　기병을 거느리고 적의 보병과 싸울 때 만일 높은 산이나 밀림과 같은 험지 또는 늪지대를 만나게 되면 행군 속도를 높여 신속하게 그 지역을 통과해야 한다. 이런 지역은 기병을 쓰기에 적합하지 않으므로 적의 보병을 상대로 싸워서는 안 된다. 기병으로 적과 싸우려 할 때는 평탄하고 건조한 지형을 선택해야만 한다. 이런 지형에서 싸워야 기병은 마음먹은 대로 전진과 후퇴를 할 수 있고, 장애 없이 종횡무진 싸워 승리할 수 있다.
　《위공이정병법》에 '평탄하고 메마른 지형에서만 기병을 보내 싸우게 할 수 있다'고 했다.

　서기 910년경, 후당을 건국하여 장종으로 추존(推尊)된 이존욱(李存勖, 885~926)이 진의 왕으로 있을 때 군을 이끌고 조를 구원하고자 출병했다.
　이존욱의 군은 백향에서 5리 정도 떨어진 지역에서 조를 침공한 양 나라 군과 대치하여 야하의 북쪽에 진영을 설치했다. 당시 이존욱이 이끄는 진 군은 병력이 그리 많지 않은 반면 양의 장수 왕경인이 이끄는 양 군은 병력은 많았으나 정예병이 적었다.
　진의 군사들은 양 군이 대병력임을 보고 두려움을 느꼈다. 이에 진 나라의 장 주덕위는 "저들은 변주와 송주에서 품을 팔던 천민 무리에 지나지 않는다"며 장병들의 사기를 진작시킨 다음 이존욱에게 상황을 보고했다. 이에 이존욱이 말했다.
　"우리는 우군의 지원을 받지 못한 상황에서 천 리나 되는 먼 길을 출전한 만큼 속전속결이 유리하다. 지금 기세를 올려 적을 기습하지 않으면 우리의 병력이 소수라는 사실이 적에게 알려질지도 모른다. 이렇게 되면 아무런 계책도 써 보지 못하고 패배할 것이다."

그러나 주덕위는 이에 반대했다.

"그렇지 않습니다. 우리의 우군인 조 군은 모두 성을 수비하는 데만 능할 뿐 야전에는 서투릅니다. 우리가 승리할 수 있는 길은 오직 기병을 사용하는 데 있습니다. 평원 광야는 기병이 마음껏 기량을 발휘할 수 있는 곳입니다. 그런데 지금 우리는 야하를 끼고 적의 영문과 너무 근접해 있어서 기병 부대를 이용해 싸울 수가 없습니다. 이곳은 우리의 장기인 기병을 쓰기에는 적합하지 않은 곳입니다."

이존욱은 주덕위의 반대 의견에 매우 불쾌해하며 군막 속에 드러누어 버렸다. 이에 여러 장수들은 감히 이존욱을 대면하지 못했다. 주덕위는 감군으로 있는 장승업에게 이렇게 귀띔했다.

"진 왕께서 이 늙은 장수의 말에 노하신 모양인데, 내가 속전속결을 반대하는 이유는 적을 두려워해서가 아니오. 우리는 병력이 적은데다 적의 진영과 너무 가까이 붙어 있고 믿는 것이라곤 단지 가로막힌 강물뿐이오. 만일 적이 선박이나 뗏목을 구해 야하를 건너오기라도 한다면 아군은 전멸할 것이오. 그러니 부대를 광활한 지역인 호읍으로 철수한 다음 적을 유인하여 거점 밖으로 끌어내서 적진을 동요시키고 피로하게 만드는 것이 상책이오. 그렇게 한 다음 계략으로 적을 공격한다면 승리할 수 있을 것이오."

장승업은 주덕위의 말을 듣고 즉시 이존욱에게 건의했다.

"주덕위는 노련한 장수로 병법을 잘 알고 있습니다. 왕께서는 그의 말을 가벼이 흘려 듣지 마십시오."

이존욱은 장승업의 말을 듣자마자 벌떡 일어나 이렇게 말했다. "나도 지금 그 점을 깊게 생각하던 중이었소."

얼마 후, 주덕위는 양 군의 유격병을 사로잡아 적장(敵將) 양경인이 무엇을 하고 있는지 심문했다. 포로는 왕경인은 강을 건너 공격하려는 계획을 세우고 있으며 현재 수십 척의 배를 건조하여 임시 다리를 만들려 하고 있다고 했다. 주덕위는 포로와 함께 이존욱에게 나아가 적의 상황을 보고했다. 이에 이존욱은 "과연 장군이 예상한 바와 같구려!"라고 하며 병력을 호읍으로 철수시켰다.

주덕위는 정예 기병 3백 명을 선발하여 양 군의 진영으로 출동시켜 탐색전을 벌이게 한 뒤 직접 정예병 3천 명을 거느리고 그 뒤를 따랐다. 진 군의 도전에 화가 난 양의 왕경인은 전 병력을 출동시켜 수십 리 길을 돌고 돌아 주덕위 군과 교전하면서 호읍의 남쪽으로 육박했다. 진 군과 양 군은 진을 치고 대치했는데, 그 포진 행렬이 무려 6~7리에 이르렀다.

이존욱은 말을 달려 고지로 올라가 양 군의 형세를 살폈다.

"평탄한 들판에 풀이 깔려져 있어서 기병이 마음대로 종횡으로 작전하기에 유리하니 우리 기병이 승리할 수 있는 좋은 장소다!"

그런 다음 이존욱은 주덕위에게 전령을 보내 함께 출전하겠다는 말을 전했다. 그러나 주덕위는 이존욱을 만류했다.

"양 나라 군은 경솔하게 본 진을 나와 원거리를 행군하면서 우리를 급히 추격해 왔기 때문에 식량을 휴대하고 올 겨를이 없었을 겁니다. 설령 식량을 가지고 왔다 할지라도 미처 밥을 지어먹지는 못했을 것입니다. 제 판단에 저들은 분명 점심때가 되기도 전에 사람과 말이 모두 굶주리고 목말라 후퇴할 것입니다. 그때 후퇴하는 적을 공격한다면 반드시 승리할 수 있을 것입니다"라고 했다.

과연 오후 두세 시경이 되자 양 군의 진영에서 먼지가 자욱하게 일었다. 이를 본 주덕위는 양 군이 후퇴하기 시작했음을 알아차리고, 북을 크게 울리고 함성을 지르면서 공격했다. 그 결과 진 군은 양 군을 대파했다.

_《신오대사》〈당서-주덕위전〉

7 주 전

배 주(舟), 舟戰
강이나 호수에서 적과 싸울 때는 반드시 적보다 불리한 상황에서 싸우지 말라.

주전(舟戰)

 강이나 호수에서 적과 싸울 때는 반드시 전함과 전선을 준비하고 상풍(上風)의 조건과 상류의 거점을 확보해야 한다. 상풍은 순풍(順風)으로, 상풍을 타야만 적의 전함이나 전선에 화공(火攻)을 가하여 적의 선박을 불사를 수 있다. 상류(上流)란 물의 기세에 순응하는 것으로 물결을 따라 전함으로 적선에 돌진하는 것이다. 이렇게 하면 승리하지 못하는 경우가 없다.
 《손자병법》에 '강이나 호수에서 적과 싸울 때는 반드시 적보다 불리한 상황에서 싸우지 말라'고 했다.

 춘추 시대인 BC 525년, 오 나라 공자 광이 초 나라를 공격하기 위해 군사를 이끌고 출동했다. 양군은 강의 긴 기슭을 끼고 대치했다. 당시 초의 영윤으로 있던 양개가 전쟁의 승패에 관해 점을 쳐보았다. 그 결과 점괘가 불리하게 나오자 양개는 오 나라 군과의 싸움을 피하려 했다.
 그러자 사마로 있던 자어(子魚, 초공자 방, 39편의 자어와는 다르다)가 "우리가 상류를 확보하고 있는데 무엇이 불길하다는 말입니까?" 하며 싸울 것을 주장했다. 결국 그는 초 나라의 수군을 지휘, 강물의 흐름에 편승하여 오 군을 맹렬하게 아래로 충격하여 오 군을 크게 격파했다.

_《좌전》〈소공17년〉

■ 보충 설명
 이는 전쟁을 함에 있어 지도자가 지리적 조건을 정확하게 이용하는 것이 매우 중요하다는 사실을 일깨워 준다.

8 차 전

수레 차(車), 車戰
광활한 들판에서 적과 싸울 때는 전차를 이용하라.

차전(車戰)

전차병을 이끌고 적의 보병이나 기병과 전투를 하거나 평원 또는 광야에서 대전할 때는 반드시 편상거나 녹각거를 이용하여 방진(方陣) 형태로 포진해야 한다. 이런 진용으로 적을 맞아 싸우면 반드시 승리한다. 이것이 이른바 '한편으로는 전투력을 보존하고 정면에서 쳐들어오는 적을 막으며, 다른 한편으로는 아군의 대오를 단속, 정돈'하는 방법이다.

《당태종·이위공문대》에 '광활한 들판에서 적과 싸울 때는 전차를 이용하라'고 했다.

서기 279년, 진의 양주자사 양흔이 서강의 호족들과 맺었던 우호 관계가 깨지면서 오랑캐의 침략을 받아 살해되었다. 이로 인해 진의 중원 조정은 하서와의 교통로가 두절되었다.

이에 진의 무제는 항상 서부 국경 지역에 대한 수비를 우려했다. 조회 때마다 탄식하며 "누가 국가를 위해 이 오랑캐들을 토벌하여 양주 지방과의 교통이 다시 연결되게 할 수 있겠는가?"라며 물었지만 누구 하나 시원한 대답을 하는 자가 없었다.

이때 사마독 마륭(馬隆)이 앞으로 나와 아뢰었다. "신에게 이 일을 맡겨 주신다면 기필코 오랑캐를 평정하겠습니다."

이에 무제가 물었다. "경이 오랑캐를 격멸(擊滅)할 수만 있다면 내 어찌 경에게 이 과업을 맡기지 않겠는가? 다만 경의 방략이 무엇인지 그것이 문제될 뿐이다."

마륭이 다시 아뢰었다. "폐하께서 신에게 책임을 맡겨 주시려면, 신이 마음대로 일을 처리할 수 있도록 군권을 일체 위임해 주셔야 합니다."

이에 무제가 물었다. "그 위임이란 무엇을 말하는가?" "신이 용사 3천을 모집할 것이오니 폐하께서는 이들의 출신 내력을 따지지 마시고 신의 재량에 맡겨 주시기 바랍니다. 그러면 신이 이들을 거느리고 서쪽으로 진출하여 폐하의 위엄과 은덕을 베풀겠습니다. 그렇게 하면 오랑캐를 격멸하기가 어렵지 않을 것입니다."

무제는 마륭의 청을 허락하고 마륭을 무위태수로 임명했다. 마륭은 허리 힘으로 36균(1,080근)의 쇠뇌를 당길 수 있는 자를 모집하여 표적을 세우고 활 솜씨를 겨루는 방법으로 한나절 만에 모두 3천5백 명의 용사를 선발했다. 마륭은 "이만하면 충분하다" 하고 자신있게 말하고는 병사들을 거느리고 서쪽으로 출병하여 온수를 도하(渡河)했다.

한편 강 족의 한 부락의 수령 수기능은 1만 명의 병력을 이끌고 험한 지형을 이용하여 마륭의 선봉 부대를 저지하고, 복병을 설치하여 마륭의 후로를 차단했다. 그러나 마륭은 팔진도 고법에 따라 편상거를 만들어 광활한 지역에서는 녹각거영을, 좁은 길에서는 수레 위에 견고한 목옥을 세워 적의 기습에 대비하면서 일면 전투, 일면 전진을 강행했다.

이에 공격을 시도하던 오랑캐의 병사들은 진 나라 강궁대의 사정 거리에 들기가 무섭게 화살에 맞아 쓰러졌다. 그리하여 진 군이 1천 리 길을 싸우며 전진하는 동안 죽은 오랑캐 군은 무려 1천이 넘었다.

마륭이 임지인 무위군에 도착하자 강 족 부락의 수령 졸발한, 차만능 등이 1만 명이 넘는 병력을 이끌고 마륭에게 귀순해 왔다. 이 밖에도 진 군에게 격살(擊殺)당하거나 투항한 자가 수만 명이나 되었다. 그 후 마륭은 귀순한 강 족 부락의 수령 몰골능 등을 거느리고 수기능 군과 싸운 끝에 수기능을 잡아 목을 벰으로써 양주 지방을 완전히 평정했다.

_《진서》〈마륭전〉

9 신 전

믿을 신(信), 信戰
장수의 언행이 일치하면 병사들은 믿고 충성을 바친다.

신전(信戰)

 적과 전쟁을 함에 있어서 병사들이 생사의 갈림길에서도 전투 중에 후퇴하거나 공포심을 품지 않게 되는 것은 모두 상관의 언행에 신의가 있어서 병사들로 하여금 상관의 말을 믿게 만들기 때문이다. 상관이 신의를 지키고 성실한 사람을 뽑아 등용한다면 부하들도 정성을 다하고 의심이나 시기하는 마음 없이 맡은 바 임무를 충실히 수행한다. 그러면 싸움에서 이기지 못하는 경우가 없다.
 《육도》에 '장수의 언행이 일치하면 병사들은 믿고 충성을 바친다'라고 했다.

해 설

 삼국 시대인 서기 230년경, 위 나라의 명제 조예가 촉을 정벌하고자 친히 낙양에서 나와 장안에 이르렀다. 명제는 사마의(司馬懿, 179~251)를 보내 장합 휘하의 병력과 옹주, 양주 지방의 정예병 30만 명을 지휘하여 촉한의 검각을 공격하게 했다.
 당시, 촉한의 승상이었던 제갈량은 기산에서 군의 전열을 새로이 정비하고 병기와 장비를 수선하여 험한 요충지를 지키고 있었다. 그러나 병사의 10분의 2를 복무 교대시켜 귀향케 해야 하는 바람에 전장에 남게 될 장졸은 단지 8만 명에 불과했다. 이런 상황에서 제갈량은 위의 대군을 맞이하게 되었고, 때마침 촉한의 교체 병력 역시 임무 교대를 위해 현지에 도착했다.
 제갈량의 참모들은 모두 "적군의 형세가 너무 강성하여 전력을 다하지 않고는 대적하기 어려우니 귀환할 병력을 지금 상태로 한 달만 더 연장 복무시켜 함께 싸우게 해서 군세를 돕자"고 했다.

그러나 제갈량은 이를 거절하며 말했다.

"나는 군을 통솔하고 운영함에 있어서 신의를 근본으로 삼고 있다. 옛날에 문공(文公, BC 697~BC 628)은 원(原)의 땅을 얻고 신의를 잃는 것을 두려워하지 않았는가? 임무를 교대하고 귀향할 군사들은 이미 짐을 꾸려 놓고 돌아갈 날만을 손꼽아 기다리고 있으며 그의 처자들도 목을 늘이고 서서 가장이 돌아올 날만을 기다리고 있다. 아무리 대전이 임박했다 할지라도 신의는 저버릴 수는 없다."

그리고는 귀향할 군사들에게 머무르지 말고 속히 떠날 것을 명했다.

이에 귀향할 병사들은 감격하여 그대로 전지에 남아서 전투에 참가할 것을 자원했고, 새로이 교대해 들어온 군사들은 더욱 용기 백배하여 목숨을 바칠 각오를 다지며 말했다. "승상의 은덕을 죽어도 다 보답하지 못하겠다."

결국 위 군과 대전하는 날, 촉의 군사들은 일제히 칼을 뽑아 들고서 앞을 다투어 달려나가 일당백의 기세로 싸웠다. 그 결과 제갈량의 군은 적의 명장 장합을 죽이고 사마의를 패퇴시켜 일전에 대승을 거두었다. 이는 제갈량이 신의(信義)를 군을 다스리는 근본 도리로 삼았기 때문이다.

_《삼국지》〈촉서-제갈량전〉

10 교 전

가르칠 교(教), 教戰
가르치지 않은 백성을 전장으로 내보내는 것은 그들을 죽음으로 내모는 것과 같다.

전국 시대 때 위의 장수였던 오기는 사병들을 잘 훈련시켰다.

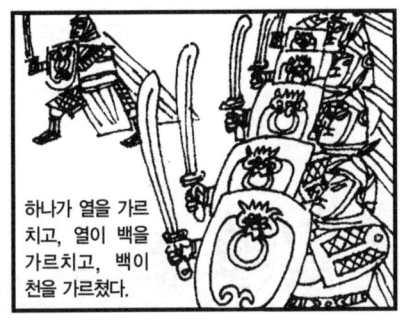

하나가 열을 가르치고, 열이 백을 가르치고, 백이 천을 가르쳤다.

나는 가까이에 있으면서 적이 멀리서 오기를 기다리고, 쉬면서 적이 피로해지기를 기다리고, 배불리 먹으면서 적이 굶주려 지치기를 기다린다.

원진을 펼치기도 하고 방진을 치기도 한다.

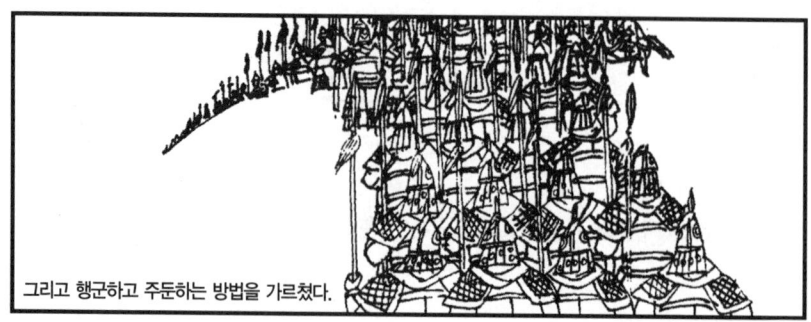

그리고 행군하고 주둔하는 방법을 가르쳤다.

좌우로 공격하고 앞을 치고 뒤로 후퇴하는 방법도……

집합하고 분산하는 법도 가르쳤다.

이와 같이 잘 훈련된 병사들을 데리고 전쟁터로 나아가니 싸울 때마다 승리했다.

교전(敎戰)

 군대를 출동시키기 위해서는 먼저 병사들에게 전법을 가르쳐야 한다. 삼군의 군사들이 분산하고 집합하는 방법을 평소에 익히게 하고, 앉고 일어나며 전진하고 후퇴하는 명령 신호 체계를 자세하게 습득시켜야 한다. 이렇게 훈련이 잘된 병사들은 적과 마주치더라도 깃발의 움직임을 보고 신속히 진용을 변화시킬 수 있으며, 징과 북소리를 듣고도 전진과 후퇴를 자유자재로 할 수 있다. 이와 같이 하면 싸워서 승리하지 못하는 경우가 없다.
 《논어》에 '가르치지 않은 백성을 전장으로 내보내는 것은 그들을 죽음으로 내모는 것과 같다'고 했다.

 전국 시대 때 위 나라의 명장 오기(吳起, ?~ BC 381)가 이렇게 말했다.
 "장졸은 항상 전투의 본령에 능숙하지 못하여 전사하고, 영활한 전술이 모자라 패전한다. 그러므로 용병을 함에 있어서는 병사들의 교육과 훈련이 우선되어야 한다. 한 사람이 전법을 배워 완성되면 열 사람을 가르치게 하고, 열 사람이 전법을 배워 완성되면 백 사람을, 백 사람이 전법을 배워 완성되면 천 사람을, 천 사람이 전법을 배워 완성되면 만 사람을, 만 사람이 전법을 배워 완성되면 전 군을 가르칠 수 있다.
 그런 다음에 아군 기지에서 가까운 곳을 전투 지역으로 정하고 적을 원거리로 끌어들여 상대해야 한다. 편안하게 정돈된 군사로 피로에 지친 적을 상대하며, 배부른 군사로 굶주림에 시달리고 있는 적을 상대해야 한다. 원진(圓陣)을 편성했는가 하면 즉시 방진으로 전환하기도 하고, 앉아 있는가 하면 즉시 일어나기도 하며, 행군하는가 하면 즉시 정지하기도 하고,

왼쪽으로 방향을 전환했는가 하면 즉시 오른쪽으로 변화하기도 하며, 앞으로 전진하는가 하면 즉시 후퇴하기도 하고, 분산하는가 하면 즉시 집결하기도 하며, 뭉쳤는가 하면 즉시 해체하기도 하여 상황에 따른 적절한 변화를 모두 습득시켜야 한다. 이처럼 전법과 전술 변화에 숙달된 다음에야 비로소 군사들에게 병기를 지급해야 한다.

이것을 장수의 기본 임무라고 한다."

_《오자》〈치병〉

중 전

11

무리 중(衆), 衆戰
우세한 다수의 병력으로 싸울 때는 군대로 하여금 언제 전진하고 언제 정지해야 하는지를 숙지하도록 해야 한다.

동진 때 전진의 황제인 부견이 1백만의 대군을 이끌고 수양으로 진주한 다음, 비수 강가에 의지하여 막강한 진세를 폈다.

동진의 대장군 사현이 군을 이끌고 적을 맞아 싸웠다.

사현이 부견에게 사자를 보내 한 가지 제의를 했다.

귀국의 군사를 뒤로 조금만 물리시오. 우리 군이 비수를 건넌 다음 넓은 장소에서 교전하도록 합시다.

부견이 명령했다.

잠시 후퇴하여 적군이 비수를 반쯤 도하하기를 기다렸다가 기병으로 쳐부수자.

흠, 흠……

중전(衆戰)

　용병을 함에 있어서 아군은 병력이 많고 적은 소수일 때는 험한 지형이나 통로가 막힌 지역에서는 싸우면 안 된다. 이럴 때는 모름지기 평탄하고 건조하며 넓은 지역을 전장으로 선택해야 한다. 그리하여 기동이 자유로운 지역에서 전 장병이 북소리를 따라 힘을 내어 전진하고, 징소리를 따라 후퇴하게 한다면 백전백승할 수 있을 것이다.
　《사마양저병법》에 '우세한 다수의 병력으로 싸울 때는 군대로 하여금 언제 전진하고 언제 정지해야 하는지를 숙지하도록 해야 한다'고 했다.

해설

　전진의 효무제 때인 서기 383년, 진 왕(秦王)인 부견(苻堅, 338~385)이 백만 대군을 이끌고 수양으로 진격하여 주둔한 다음, 비수 강변에 병력을 포진시키고 진 나라의 장수 사현(謝玄, 343~388) 군과 서로 대치했다.
　이때 사현이 사자를 보내 진 왕 부견과 장군 부융(부견의 동생)에게 제의했다.
　"그대들이 멀리 우리 경내에 깊숙이 침입해 와서 강변에 바짝 붙어 포진하고 있는 것은 우리와 속전속결할 의사가 없다는 뜻이다. 만일 용감하게 일전을 겨룰 의향이 있다면 병력을 조금만 뒤로 후퇴시켜서 아군이 비수를 건넌 다음 피차의 장병들이 마음껏 싸우도록 하자. 그리고 나와 그대는 말을 타고 유유히 관전이나 한다면 즐겁지 않겠는가?"
　이 말을 들은 부견의 휘하 장수들은 모두 사현의 제의를 받아들이지 말 것을 주장했다.
　"비수를 계속 막아서 저들이 이쪽으로 도하하지 못하게 해야 합니다. 아군은 병력이 많은 반면 적은 소수이니 이렇게 하는 것이 가장 안전하게 승리하는 방책입니다."

그러나 부견은 사현의 제의를 수락하며 말했다.

"우리가 철수하더라도 지나치게 하지 말고 적이 반쯤 도하하기를 기다렸다가 수십만 기병으로 비수를 향해 밀어붙여 저들을 섬멸시키자."

부융도 부견의 말에 찬동했다. 이에 부견은 강 안에 포진했던 병력의 철수를 명했다. 그런데 예상과는 달리 부대가 일단 철수를 시작하자 대혼란이 일어나 스스로 통제 능력을 잃어 생각했던 선에서 부대를 정지시킬 수 없었다.

이때를 틈타 진 나라의 장 사현은 부장인 사염, 환이 등과 함께 정예병 8천을 거느리고 비수를 순조로이 도하했다.

진 군의 도독 사석은 부견의 장수 장모를 공격했는데, 세가 불리하자 조금 후퇴했다. 사현과 사염은 도하를 완료한 병력을 이끌고 그대로 밀어붙여 비수 남안에서 일대 격전을 벌였다. 그 결과 부견의 군사는 대패하고 말았다.

진 군은 자기들끼리 서로 밟혀 죽어 그 시체가 들을 덮고 내를 메웠으며 살아서 도망하는 자들 역시 하도 놀라서 바람소리와 학의 울음소리에도 진 군이 추격해 오는 소리인 줄 알고 쫓겨 밤낮 없이 휴식도 하지 못한 채 초행 노숙을 했다. 게다가 굶주림과 추위로 죽은 자가 열에 일고여덟은 되었다.

한편 동진의 재상인 사안은 손님과 더불어 바둑을 두고 있던 중에 승전 보고를 받았다. 그러나 그는 보고를 받고도 조금도 기쁜 표정 없이 여전히 바둑에만 몰두했다.

손님이 보고의 내용을 물었을 때 사안이 천천히 대답했다. "우리 아이들이 마침내 전진을 격파했다는 소식이오."

대국이 끝나자, 사안은 너무 기쁜 나머지 신발 굽이 문턱에 걸려 떨어져 나가는 줄도 모르고 집으로 달려갔다.

부견은 흩어진 잔여 부대 겨우 10만을 수습하여 낙양으로 돌아가 장안에 이르러 부융의 집에 가서 빈소에 크게 통곡했다.

_《진서》〈사현전〉

■ 보충 설명

이 전쟁에서 전진이 패배한 것은 군의 사기가 저하되고 대다수 병사들이 전쟁에 염증을 내고 있었던데다가 부견이 오만하여 적을 경시한 소치이다. 작전상 전 군을 통수하는 지위에 있던 부견이 유리한 지형 조건을 잘 선택하지 못하고 대군을 협착한 지형에 두고 기동을 곤란케 한 점도 전진군이 참패한 요인이다. 이 고사는 중국 역사상 소수로 다수를 이긴 것으로 유명한 '비수의 전쟁'이다.

12 과 전

적을 과(寡), 寡戰
병력의 수가 열세일 경우에는 반드시 요해처의 지형을 이용해야 한다.

서위 문제 대통 3년, 동위의 대장군 고환이 군사를 이끌고 황하를 건넜다.

서위의 조정에서는 우문태를 보내 고환의 군을 막도록 했다.

서위의 군은 전진하여 위곡에 이르러 일단의 병력을 갈대 숲에 매복시켰다.

고환은 서위의 병사가 아주 적음을 보고 급하게 전진하다가 협곡에 이르자 큰 혼란에 빠졌다.

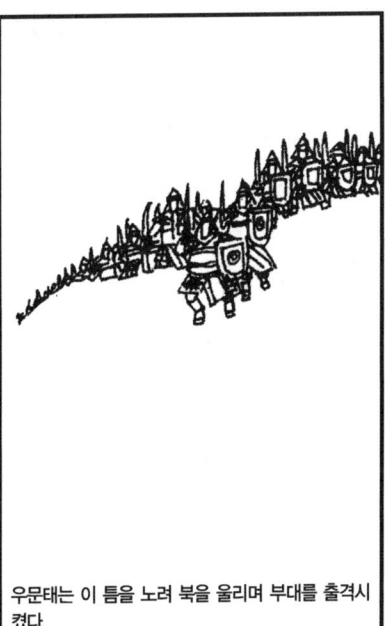

우문태는 이 틈을 노려 북을 울리며 부대를 출격시켰다.

고환은 비록 우문태의 병력보다 우세했으나 분할 포위되어 끝내 궤멸되고 말았다.

과전(寡戰)

 소수의 병력으로 다수의 적을 맞아 싸울 때는 반드시 야음을 이용하여 우거진 수풀 속에 군사를 매복(埋伏)시키거나 협착한 도로에서 적을 요격하면 승리할 수 있다.
 《오자병법》에 '병력의 수가 열세일 경우에는 반드시 요해처의 지형을 이용해야 한다'고 했다.

 서위 대통 3년인 서기 537년, 동위의 장수 고환(高歡, 496~547)이 20만의 군사를 거느리고 황하를 건너 서위의 화주 지방을 위협했다. 그러나 화주자사 왕비가 굳게 지키고 있어서 공략하기가 힘들었다. 이에 고환은 부득이 군대를 돌려 낙수를 건넌 다음, 허원의 서쪽에 군대를 진주시켰다. 서위에서는 대승상 우문태(宇文泰, 507~556)를 추가로 보내 고환의 침공군을 막아내도록 했다.
 우문태가 위수의 남쪽에 도착했을 때는 각 주의 병력이 아직 집결하지 않은 상태였다. 이에 대부분의 장수들은 "지금의 상황으로는 중과부적이므로 우선 고환의 군이 서쪽으로 더 접근해 올 때까지 기다려 형세를 보아가면서 다시 결정하자"고 주장했다. 그러나 우문태는 "만일 고환의 군이 함양까지 침공해 온다면 민심이 더욱 동요되고 불안해질 것이다. 그러므로 적군이 함양으로 진출하기 전에 우리가 먼저 적을 포착하여 공격을 가해야 한다"고 반박하면서 즉시 위수에 부교를 가설한 다음 군사들에게 3일분의 식량을 휴대시켰다. 그리고 경기병으로 하여금 위수를 신속히 건너 진출하게 하고, 군수품을 실은 치중 부대는 위수의 남쪽으로부터 강의 양안을 끼고 서쪽으로 진출시켰다.

그해 10월 1일, 서위의 우문태 군이 고환 군의 본 진에서 단지 60리 정도 떨어진 사원에 도착했다. 한편 동위의 고환도 이 소식을 듣고 부대를 사원으로 진출, 집결시켰다.

서위 군의 척후 기병대가 이들을 발견하고 우문태에게 보고했다. 우문태는 장수 전원을 소집하여 대책을 숙의(熟議)했다.

표기대장군 이필이 제의했다. "적군은 병력이 많은 반면 아군은 병력이 적으므로 평탄한 개활지에서 진을 치고 적과 교전해서는 안 됩니다. 여기서 동쪽으로 10리 정도 가면 위수의 강물이 굽이치는 협곡인 위곡이 있는데, 그곳을 선점하여 적을 기다려 싸운다면 승리할 수 있을 겁니다."

우문태는 그의 의견을 따라 군대를 그대로 전진시켜 위곡에 도착한 다음, 동서로 배수진(背水陣)을 치되 이필의 부대는 우측 방에서, 조귀의 부대는 좌측 방에서 적을 막아내도록 배치했다. 그리고 나서 전 장병들에게 창과 방패를 숨기고 갈대 숲에 매복해 있다가 북소리가 나면 그것을 신호로 일제히 적을 공격하라고 명령했다.

해질 무렵, 고환의 동위 군이 위곡에 도착했다. 그들은 서위의 군대가 소수임을 알고 저마다 앞을 다투어 공격하려고 전진했지만 협착한 굽이에 이르자 대오가 흩어지고 서로 엉켜서 공격 대형을 제대로 유지하지 못했다.

양군이 전투를 시작하려 할 때 우문태가 갑자기 북을 울려 신호하니 매복해 있던 서위의 복병들이 나와 일제히 동위 군을 공격했다. 때마침 서위의 표기대장군 우근도 주력 부대를 이끌고 도착하여 합세했다. 이필과 조귀의 부대는 좌우 측면에서 철기를 휘몰아 동위 군의 중앙부로 돌격하여 적군을 양분시켰다. 정면 돌파와 좌우 양익에서의 측면 공격을 결합한 전술로 서위 군은 일거에 동위를 대파했다.

_《북사》〈주태조본기〉

■ 보충 설명

본 편에서 제시한 '소수를 용하는 자는 요해지를 준비해야 한다(用少者務隘)'는 작전은 고대 작전에서 소수가 다수를 상대하는 기본 원칙이었다.

애전

사랑 애(愛), 愛戰
상관이 부하 대하기를 사랑하는 자식과 같이 한다면 부하들은 자신의 상관과 생사를 함께할 것이다.

전국 시대 때 위의 장수 오기는 항상 사병들과 함께 동거동락했다.

오랫동안 농창으로 고생하는 사병이 생기자 오기는 입으로 그의 고름을 빨아 주었다.

이 병사의 어머니는 이를 듣고 통곡했다.

과거에 오 장군이 내 아들의 아버지의 고름을 빨아 준 적이 있었는데 이에 감읍하여 용감하게 싸우다가 전사했지요.

어째서 통곡하는지요?

애전(愛戰)

전투에 임하여 군사들이 '전진하다가 죽을지언정 후퇴하여 구차스럽게 살지는 않겠다'는 마음을 갖게 만드는 것은 평소에 장수가 베푼 은혜가 그들을 그렇게 만들었기 때문이다. 삼군의 병사들은 상관이 자신을 마치 친자식 보살피듯 따뜻한 애정으로 대한다는 사실을 알면 그들 역시 상관을 마치 부모처럼 지극히 사랑하게 된다. 그래서 비록 자신이 생사의 갈림길에 처하더라도 자신의 생명을 돌보지 않고 상관의 은덕에 보답하려고 하는 것이다.

《손자병법》에 '상관이 부하 대하기를 사랑하는 자식과 같이 한다면 부하들은 자신의 상관과 생사를 함께할 것이다' 라고 했다.

전국 시대인 BC 403년경, 서하태수인 위의 장수 오기는 가장 낮은 지위의 병사들과 의식을 함께하고, 잠을 잘 때도 침구를 깔지 않고, 행군할 때도 말이나 수레를 타지 않았다. 또한 몸소 식량과 짐을 꾸려 병졸들과 함께 수고로움을 나누었다.

한번은 병사 하나가 종기를 앓자 오기는 입으로 그 병사의 고름을 빨아 치료해 주었다. 그런데 그 병사의 어머니는 이 소식을 전해듣고 통곡했다. 이에 어떤 사람이 의아해하면서 물었다.

"장군께서 신분이 낮은 당신 아들의 종기 난 상처를 직접 입으로 빨아 주었으니 이는 영광스러운 일이 아니오? 그런데 그대는 무슨 이유로 통곡을 하는 것이오?"

그러자 그의 어머니가 대답했다.

"그렇지 않습니다. 지난해에도 오공께서 그 아이 아버지의 종기 난 상처를 빨아 준 적이 있습니다. 이에 감격한 애 아버지는 싸움터에 나가서 물러설 줄 모르고 용전분투(勇戰奮鬪)하다가 끝내 전사하고 말았습니다. 그런데 오늘 다시 오공이 아들의 상처를 빨아 주었으니 내 아들도 언제 또 싸움터로 나가 아비처럼 죽을지 모릅니다. 그래서 제가 통곡을 하는 겁니다."

위의 임금인 문후는 오기가 군을 통솔함에 있어서 청렴하고 공평하여 병사들의 신임을 얻은 것을 보고 오기에게 서하 지방을 지키게 했다. 오기는 인근의 제후국과 76회의 대전을 벌여 64회나 승리를 거두었다.

_《사기》〈손자오기열전〉

■ 보충 설명

| 오자에 대해 |

이 사례에서처럼 오자는 병술에 탁월한 재능을 가지고 있었을 뿐만 아니라 부하들을 끔찍이 사랑하고 마음을 사로잡은 것으로 유명했다. 그러나 그의 일대기를 자세히 살펴보면 냉혹한 면이 더 강했다는 점을 부인할 수 없다.

오자의 본명은 오기로, 지금으로부터 2,400년 전 위(衛) 나라의 꽤 부유한 집안에서 태어났다. 젊었을 때 아버지의 재산을 물려받았으나 매일같이 방탕한 생활을 하는 바람에 집안이 파산 지경에 이르자 주위 사람들의 조소거리로 전락했다.

그런데 오자는 어렸을 때부터 병법을 공부하고 스스로 깨달은 바가 있어 언젠가 병법으로 입신출세할 뜻을 은근히 간직하고 있었다. 이에 오자는 가산을 탕진한 자신을 비웃는 무리 30여 명을 죽이고 조국을 떠나 노 나라로 갔다.

오자는 어머니와 헤어지면서 다짐했다. "훗날 반드시 입신양명한 다음에 금의환향하여 어머니를 찾아뵙겠습니다. 만일 출세하지 못한다면 무슨 일이 있더라도 고향에 돌아오지 않겠습니다."

노 나라로 간 오자는 공자의 유명한 제자 가운데 한 명인 증자의 문하에서 유교를 배우면서 때가 오기를 기다렸다. 훗날 그가 남긴 《오자병법》이 유교 사상에 뿌리를 두고 있는 것도 바로 이 시절의 경험에 연유한다. 오자가 유학하고 있을 당시 고향으로부터 어머니가 운명했다는 비보가 날아왔다. 오자는 땅을 치면서 방성통곡했으나 고향으로 돌아가지 않았다. 출세하기 전에는 어떤 일이 있더라도 돌아가지 않겠다는 자신과의 약속 때문이었다. 그러나 효성이 극진하기로 유명한 스승 증자는 이러한 오자의 불효를 용납할 수 없었다. 결국 그는 증자의 문하에서 추방당했다.

증자에게 쫓겨난 오자는 이제 병법밖에는 출세할 길이 없다는 생각으로 더욱 분발하여 병법 연구에 몰두했다.

드디어 오자에게 기다리던 날이 왔다. 그의 재능이 출중하다는 소문이 세상에 알려지자 노 나라 왕이 오자를 등용하여 벼슬을 맡긴 것이다.

마침 그때 노 나라와 제 나라 사이에 전쟁이 일어났다. 당시 제 나라는 전국 7웅 가운데 강국으로, 강적을 맞은 노 나라로서는 마땅히 오자가 삼군을 지휘해야 할 처지였다. 그러나 여기에는 한 가지 난점이 있었다. 오자의 부인이 제 나라 출신 여인이라 노 나라 조정에서는 오자에게 중책을 맡기기를 꺼려했던 것이다. 며칠이 지나도 조정에서 판단을 내리지 못하자 오자는 마음이 흔들렸다. '이대로 있다간 노 나라가 망할지도 모른다. 대를 위해서라면……'

결국 오자는 아내를 죽여 그 머리를 들고 중신들의 회의장으로 나아갔다. "이래도 나를 믿지 못하겠소?" 중신들은 경악했다.

이리하여 오자는 노 나라의 삼군을 통솔하고 전장으로 나아가 제를 크게 무찔렀다. 오자는 더욱 중용(重用)되었다. 그러나 그의 출세 길은 평탄하지 못했다. 일찍이 30여 명을 죽인 냉혹한, 어머니가 죽었을 때도 장례식에 가지 않은 불효자, 출세를 위해서 아내까지 죽인 비정한 사나이라는 비난과 그의 출세를 시기하는 조정의 목소리에 그는 더 이상 버티지 못하고 노 나라를 떠나 위(魏) 나라의 문후에게 몸을 의탁했다.

문후는 오자를 서하의 태수로 임명했고, 오자는 그러한 문후의 신임 속에서 혁혁한 전공을 세웠다. ……(중략)……

그러나 BC 396년, 오자를 신임하던 문후가 죽고 젊은 무후가 등장하면서 그의 입지는 다시 흔들렸다. 이미 나이도 들대로 든 상태였다.

공숙이 재상 자리에 올랐다. 그는 시기심이 많고 야심이 많은 소인이었다. 무후의 여동생을 아내로 취하고 궁중에서 세도를 부렸지만 덕망이나 명성 면에서는 오자를 따르지 못하자 어떻게 해서든 오자를 쫓아낼 궁리를 했다.

어느 날, 공숙의 심복이 말했다. "오 장군을 매장하기는 쉽습니다. 성품이 고지식하여 자신을 속이지 못하는 것이야말로 그의 가장 큰 약점입니다. 그러니 그 약점을 찌르면 됩니다."

사실 오자는 고지식했다. 병법에서 예컨대, 손자가 간첩의 중요성을 강조하고 있지만 오자는 국내 정치에서 이런 이면 공작은 질색했다. 때문에 그는 남의 모함에 잘 걸려들었다.

이에 공숙이 빙긋이 웃으며 말했다. "그거 좋은 생각이다. 그러면 어떻게 했으면 좋겠느냐?"

"왕에게 이렇게 아뢰시오. '오 장군은 천하의 명장이라 여러 나라에서 모셔 가려고 공작하고 있습니다. 저는 장군이 다른 나라의 교섭을 받고 위 나라를 떠나려고 하지나 않을지 걱정됩니다.' 이렇게 말하면 왕은 다음과 같이 대답할 것입니다. '그럼 오자의 본심을 알려면 어떻게 하는 것이 좋겠는가?' 이때 재상께서는 이렇게 대답하십시오. '그의 속을 떠보기 위해 공주와 결혼할 것을 슬그머니 제의해 보십시오. 만일 장군이 우리 위 나라에 머물러 있을 생각이라면 이를 받아들일 것이고, 그렇지 않다면 사양할 것입니다. 이것으로 그의 마음을 알아보는 것이 가장 정확합니다' 하고 말입니다."

"잠깐, 그런데 만약 오자가 공주와 결혼을 승낙한다면 일을 잡치고 마네. 그러면 오히려 그의 세도만 더욱 크게 만들어 주는 꼴이 아닌가?"

공숙이 이렇게 묻자 심복이 웃으며 대답했다. "염려할 것 없습니다. 재상께서는 그 전에 미리 오 장군을 초대하여 하루 저녁 연회를 베풀어 주십시오. 그리고 그 자리에서 연극을 하십시오."

"무슨 연극 말인가?"

"마나님과 짜고 일부러 마나님이 대감을 크게 모욕하도록 만드십시오. 마나님도 전에 공주가 아니었습니까? 그러한 마나님이 왕의 권세를 업고 남편에게 뽐내는 것을 보면 오 장군은 반드시 그 혼담을 거절할 것입니다. 그렇게 되면 왕은 오 장군을 의심할 것입니다. 그 뒤의 일은 저에게 맡기십시오. 그러면 저는 장군이 반란을 일으키려 한다는 유언비어를 세상에 널리 퍼뜨리겠습니다. 그리고 그 유언비어가 무 왕의 귀에……"

며칠 후, 무후는 오자를 불러 공주와 결혼할 것을 권했다. 이에 오자는 즉석에서 거절했다. 왕도 오자도 모두 공숙의 음모에 걸려든 것이었다. 그러나 오자가 공주와의 결혼을 거절한 이유는 공숙의 부인이 공숙을 모욕해서가 아니라, 그가 죽인 전처에 대한 죄의식 때문이었는지도 모른다. 여하튼 젊은 왕 무후는 이때부터 오자를 의심하기 시작했다.

공숙의 심복은 유언비어를 퍼뜨리고 다녔다. 내용인즉슨 '한단 전투에서 오자가 싸우지 않고 물러난 것은 장차 그가 조 나라 장군이 되어 가기로 밀약이 되어 있었기 때문이다', '오자가 서하에서 군사를 몰고 반역을 시도하려고 한다. 그래서 공주와의 결혼을 거절한 것이다' 등이었다.

예나 지금이나 유언비어는 무책임하게 날개를 달고 내용은 증폭되어 사방으로 퍼지게 마련이다. 오자가 공주와의 결혼을 거절한 지 열흘도 채 안 되어 오자가 반역을 도모한다는 말이 도성에 쫙 퍼졌다. 공숙의 심복은 공숙에게 이제 때가 되었으니 무후를 움직여 오자를 죽일 것을 청했다. 이튿날 사자는 서하의 오자에게 중신 회의가 개최될 예정이니 참석하라고 통보했다.

통보를 받은 오자가 수도 안읍으로 급히 달려가고 있는데, 어떤 이가 앞을 가로막았다.

"장군, 지금 궁성으로 가시면 안 됩니다. 장군을 암살하려는 계획이 진행되고 있습니다."

"그렇게 말하는 너는 누구냐?"

"저는 공숙의 심복으로 공숙이 연극을 꾸미고 무후가 의심을 지니게 하고 유언비어를 퍼뜨린 사람입니다. 사실 저는 초 나라의 첩자로, 왕의 명을 받고 장군을 초 나라로 모셔 가기 위해 위 나라에 잠입했습니다."

오자가 도성의 분위기를 관찰해 보니 무장 병력이 요소 요소에 배치되어 있는 등 더 이상 위 나라에 머무를 수가 없었다. 이에 그는 부득이 초 나라로 갔다. 초 나라로 간 오자는 초의 도 왕의 신임을 얻어 국내 정치뿐만 아니라 국외 정치에서도 큰 공적을 올렸다. 그러나 여기에서도 왕족과 귀족들은 그를 시기하고 미워했다. 하지만 초 나라의 도 왕은 현명한 군주였다. 초 나라는 오자의 도움으로 전국 7웅 중에서도 가장 강력한 국가가 되었다. 후세의 어떤 사가(史家)는 이때 만일 도 왕이 5년이나 10년 정도만 더 살았어도 천하를 통일한 국가는 진이 아니라 초 나라가 되었을지도 모른다고 했다.

BC 381년 7월, 오자는 도 왕의 머리맡에서 왕의 죽음을 바라보고 있었다. 도 왕의 부음이 전해지자 오자의 개혁으로 쫓겨난 일단의 왕족과 귀족의 무리가 수도로 쳐들어왔다. 그러나 오자의 신변에는 서하에서 따라온 부하 몇 명이 전부였다. 부하들이 "장군, 어서 몸을 피하십시오. 저희들이 수습하겠습니다"라고 했지만 오자는 "너희들은 즉시 변경에 출진 중인 태자에게 달려가 전하라. 빨리 수도로 회군하여 적도들을 물리치라고……"라며 피신을 거절했다.

오자는 이렇게 잘라 말하면서 입가에 묘한 미소를 흘렸다. 오자는 궁 안에 혼자 남아 있다가 적도들이 궁성으로 쳐들어오자 그들 앞에 섰다. 그의 발 아래에는 이불에 싸인 도 왕의 시신이 놓여 있었다.

오자는 적도들에게 외쳤다. "어서 쏘아라!" 폭도들은 오자를 포위했지만 감히 화살을 날리지는 못했다. 오자는 왕의 시신을 안고 나아갔다. "어서 찔러라!"

폭도들은 여전히 오자를 해치지 못했다. 오자는 도 왕의 시신을 안고 천천히 계단을 내려갔다. 그렇게 궁궐 밖으로 나가 뚜벅뚜벅 파리궁을 뒤로 하고 포석을 걸어가고 있을 때 누군가가 더 이상은 안 된다고 생각했는지 외쳤다. "쏘아라! 쏘아라!"

순간 일제히 오자를 향해 화살이 날아왔다. 오자는 왕의 시체를 덮고 쓰러졌고 오자의 몸에는 숱한 화살이 고슴도치의 가시처럼 박혔다. 도 왕의 시체에도 수십 개의 화살이 꽂혔다.

오자는 벌떡 일어나 "보아라! 죽음은 곧 삶이다!"라고 외치고는 칼을 빼어 스스로의 목을 쳤다. 붉은 피가 무지개처럼 쏟아져 허공에 연기처럼 퍼졌다. 명장 오자는 이렇게 그의 파란만장한 일생을 마쳤다.

도 왕의 국장(國葬)이 끝난 뒤 새 왕이 된 태자는 부왕의 시신에 화살을 쏜 폭도들을 선왕을 더럽힌 죄로 다스려 극형에 처했다. 그들 중에는 왕족만 해도 70여 명이 넘었다. 오자는 자기 한몸을 희생하여 초 나라의 고질적인 화근이었던 귀족 정치를 뿌리뽑았다. 결국 오자는 죽는 순간까지도 병법을 쓴 것이다. 이것이 오자 일생의 대강이다.

  필자는 아쉬움을 금할 수 없다. 병법에 능한 그가 그러한 상황을 예측하지 못했을 리가 없는데 왜 그렇게 허무하게 스스로 죽은 것일까? 그의 고지식한 성격 탓인가? 월의 범려(范蠡, 생몰년대 미상)처럼, 한의 장량(張良, ?~BC 186)처럼 일찍이 그 화근을 예측하고 현명하게 몸을 피할 수는 없었을까? 그것도 아니라면 그가 전장에서 죽인 수많은 이름 모를 병사들의 원한에 의한 업보는 아니었을까?

위 전

위엄 위(威), 威戰
위엄 있는 군기가 단순한 사랑을 극복한다면 작전에 성공할 것이다.

위전(威戰)

 적과 교전 중에 병사들이 전진만 하고 감히 뒤로 물러서지 못하는 것은 그들이 지휘관을 두려워하고 적을 두려워하지 않기 때문이다. 그러나 반대로 군사들이 적진을 향해 용감하게 전진하지 않는다면 이는 적을 두려워하고 자신들의 지휘관을 두려워하지 않기 때문이다. 장수가 군사들에게 끓는 물이나 불과 같이 위험천만한 곳에 뛰어들라고 해도 감히 명령을 어기지 않고 그대로 따르는 것은 바로 장수의 위엄이 그들을 그렇게 만들었기 때문이다.
 《당태종·이위공문대》에 '위엄 있는 군기가 단순한 사랑을 극복한다면 작전에 성공할 것이다' 라고 했다.

 춘추 시대 제 경공 즉위 4년인 BC 544년, 진 나라는 제 나라의 동아와 견성을 공격하고, 북방의 연 나라도 제의 황하 연안 지방을 침공했다. 제 군은 이들을 맞아 양면으로 싸웠으나 크게 패하고 말았다.
 패전 소식을 들은 제 경공이 크게 근심하자 재상 안영이 즉시 경공에게 전양저(田穰苴)를 장수로 천거했다.
 "전양저가 비록 전씨 집안의 서출이기는 하나 그의 문덕(文德)은 모든 군사들을 순종시킬 수 있고, 또 그의 무략(武略)은 적에게 두려움을 줄 수 있습니다. 청컨대 그를 한번 등용해 보십시오."
 이에 경공은 전양저를 불러 용병의 도를 토론해 보고 나서 크게 만족하고는 그를 장군으로 삼아 군대를 지휘하여 연과 진의 침공군을 막아내라고 명했다. 이때 전양저가 청했다.

"신은 본래 미천한 출신입니다. 그런데 군왕께서 갑자기 평민에 불과한 신을 발탁하여 대부의 높은 지위를 부여해 주시니 군사들이 신을 잘 따르지 않고 백성들도 불신하여 복종하지 않을 것입니다. 이는 장수의 출신 성분이 미천하여 권위가 없기 때문입니다. 바라옵건대, 군왕께서는 총애하는 신하 중에서 온 국민이 모두 존경하는 인물을 감군으로 삼아 신이 지휘하는 군을 감독하게 해 주십시오. 그렇게 해야만 우리 군이 제대로 통솔될 것입니다."

경공은 이를 승낙하고, 자신이 총애하는 장가를 감군으로 지명하여 함께 출전하도록 했다.

전양저는 경공에게 하직 인사를 드리고 나와 장가와 더불어 다음 날 정오에 군영 문에서 만날 것을 약속했다. 그리고 이튿날 군영 문으로 먼저 달려가 해시계와 물시계를 설치해 놓고 장가가 오기를 기다렸다.

그러나 장가는 본래 신분이 높고 교만하여, 전양저가 통솔하는 병사들을 자신의 군대로 인식하고, 내가 내 군대를 통솔하는 감군이 되었으니 서두를 필요가 없다고 생각했다. 그리고는 일가 친척과 가까이 지내던 친구들을 불러 송별 잔치를 벌이고 술을 마셨다. 이 때문에 장가는 전양저와 군영 문에서 만나기로 한 정오가 다 되도록 군영에 도착하지 못했다.

전양저는 약속한 시간이 다 되도록 장가가 도착하지 않자 해시계와 물시계를 철거해 버리고 군영에 들어가 장비를 검열하고 군사들이 지켜야 할 군령을 군사들에게 주지시켰다. 장가는 지정된 시간이 훨씬 지난 저녁 무렵이 되어서야 비로소 군영에 도착했다.

전양저가 물었다. "어찌하여 지정된 시간보다 늦게 왔소?" 이에 장가가 대답했다. "내 벼슬이 대부이다 보니 전송해 주는 사람이 많고, 친척들의 전별을 받다 보니 이렇게 늦었소이다"라고 대답했다.

그러자 전양저가 장가를 준엄하게 꾸짖었다.

"장수가 출전 명령을 받으면 제 집안 일을 잊어야 하고, 전진에 임해서는 군사들에게 지켜야 할 군령을 공포하고 나면 제 부모도 잊어야 하고, 장수가 직접 북채를 잡고 북을 치며 전투를 지휘하는 급박한 상황이 되면 자신의 생명도 잊어야 하는 법이다. 지금 적국이 우리 영토 깊숙이 침입하여 온 나라가 소란하고 군사들의 시체가 변경에 즐비하다. 이 때문에 군왕께서는 잠자리에 들어도 편히 주무시지 못하고 식사를 들어도 달게 드시지 못하시는 터이다. 백성들의 목숨이 모두 그대에게 달려 있는데 어찌 한가롭게 송별 잔치나 벌이고 즐긴다는 말인가!"

그리고 나서는 군법 담당관인 군정을 불러 물었다.

"군법에 지정된 시간보다 늦게 군문에 도착한 자는 어떤 형벌로 다스리도록 되어 있는가?"

이에 군정이 "목을 베어야 합니다" 하고 대답했다. 장가는 두려운 나머지 즉시 경공에게 사람을 보내 이 사실을 보고하고 구명해 줄 것을 간청했다. 그러나 장가가 군왕에게 보낸 자가 미처 돌아오기도 전에 전양저가 장가의 목을 베어 삼군에게 두루 돌려 보이니 전 군이 모두 놀라고 두려워했다.

얼마 후, 장가를 구명하기 위해 경공이 보낸 사자의 마차가 왕명을 상징하는 기를 달고 진중으로 급히 달려들어왔다. 이를 본 전양저는 "장수가 군중에 있으면 군왕의 명령이라고 해도 받아들이지 않는 경우가 있다"라고 하면서 다시 군정에게 물었다.

"진중에서는 말을 빨리 달리게 해서는 안 되는 법이다. 지금 이 사자가 마차를 빨리 몰아 진영으로 들어왔는데, 이런 경우에는 군법에 의해 무슨 형벌로 다스려야 하는가?"

이에 군정이 "목을 베어야 합니다"라고 대답하자 사자는 그만 대경실색했다. 그러나 전양저는 "군왕의 사자이니 죽일 수는 없다" 하고는 마부와 말의 목을 베어 전 군에게 돌려 보이고 경공에게 이 사실을 보고한 다음 출정했다.

　전양저는 병사들이 거처하는 막사와 우물, 부엌과 음식물에서부터 문병과 의약품 공급에 이르기까지 직접 보살피면서 병사들을 어루만지고, 장군 자신에게 배당된 물자와 양식으로 병사들에게 연회를 베풀었다. 또한 자신도 병사들과 균등한 식량을 분배받았으며, 병사들 중에 수척하거나 허약한 자들은 전열에서 제외시켰다. 그렇게 3일이 지난 뒤에 군사들에게 무장을 시키니 질병을 앓는 자까지도 다투어 나서서 싸움터로 나가겠다고 자원하고 모두 전투 대열에 참가했다.

　제 나라 군이 이와 같이 전양저의 지휘 하에 면모를 일신하여 전열을 강화했다는 소문을 들은 진 나라 군은 침공을 중단하고 돌아갔으며, 연 나라 군도 제 나라의 국경 봉쇄를 풀고 황하를 건너 철군(撤軍)했다. 이에 전양저는 군을 몰아 이들을 추격하여 잃었던 옛 강토를 모두 수복했다.

_《사기》〈사마양저열전〉

15 상 전

상줄 상(賞), 賞戰
후한 상을 내리는 곳에는 반드시 용감한 군사가 나타난다.

상전(賞戰)

 높은 성벽과 깊은 해자(垓子)로 가로막고 화살과 탄환이 빗발치는 가운데서도 군사들이 앞을 다투어 성벽에 오르고, 시퍼런 칼날이 가로막는데도 군사들이 서로 달려들어 싸우는 것은 후한 상으로 군사들을 격려했기 때문이다. 이렇게 하면 이기지 못하는 경우가 없을 것이다.
 《삼략》에 '후한 상을 내리는 곳에는 반드시 용감한 군사가 나타난다' 라고 했다.

해설

 후한 말기인 서기 200년경, 대장군 조조는 적의 성을 공격하여 고을을 탈취하여 귀하고 값진 재물을 노획하는 전공을 세운 자에게는 모두 상을 내려 주었다.
 조조는 뛰어난 전공을 세워 마땅히 상을 내려야 할 자에게는 천금도 아끼지 않았으나, 전공이 없는 자에게는 절대 단 한 푼도 주지 않았다. 이 때문에 그는 싸울 때마다 승리할 수 있었다.

_《삼국지》〈위서-무제기제1〉

■ 보충 설명

 본 편은 포상(褒賞) 제도가 작전에서 중요한 역할을 한다는 점을 천명하고 있다. 포상의 목적은 병사들의 투지를 격려하고 사기를 고무하는 데 있다. 그 운용이 적당하면 장졸들의 적극성을 이끌어 내고 부대의 전투력을 제고할 수 있다. 그러나 반대로 운용이 부당하여 상이 남발되고, 주지 말아야 할 사람에게는 상을 주고 마땅히 줄 사람에게는 상을 주지 않는다면 오히려 명리를 추구하는 수단으로 변하고, 군사들의 사기를 와해시키는 부식제 역할을 한다. 이 점은 포상 제도를 실시하는 과정에서 반드시 장수가 주의하여 방지해야 하는 문제다.

16 벌전

벌줄 벌(罰), 罰戰
징벌은 반드시 적시에 시행해야 한다.

수 나라의 대장 양소는 군을 다스리는 데 엄정하기로 유명했다.

병사가 군령을 위반할 때에는 가차없이 참수했다.

출정할 때마다 양소는 의도적으로 사병들의 잘못을 찾아내 병사들을 죽였다.

벌전(罰戰)

전투를 함에 있어 군사들이 적과 마주쳐 용감하게 전진하기만 하고 감히 뒤로 물러서지 못하는 까닭은 무거운 형벌로 엄하게 다스리기 때문이다. 이와 같이 하면 승리를 쟁취할 수 있다.

《사마양저병법》에 '징벌은 반드시 적시에 시행해야 한다'고 했다.

서기 590년경, 수 나라의 대장 양소(楊素, ?~606)는 군을 통솔함에 있어서 군법을 엄정히 시행하여 군령을 범하는 자가 있으면 바로 그 자리에서 목을 베고 절대로 용서하는 경우가 없었다.

양소는 적과 대전할 때마다 과오를 범한 자를 가려내어 즉각 목을 베었는데, 처형당하는 자가 많을 때는 1백여 명에 이르렀고 아무리 적은 경우라도 10명 이하가 되는 적은 없었다. 이 때문에 처형된 자의 피가 장막 앞에 질편했으나, 양소는 아무 일도 아니란 듯이 태연할 뿐이었다.

그러다가 적과 결전을 하게 되면 먼저 3백 명의 군사를 출동시켜 이들이 나가서 용감하게 싸워 적진을 함락하면 모르거니와, 만일 함락하지 못하고 패주하여 돌아오는 자가 있으면 그 패잔병의 수가 많고 적음을 가리지 않고 모조리 목을 베었다. 그런 다음 다시 3백 명의 군사를 출전시켜 적진을 함락하지 못하고 살아 돌아오는 자는 전과 같이 전부 도살했다.

이에 장병들은 모두 군법을 두려워하여 누구나 필사적으로 싸울 마음을 갖게 되었으며, 이 때문에 양소의 부대는 출전할 때마다 승리를 거두었다.

_《수서》〈양소전〉

■ 보충 설명

 징벌과 포상은 역대의 병가(兵家)들이 치군과 용병을 함에 있어 항상 이용하던 상반되고 상성된 두 가지 유형의 효과적인 수단이자 조치였다. 이를 실천하는 과정에서 그 운용이 적당하고 진정으로 상벌이 분명하다면 병사들의 적극성을 제고하고 부대의 전투력을 향상시킬 수 있다.

 징벌은 엄격하고 분명하며 적당하면서도 과단성이 있어야 하며 반드시 제때에 시행되어야 한다. 이와 같이 한다면 능히 하나를 징벌하여 백을 훈계할 수 있으며 제때에 무리를 교육할 수 있다. 이렇게 하면 군기를 정숙케 하고 전투력을 제고하는 소기의 목적을 달성할 수 있다.

주 전

주인 주(主), 主戰
자국의 영역에서 싸우는 것을 산지(散地)라고 한다.

서기 397년, 북위의 도무제가 군을 이끌고 후연의 대장 모용덕을 토벌했다.

그러나 북위의 선발 부대는 크게 패하고 말았다.

북위의 군대는 본토와 멀리 떨어져 있습니다.

모용덕의 별가로 있는 한착이 계책을 내놓았다.

그들은 이미 목숨을 버리고 싸워야 하는 우리 영토 내에 들어와 있지만 우리에겐 후속 부대가 준비되어 있습니다.

주전(主戰)

　용병하여 싸우는 데 있어 자신의 영토 내에서 적과 싸울 때는 경솔하게 적을 맞아 싸워서는 안 된다. 이는 군사들이 자기 영토 내에서 싸우는 것이라 하여 안일한 생각에 빠지기 쉽고, 또 가정을 못 잊어 군사들의 마음이 안정되지 않을 수 있기 때문이다. 이럴 때는 군민간의 일체감을 조성하여 항전 의지를 고취시킨 다음, 모든 물자를 성내로 거두어들여 비축하고, 백성의 생계를 보호하고 요충지를 철저히 수비하며, 적의 보급로를 차단해야 한다. 또한 적이 싸움을 걸어오더라도 상대하지 않아야 한다. 이렇게 하면 적은 싸움은 커녕 군량 보급로가 끊겨 군수 물자를 제대로 조달받지 못할 것이다. 이리하여 적이 피로와 곤경에 빠지기를 기다렸다 반격을 가하면 필승을 거둘 수 있을 것이다.
　《손자병법》에 '자국의 영역에서 싸우는 것을 산지(散地)라고 한다'고 했다.

　서기 397년경, 북위의 도무제(道武帝, 371~409)인 척발규가 친히 군사를 거느리고 업성에 있는 후연의 모용덕(慕容德, 336~405)을 침공했다. 그러나 척발장이 이끄는 북위의 선발 부대는 후연 군에게 대패하고 말았다. 이에 승세를 탄 모용덕이 북위의 군을 다시 공격하려고 하자, 그의 별가로 있던 한착이 만류했다.
　"옛 사람들은 용병하여 싸울 때 먼저 전략과 계획을 숙의한 연후에 출병하여 전쟁을 수행했습니다. 그런데 지금 우리에게는 북위를 공격해서는 안 될 네 가지 이유와 우리 연 나라 군이 경솔하게 움직일 수 없는 세 가지 이유가 있습니다."

"그 이유라는 것이 무엇인가?"

모용덕이 묻자 한착이 다음과 같이 대답했다.

"위 나라 군은 원거리를 침입하여 우리 국경 내에 들어왔고, 넓은 지역에서의 야전에 능하기 때문에 저들로써는 속전속결이 유리합니다. 그렇기 때문에 급하게 공격해서는 안 됩니다. 이것이 첫 번째 이유입니다. 또 저들은 우리의 수도 가까운 지역까지 깊숙이 진입하여, 이른 바 사지에 처해 있으므로 사력을 다해 싸워야 할 입장입니다. 이것이 우리가 북위를 공격하면 안 되는 두 번째 이유입니다. 그리고 위의 선봉 부대가 이미 패전했기에 그 후속 부대는 반드시 수비를 견고히 하여 진지를 굳게 지킬 것입니다. 그러므로 이들을 공격해서는 안 됩니다. 이것이 세 번째 이유입니다. 또한 적은 병력이 많고 우리는 병력이 적습니다. 이것이 네 번째 이유입니다.

그리고 아군은 우리 영토 내에서 적을 맞아 싸우고 있습니다. 자신의 영역에서 싸우게 되면 군사들이 고향을 그리워하고 가족을 생각하게 되어 탈주병이 많아집니다. 이것이 우리가 가볍게 움직여서는 안 되는 첫 번째 이유입니다. 만약 우리가 출동하여 적을 공격했다가 이기지 못한다면 장병들의 마음이 분명 요동칠 것입니다. 이것이 우리가 가볍게 움직여서는 안 되는 두 번째 이유입니다. 마지막으로 우리는 사전에 성곽과 요새를 제대로 구축해 놓지 못하여 적의 공격에 대한 방비가 허술합니다. 이것이 세 번째 이유입니다.

이상은 유능한 전략가들이라면 모두 꺼리는 바입니다. 그러므로 참호(塹壕)를 깊이 파고 보루(堡壘)를 높이 쌓아 방어를 견고히 하여, 안정된 군사로 피로한 적군을 상대하느니만 못합니다. 위 군은 천 리 먼 길에서 식량을 수송해 오고 있어 피곤할 것입니다. 이를 해결하려고 해도 지금 우리의 들판에는 노략질할 만한 물건이 하나도 없습니다. 저들이 오랫동안 머물러 있는다면 힘이 소모되고 병사들에게 줄 보급품이 떨어질 것이며 병사들의 어려움과 곤란도 증가할 것입니다. 이렇게 되면 위 군이 장기간 출정할수록 그 약점이 드러날 것입니다. 그때를 노려 우리가 출격한다면 승리할 수 있습니다."

이 말을 들은 모용덕이 감탄했다. "한 별가는 참으로 장량이나 진평과 같은 지혜를 지녔구려!"

_《진서》〈모용덕기〉

■ 보충 설명

본 편과 다음 편에서 말하는 '주(主)'와 '객(客)'은 중국 고대의 군사 술어이다. 일반적으로 본국에서 실시하는 방어 작전의 군대를 '주군(主軍)'이라 하고, 적국 깊숙이 들어가 실시하는 진공 작전의 군대를 '객군(客軍)'이라고 한다.

객 전

손님 객(客), 客戰
적지에 깊숙이 쳐들어가면 군사들의 마음이 하나가 된다.

서한 초, 한신과 장이가 조나라를 공격해 왔다.

성안군 진여는 정경 입구를 굳게 지켰다.

적의 군수 보급로를 차단해야 합니다.

이좌동이 진여에게 계책을 내놓았다.

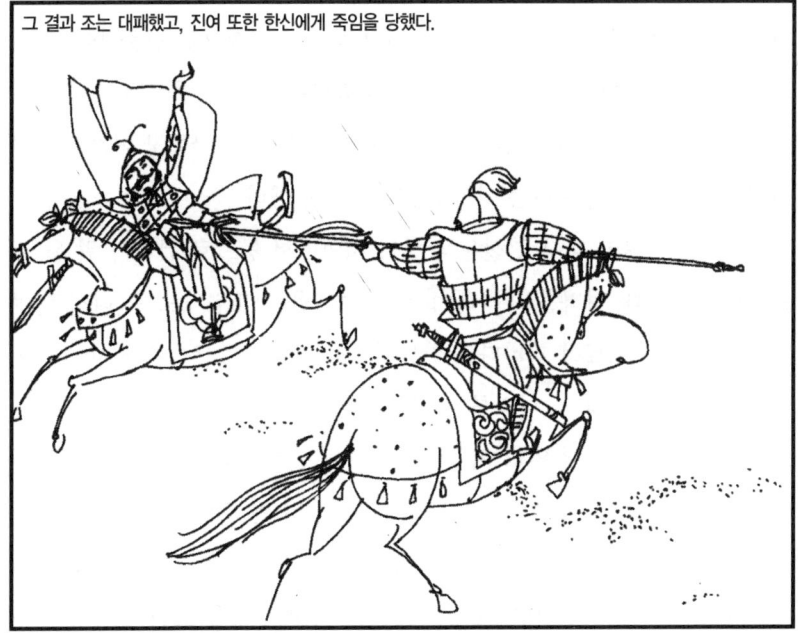

객전(客戰)

 무릇 전쟁을 수행함에 있어서, 적이 주인의 입장이 되고 아군이 객지에 들어간 입장이 되었을 경우에는 되도록 깊숙이 쳐들어가야 한다. 공격하는 자가 객지에 깊숙이 진격하면 주인 입장인 방어자는 불리해진다. 이는 객지에 들어온 자는 중지에 처하게 되고 주인된 자는 경지에 처하기 때문이다.
 《손자병법》에 '적지에 깊숙이 쳐들어가면 군사들의 마음이 하나가 된다' 고 했다.

 BC 204년경, 한 나라의 장수 한신(韓信, ?~BC 196)과 장이가 한 고조의 명을 받들어 수만 명의 군을 거느리고 동쪽의 정형으로 진출하여 조 나라를 공격했다. 이에 조 왕 헐과 그를 보좌하는 성안군 진여는 정형 어귀에 군을 집결시켜 놓고 20만 대군임을 호언했다. 이때 광무군 이좌동이 한신의 군과 정면 대응하려는 성안군 진여를 설득했다.
 "듣건대 한 나라 대장 한신은 황하의 서안에서 동으로 건너가 위 왕 표를 사로잡고, 대 나라를 공격하여 정승 하열을 사로잡았으며, 다시 알여 지방에서 적을 깨트려 피바다로 만들었다고 합니다. 그런 그가 지금 장이 군과 합세하여 우리 조 나라를 침공하려 하고 있습니다. 이처럼 승승장구하는 한신이 본국에서 멀리 쳐들어와 도전하고 있으니 그 예봉을 당해 내기 어렵습니다. 다만 제가 알기로 옛말에 '천 리 먼 길에서 군량을 수송해 오면 그 군사들은 자연히 굶주리게 되며, 땔감을 미리 확보하지 못하고 그때그때 구하여 취사한다면 그 군사들은 항시 배부름을 느끼지 못한다' 고

했습니다. 정형의 도로는 매우 좁아 수레 두 대가 나란히 지나갈 수 없고, 기마병도 행렬을 지을 수가 없습니다. 한 군은 수백 리에 걸친 협착하고 긴 도로를 행군하고 있으므로 형편상 저들의 식량은 군의 후미에 처져 있을 것입니다. 바라건대 제게 기병 3만 명을 주십시오. 그러면 제가 이들을 거느리고 사잇길로 나아가 저들의 치중과 군량을 차단하겠습니다. 그동안 성안군께서는 참호를 깊이 파고 보루를 높이 쌓아 성벽을 굳게 지키고 저들과 대전하지 마십시오. 이렇게 한다면 저들은 정면으로 싸울 대상이 없어지고 후퇴하려고 해도 퇴로(退路)가 차단되어 진퇴양난(進退兩難)에 빠질 것입니다. 또한 기병으로 하여금 퇴로를 끊어 들에서 식량을 약탈할 수 없게 만든다면 10여 일도 못 가 두 적장은 우리에게 목을 바치게 될 것입니다. 만일 이렇게 하지 않는다면 우리가 도리어 저들에게 사로잡히고 말 것입니다."

그러나 성안군 진여는 스스로 정의로운 군대라는 명분에 도취되어 기만 전술로 적을 격파하기보다는 정공법(正攻法)을 고집하며 이좌동의 말을 듣지 않았다.

"한신은 보유 병력도 적거니와 장거리 행군으로 많이 지쳐 있소. 이런 상황에서 아군이 정면 공격을 회피한다면 다른 제후들이 나를 비겁한 위인으로 여겨 가벼이 우리를 침공하려 들 것이오."

한신은 조 군 진영에 첩자를 침투시켜 성안군이 이좌동의 계책을 채택하지 않았다는 사실을 알고는 크게 기뻐하며 즉시 전 군을 휘몰아 정형산 어귀를 향해 곧바로 진출했다. 그는 정형산 어귀 30여 리 못 미치는 지점에 도달하여 진군을 멈추고 영채를 설치했다.

그날 밤, 한신은 진중에 명령을 내려 경기병 2천 명을 선발하여 병사마다 붉은 깃발을 하나씩 휴대시켜 산중의 사잇길을 따라 은밀히 비산까지 진출하여 잠복한 다음 조 나라 군의 본영을 감제(瞰制)하게 했다. 경기병이 출동할 무렵, 그는 다시 다음과 같은 작전 명령을 내렸다.

"오늘 새벽, 아군은 조 군과 접촉하다 퇴각할 예정이다. 조 군은 아군이 패퇴하는 것을 보면 반드시 본영을 비우고 달려나와 아군을 추격할 것이다. 너희들은 그 틈을 타 재빨리 조 군 진영으로 돌입하여 성채(城砦) 위에 꽂혀 있는 조 군의 깃발을 모두 뽑아 버리고 한의 깃발을 세워라."

그리고 한신은 비장들을 시켜 출동하는 병사들에게 음식을 내려 주면서, 조 군을 격파한 다음 크게 회식을 하자고 다짐했다. 여러 장수들은 모두 이 말이 믿어지지 않아, 그저 예, 예 하고 건성으로 대답했다.

그런 다음 한신은 1만여 명으로 구성된 선봉 부대를 편성하여 배수진을 치게 했다. 이를 본 조 군은, 한신이 강을 등지고 퇴로가 없는 배수진을 쳤다며 모두 크게 비웃었다.

새벽이 되자, 한신은 대장기를 앞세우고 북을 치면서 정형산 어귀로 전진했다. 이에 조 군은 성채의 문을 열고 나와 한신 군을 공격했다. 큰 싸움이 계속되던 중, 한신과 장이가 대장기와 북을 버리고 강변에 설치된 배수진으로 퇴각했다. 과연 조 군은 전 병력이 성채를 비우고 달려나와 한 군이 버린 깃발과 북을 다투어 주우면서, 한신과 장이를 추격했다. 그러나 한신은 배수진으로 들어가 전 군이 결사적으로 항전하며 조 군의 공격을 막아냈다.

그동안 조 군의 진영 부근에 은밀히 접근해 있던 한신의 경기병 2천 명은 조 군 본영에 진입하여 성벽 위에서 나부끼는 조 나라 깃발을 모조리 뽑아 버리고, 한 나라의 붉은 깃발 2천 개를 세워 놓았다.

조 군은 한신의 결사적인 저항에 막혀 승리할 수 없게 되자 본 진으로 철수하려고 했다. 그러나 자군의 진영에는 온통 한 군의 깃발이 나부끼고 있었다. 이에 크게 놀란 조 나라 군사들은 한 군이 이미 조 왕을 사로잡을 줄로 오인하고 스스로 혼란을 일으켜 도망치기 시작했다. 조 군의 장수들은 달아나는 병사들의 목을 치면서 탈주(脫走)를 방지하려고 했지만 무너지는 사태를 도저히 수습할 길이 없었다. 이때 한 군은 앞뒤로 협공(挾攻)을 가하여 조 군을 크게 격파하고 마침내 저수 강변에서 조의 주장 성안군 진여를 베어 죽였으며, 조의 헐 왕까지 사로잡았다.

전투가 끝난 다음 장수들이 물었다.

"진을 칠 때 우측 방과 후면으로는 산과 구릉을 등지고 전방과 좌측 방으로는 강이나 늪을 끼고 있는 지형을 선택하라 했는데 지금 우리는 배수진으로 승리했으니 어찌된 일입니까?"

이에 한신이 대답했다.

"병법에서 사지에 빠진 뒤에야 살아나고, 패망할 곳에 던져진 뒤에야 생존할 수 있다고 하지 않았는가? 이번에 내가 거느리고 출전한 장병들은 본래 내 손으로 훈련시켜 나를 잘 따르는 군사가 아니라 마치 장터의 장꾼들을 지휘하여 싸움터에 나선 것이나 다름없었다. 그러므로 이들을 사지에 몰아넣고 싸우게 하지 않았더라면 모두들 도망치고 말았을 것이다. 그렇게 하지 않고서 이런 병사들을 가지고 어떻게 적과 싸울 수 있었겠는가?"

이 말에 여러 장수들이 모두 탄복했다.

_《사기》〈회음후열전〉

■ 보충 설명

이 전례는 '객군(客軍)'이 적국 국경 깊숙이 쳐들어가 실시한 진공 작전의 성공적인 예이다.

강 전

강할 강(强), 强戰
적을 공격할 만한 능력이 있어도 능력이 없는 것처럼 기만하라.

흉노가 또다시 침입해 왔다.

이목은 거짓으로 패한 척 도망쳤다.

흉노의 수령 선우가 대부대를 이끌고 침입했다.

이목은 군사를 일으켜 대대적으로 반격하여 끝내 흉노를 대파했다.

강전(强戰)

아군의 군사가 많고 군세가 강성할 경우에는 약세인 것처럼 기만하고 적을 두려워하는 것처럼 꾸며서 적으로 하여금 나와 싸우도록 유인해야 한다. 이렇게 하면 적은 아군을 얕보고 가볍게 거점에서 나와 싸울 것이니, 이때 정예병을 출동시켜 공격하면 반드시 적을 격파할 수 있다.

《손자병법》에 '적을 공격할 만한 능력이 있어도 능력이 없는 것처럼 기만하라' 고 했다.

전국 시대인 BC 245년경, 조 나라 장수 이목(李牧, ?~BC 228)이 대군과 안문군 일대에 군사를 진주시켜 놓고 흉노 족을 연중 수비하고 있었다. 그는 정황에 따라 관리를 두고 조세 수입을 모두 막부로 거둬들여 군비로 충당했다. 날마다 소 몇 마리씩을 장병들에게 부식으로 제공하고, 전 장병에게 승마와 사격 훈련을 시켰으며, 봉화대 관리를 철저히 하여 통신망으로 활용하도록 하는 한편 흉노 지역에 많은 첩자를 파견하여 적정(敵情)을 살폈고, 장병들에게는 후한 대우를 해 주었다. 그런 다음 이목은 장병들에게 이렇게 훈령을 시달했다.

"만일 흉노 군이 노략질을 하기 위해 침입해 오면 군민은 모두 신속히 성채 안으로 들어와 각자 물품을 수습하여 굳게 지키기만 하고 적과는 일체 대전하지 말라. 만일 이를 어기고 적과 싸워 적병을 죽이거나 사로잡는 자가 있으면 그 목을 베겠다."

이리하여 조 나라 군사들은 흉노 족이 침입해 올 때마다 성내로 들어가 물자를 수습하여 굳게 지키기만 할 뿐 흉노와 대전하지 않았다. 수년 동안 이렇게 하니 변경에서 흉노에게 약탈당한 것은 하나도 없었다. 이렇게 되자 흉노 족은 이목을 겁쟁이라고 얕보게 되었고 변방을 지키는 조 나라 군사들까지도 모두 이목 장군은 담이 작은 겁쟁이라고 여기게 되었다.

이 소식을 들은 조 왕이 이목을 문책했으나 이목은 여전히 자신의 방침을 변경하지 않고 전과 다름없이 자신의 소신대로 관철시켜 나갔다. 이에 조 왕은 이목을 소환하는 대신 다른 장수를 이목의 후임으로 임명했다.

이목의 뒤를 이어 현지에 새로 부임한 장수는 일 년 남짓 동안 흉노가 침입할 때마다 출격하여 적을 맞아 싸웠다. 그러나 패전하는 경우가 많았고 약탈당한 물자도 많아서 변방 지역에서는 농사를 짓거나 가축을 방목(放牧)하지 못할 지경에 이르렀다. 그제서야 조 왕은 깨달은 바가 있어 이목에게 다시 변방의 수비를 맡아 줄 것을 청했다. 하지만 이목은 병을 핑계로 두문불출했다. 이에 조 왕이 부득불 다시 변경을 통솔해 줄 것을 강권하자, 이목이 왕에게 요청했다.

"군왕께서 만일 신을 다시 등용하고자 하신다면, 신이 종전의 방식대로 군무를 처리할 수 있도록 허락해 주십시오. 신은 그렇게 해야만 왕의 명을 감히 받들겠습니다."

조 왕은 이를 승낙했고 이목은 다시 변방으로 부임하여 옛 방법대로 수비했다.

흉노는 조 나라의 변경을 침입해도 아무런 소득이 없자 시종 이목이 겁이 많아 감히 출정하지 못하는 것이라 믿었다. 한편 조 나라 군사들은 매일 훈련만 거듭하여 훈련 성적에 따라 상품을 받긴 했으나 쓸 곳이 없었으므로 모두들 한 번만이라도 통쾌하게 싸워 보기를 갈망했다.

몇 년 뒤, 이목은 전차와 군마, 용감한 군사를 선발하여 전차 1천3백 대, 군마 1만 3천 필, 중한 상금으로 포상한 용사 5만 명과 강력한 궁노를 쏠 수 있는 용사 10만 명을 확보한 다음 이들을 무장시켜 전투 훈련을 시켰다. 훈련이 완료되자 이목은 가축을 풀어 방목하면서 백성들이 들판으로 나가 일을 하게 함으로써 흉노를 유인했다.

흉노가 이를 보고 소규모 병력으로 약탈하려고 침입해 왔다. 이에 이목은 거짓 패한 척 고의로 수천 명의 백성들이 적에게 잡혀가도록 내버려두었다. 흉노의 수령 선우는 이 소식을 듣고 즉시 더 많은 대군을 친히 이끌고 대대적으로 침공했다.

이목은 흉노 군의 퇴로에 미리 매복 기습 부대를 다수 배치해 놓고 기다렸다가 좌우로 공격 부대를 전개시켜 흉노 군을 협공하여 적군을 대파했다. 그 결과 10여 만의 기병을 살상하고 첨람 부족을 멸했으며 동호 족을 격파하고 임호 족을 항복시키는 큰 전과를 올렸다. 그 뒤로 흉노의 선우는 멀리 패주하여, 이후 10여 년 동안은 감히 조 나라 변방을 침입하지 못했다.

_《사기》〈염파인상여열전〉

약 전

[20]

약할 약(弱), 弱戰
군대의 강세와 약세는 위장해야 한다.

동한 시대 때 강 족이 반란을 일으켜 무도군을 침공했다. 새로이 무도군 태수로 임명받은 우후는 명령을 받고 군을 통솔하여 무도군으로 향했다.

우후는 매일 2백 리씩 행군하면서 한 사람당 2개의 취사 아궁이를 만들게 했다.

강 족들은 많은 아궁이 터를 보고 우후의 부대를 섣불리 공격하지 못했다.

약전(弱戰)

　적군의 수가 많고 아군이 적으며 적의 군세가 강하고 아방의 군세가 약할 경우에는 모름지기 깃발을 많이 꽂아 놓고 취사장 수를 곱절로 증가시켜 아군이 강성한 것처럼 위장해야 한다. 이렇게 함으로써 적으로 하여금 아방 병력의 다소와 군세의 강약을 판단하지 못하게 해야 한다. 이렇게 하면 적은 경솔하게 아군과 싸우려 들지 않을 것이니, 아방은 그 틈을 이용하여 전선에서 철수한다면 전 군이 큰 손실을 입지 않고 온전히 전력을 보전할 수 있을 것이다.
　《손자병법》에 '군대의 강세와 약세는 위장해야 한다'고 했다.

　후한 때인 서기 115년경, 서북의 오랑캐인 강 족이 반란을 일으켜 무도군을 침범했다. 당시 정권을 잡고 있던 등 태후는 우허가 장수의 지략이 있다 하여 그를 무도태수로 임명한 다음 반란을 평정하라는 명을 내렸다. 우허가 무도에 부임하러 갔을 때 강 족의 수령이 수천 명을 이끌고 나와 진창과 효곡 일대에 군사를 주둔시켜 길을 막았다.
　길이 막히자 우허는 즉시 전진을 멈추게 하고 강 족의 경계심을 늦추기 위해 짐짓 큰 소리로 선언했다.
　"나는 이미 조정에 상소를 올려 구원병을 요청했다. 증원군의 도착을 기다렸다 임지로 출발하겠다."
　이 소식을 전해들은 강 족은 안심하면서 군사를 나누어 부근의 현들을 약탈하기 시작했다.
　우허는 강 족의 병력이 사방으로 분산된 틈을 타 군사들로 하여금 밤낮으로 길을 재촉하여 하루에 2백 리씩을 강행군을 시키는 한편, 군사들에게 일인당 2개씩의 아궁이를 만들게 하되, 날마다 그 수를 곱절로 증가시켰다. 강병들은 우허 일행의 숙영지(宿營地)에 취사장 수가 매일 증가하는 것을 보고 정말로 한 나라 중앙에서 증원군이 도착한 줄로 알고, 감히 우허의 행렬에 접근하지 못했다.

이를 보고 어떤 이가 우허에게 물었다.

"옛날 손빈은 행군하면서 취사장 수를 매일 절반으로 감소시켰는데, 지금 태수께서는 그와 정반대로 곱절로 증가시키고 있습니다. 또 병법에는 행군은 하루에 30리를 넘지 말라고 했는데, 지금 우리는 하루에 2백 리씩을 행군하고 있으니, 이는 무슨 까닭입니까?"

이에 우허가 대답했다.

"적군은 병력이 많고 아군은 병력이 적다. 그러나 적들은 우리 숙영지의 취사장 수가 매일 증가하는 것을 보고 분명 구원병이 참전했다고 여길 것이다. 저들은 우리가 병력이 많다고 여기고 있는데다 행군 속도까지 빠르기 때문에 감히 우리를 추격하지 못할 것이다. 옛날, 손빈은 강세를 가지고 약한 것처럼 위장하여 적을 기만했지만 나는 지금 약세를 가지고 강한 것처럼 적을 기만하고 있다. 그 이유는 지금의 형세가 손빈의 그때와는 다르기 때문이다."

우허가 무도군에 도착해 보니 병력의 수는 3천 명이 채 되지 않았지만 강 족 1만 명이 적정을 포위한 지 수십 일이 지나 있었다. 우허는 군중에 명령을 내려 강노는 발사하지 말고 소노만을 발사하게 했다. 이에 강 족은 한 군이 가진 화살의 강도가 약하여 자신들이 있는 곳까지 미치지 못한다 생각하여 군사를 총출동시켜 공세를 펼쳤다. 이에 후허가 20개의 강노로 발사하니 강 족들은 크게 놀라 후퇴하기 시작했다. 우허는 그 기회를 놓치지 않고 성문을 열고 군사를 출동시켜 무수한 적을 살상했다.

그 이튿날, 우허는 전체 병력을 점검한 다음 성의 동쪽 문으로 나갔다가 서쪽 문으로 들어오면서 군사들에게 옷을 바꾸어 입고 몇 번씩을 돌고 돌게 했다. 강 족들은 한 군의 수가 헤아릴 수 없이 많은 것을 보고 다시 놀라 당황했다. 우허는 그들이 후퇴할 것이라 생각하고, 비밀리에 5백 명의 군사를 얕은 물가에 매복시켜 놓고 강 족들이 후퇴하면 공격할 것을 명했다.

얼마 후, 과연 그들은 그 길로 분주히 도망쳤다. 이때 매복해 있던 한 군이 일시에 출동하여 습격을 가하니 강 족은 궤멸(潰滅)되었고 그 뒤로 강 족은 다시는 공격해 오지 못했다.

_《후한서》〈우허열전〉

21 교 전

교만할 교(驕), 驕戰
자신을 겸손하게 낮춤으로써 적을 교만하게 하여 자멸하는 군대로 만들 수 있다.

삼국 시대 때 촉의 장군 관우가 군사를 이끌고 북을 정벌하여 여러 번 승리를 거두었다.

오의 장군 여몽이 손권에게 육손을 추천하여 육구에 주둔, 수비하게 했다.

육손의 명성이 그리 크지 않으니 관우는 크게 의심하지 않을 것입니다.

좋소!

육손은 관우에게 서신을 보냈다.

관우는 편지의 언사가 겸손하므로 오 나라를 의심하지 않았다.

육손은 손권에게 정황을 보고했다. 손권은 비밀리에 군사를 보내 강을 따라 진격하도록 한 다음 여몽과 육손에게 선봉을 맡겼다.

오군은 형주의 공안과 남군을 기습하여 함락했다.

교전(驕戰)

적이 강성하여 무력으로 대항할 수 없다면 적의 면전에서는 언사를 겸손히 하고, 많은 예물을 보내 극진히 예우하고 적의 교만심을 불러일으켜서 경계심을 약화시켜야 한다. 그런 연후에 적의 내부에 이용할 만한 허점이 드러나기를 기다렸다가 단숨에 공격해야 한다.

《손자병법》에 '자신을 겸손하게 낮춤으로써 적을 교만하게 하여 자멸하는 군대로 만들 수 있다'고 했다.

서기 219년경, 촉한의 장수 관우(關羽, ?~219)가 형주의 북부 지방을 정벌하여 위 나라 장수 우금을 사로잡고, 남정하여 번성을 수비 중인 조인(曹仁)의 군을 포위했다. 그러나 관우는 이미 승리했다는 생각에 사로잡혀 후방 형주의 수비에는 신경을 쓰지 않았다.

이때 육구를 지키던 오 나라 장수 여몽(呂蒙, 178~219)은 신병을 이유로 수도인 건업으로 돌아가는 중이었는데, 부장 육손(陸遜, 183~245)이 여몽을 찾아와 말했다.

"지금 우리는 촉한의 장수 관우 군과 접경해 있습니다. 장군께서는 어찌하여 방어 지구를 멀리 떠나 서울로 가시려 하십니까? 결과는 예상하기 어렵습니다."

그러자 여몽이 대답했다.

"그대의 말이 참으로 옳소. 하지만 내 병이 위독하니 어찌하겠소."

이에 육손이 건의했다.

"관우는 스스로 호기를 부려서 교만하고 적을 무시하여 사람들을 업신

여기고 있습니다. 이제 큰 공을 세워 더욱 교만하고 방종해 있습니다. 그러나 위 장 우금의 부대가 전몰한 것은 홍수 때문이지 공격과 수비에 실책이 있었기 때문이 아닙니다. 그러므로 위 나라로써는 싸움에서 큰 손실을 입은 것이 아닙니다. 비록 관우가 북진을 도모하고 있긴 하나 우리 오 나라에 대해서는 큰 의심을 품고 있지 않습니다. 게다가 장군의 신병이 위독하다는 말을 듣게 되면 형주 방면의 수비에 더욱 허술할 것입니다. 우리 오 군이 그 허점을 노려 불시에 습격한다면 관우는 분명 사로잡히고 말 것입니다. 장군께서는 대왕을 뵙거든 관우를 잡을 수 있는 계획을 세우십시오."

이에 여몽은 자신의 의도를 감추고 주의를 환기시키기 위해 이렇게 말했다.

"관우는 본래 날쌔고 용맹스러워 우리의 힘으로는 대적하기가 어렵소. 그리고 그는 이미 형주를 점거하여 백성들의 신망을 크게 얻고 있는데다 새로이 위 군을 격파하는 큰 전공을 세워서 담력과 기개가 더욱 높아져 있소. 우리는 관우 군을 쉽게 격파할 수 없소."

여몽이 건업에 도착하자 오 왕 손권이 물었다.

"경의 신병이 위독하니 누구를 후임으로 삼아야겠소?"

이에 여몽이 육손을 추천했다.

"육손은 생각이 깊고 원대하여 중책을 맡길 만합니다. 신이 그의 계책을 들어 본 결과 큰일을 감당할 수 있다는 판단이 들었습니다. 또한 그만한 인재임에도 아직 이름이 크게 알려지지 않은 터라 관우는 그를 대수롭지 않게 여길 것이니 관우의 상대로 육손보다 나은 인물은 없다고 사료됩니다. 대왕께서 만일 육손을 중용하신다면 그의 재능과 행적을 숨겨 겉으로 드러나지 않게 하시고, 암암리에 관우가 있는 형주의 형세를 살피도록 하십시오. 그런 다음 기회를 포착하여 형주를 공격하면 탈취할 수 있을 것입니다."

손권은 육손을 불러 편장군 우부도독에 임명하고, 여몽을 대신하여 육구에 주둔 중인 군사를 총 지휘하게 했다.

육손은 임지인 육구에 도착하자마자 즉시 관우에게 극진하게 공손한 표현으로 편지를 써 보냈다.

"제가 듣기로 장군께서는 기회를 잘 포착하시어 북벌을 단행하고 엄정한 군기로 군을 통솔하시어 소수의 병력으로 큰 승리를 거두셨다니 참으로 위대하십니다. 위 나라는 우리 양국의 공동의 적으로 적의 패배는 바로 우리 양국의 동맹군에게 이익을 가져다 줄 것입니다. 장군께서 승전하셨다는 소식을 들으니 저절로 경하를 드리지 않을 수가 없습니다. 바라옵건대, 장군께서 천하를 석권하시어 함께 한 황실의 심원을 이루었으면 합니다. 이 불민한 육손이 이번에 명을 받아 외람되게도 이곳 육구로 부임해 왔습니다. 이에 장군의 탁월하신 업적을 깊이 앙모하면서 장군의 좋은 가르침을 받고자 합니다."

육손이 거듭 말했다.

"위장 우금 등이 장군에게 사로잡히니, 원근 각처의 모든 사람들이 기뻐하면서 관우 장군의 드높은 공이 세상에 영원히 빛날 것이라 합니다. 옛날 진의 문공이 성복 지방에서 거둔 승리와 회음 후 한신이 조 나라를 함락한 지략도 관 장군의 공적에는 따를 수 없다고 칭송하고 있습니다.

들자오니 서황을 비롯한 조조의 장수들이 보병과 기병을 동원하여 번성 부근에 진주하여, 은밀히 장군의 동정을 살피고 있다고 합니다. 조조는 교활한 자라서 패전한 분풀이를 하기 위해 비밀리에 군을 증강하고 남진을 도모하고 있을 것입니다. 저들의 군대는 오랫동안 한곳에 주둔해 있어서 군사들이 지쳐 있기는 합니다만, 아직도 상당히 날쌔고 사납습니다. 하물며 승전한 뒤에는 적을 업신여기는 폐단이 항상 뒤따르게 마련입니다.

고인의 용병술에 의하면 승리한 뒤에는 경계를 더욱 강화해야 한다고 했습니다. 장군께서는 부디 여러모로 치밀한 대비책을 세우셔서 조조 군에 패하지 마시고 완승을 거두시기 바랍니다.

저는 군사 경험이 없는 백면서생이라 전리에 어둡고 대적 방책에 허점이 많습니다. 그런 제가 외람되게도 감당하기 어려운 중임을 맡았습니다. 다행히 덕망과 위엄이 높으신 장군과 이웃해 있으니, 성의를 다해 장군을 받들고자 합니다. 불초한 제가 좋은 방략을 세워 장군을 도와드리지 못할지라도 저의 마음을 이해하시고 장군을 앙모하는 저의 마음과 성의를 받아 주시기 바랍니다. 이상 제가 한 말을 장군께서 깊이 고찰해 주시기 바랍니다."

이 편지를 받은 관우는 '육손이 겸손하고 나를 존경하여 나에게 의탁하려는 마음을 품고 있구나'라고 생각하여 육손에 대한 의심과 경계를 일절 품지 않았다. 육손은 이러한 정황을 손권에게 자세히 보고하면서 관우를 사로잡을 방책을 제시했다. 이에 손권은 은밀히 군을 출동시키고 육손과 여몽을 선봉으로 삼아 형주의 공안 양 지역을 기습하여 함락했다.

_《삼국지》〈오서-육손전〉

22 교전

사귈 교(交), 交戰
사통팔달(四通八達)한 지역에서 싸울 때는 외교 활동을 전개하여 동맹 관계를 구축해야 한다.

조조는 사람을 보내 손권과 동맹했다.

손권은 여몽을 파견하여 서쪽으로 진격하게 한 다음 공안과 남군을 함락했다.
이에 관우는 부득이 번성을 버리고 도망쳤다.

교전(交戰)

　적국과 전쟁을 함에 있어서는 인접 국가 가운데 적성국(敵性國)이 아닌 국가가 있으면 마땅히 겸손하고 낮추는 응댓말을 사용하고 많은 뇌물을 보내서 그 나라와 동맹 관계를 결성하여 아군의 지원 세력으로 만들어야 한다. 그리하여 아군에게는 적을 정면 공격하고 우방군에게는 후방에서 적을 견제하게 한다면 적을 패배시킬 수 있다.
　《손자병법》에 '사통팔달(四通八達)한 지역에서 싸울 때는 외교 활동을 전개하여 동맹 관계를 구축해야 한다'고 했다.

　삼국 시대 때 촉한의 장수 관우가 위 나라의 대장 조인을 번성에서 포위하자 조조는 좌장군 우금 등을 보내 조인을 구원하게 했다. 그러나 때마침 홍수가 나 한수가 갑자기 범람하여 우금의 군영이 물에 잠기고 말았다. 관우는 수군을 지휘하여 우금 군의 기병과 보병 3만 명을 포로로 잡아 강릉으로 압송했다.
　이때 한 나라의 황제였던 헌제는 허창을 수도로 삼고 있었는데, 위 왕 조조는 수도가 적지와 너무 가깝다는 이유로 황하 이북 지방으로 천도하여 촉한 군의 예봉을 피하려고 했다. 그러자 사마의가 이렇게 간했다.
　"우금 군의 패전은 홍수 때문이지 방략의 실패 때문이 아닙니다. 그렇기에 국가 대국적으로도 큰 손실이 없습니다. 그런데 갑자기 경솔하게 수도를 옮긴다면 이는 적에게 우리의 취약점을 보여 주는 결과가 되고 또 회하와 한수 유역의 백성들에게 불안감을 심어 줄 것입니다.
　오 왕 손권은 촉한의 유비와 겉으로는 화친을 유지하고 있으나, 실제로는 탐탁지 않게 여기고 있습니다. 따라서 관우의 이번 승전에 대해서도 손권은 필시 좋지 않게 생각할 것입니다. 그러하오니 사람을 보내 손권을 우리 편으로 끌어들이고, 그로 하여금 관우 군의 배후를 견제하게 한다면 번성의 포위는 자연히 풀릴 것입니다."

조조는 사마의의 건의에 따라 손권에게 사신을 보내 우호 관계를 맺었다. 이에 손권은 장군 여몽을 보내 형주의 서쪽 공안과 남군을 기습하여 함락했다. 그 결과 배후를 찔린 관우는 과연 번성의 포위를 풀고 철군하고 말았다.

_《진서》〈선제기〉

23 형전

형상 형(形), 形戰
허형(虛形)이나 가상(假象)을 만들어 적의 약점이 드러나게 하되 아군의 진면목은 은폐하라.

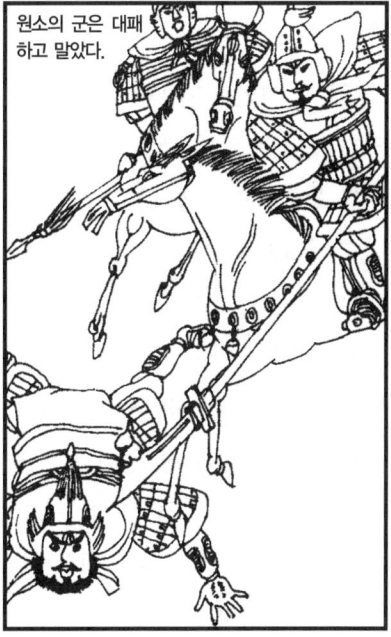

형전(形戰)

 적과 대전할 때 적의 병력이 많으면 마땅히 가상, 즉 거짓 공격 목표를 다수 설정하여 적의 병력을 분산시켜야 한다. 아군이 다수의 목표를 정하고 공격하면 적군은 병력을 분산시켜 방어하지 않을 수 없을 것이며, 적의 병력이 분산되면 적의 방어력은 자연히 약화될 것이다. 이때 아군의 공격력을 한곳에 집중시키면 아군의 공격력은 그만큼 강화될 것이다. 아군의 집중된 공격력으로 상대적으로 약화된 소수의 적을 공격하면 승리하지 못하는 경우가 없다.

 《손자병법》에 '허형(虛形)이나 가상(假象)을 만들어 적의 약점이 드러나게 하되 아군의 진면목은 은폐하라'고 했다.

 후한 말기인 서기 200년경, 조조 군과 원소 군이 관도에서 대치하고 있었다. 원소는 장군 곽도, 순우경, 안량 등을 보내 백마성에 있는 조조의 장수인 동군태수 유연 군을 공격하는 한편 자신은 여양으로 진출하여 황하를 건너려고 했다.

 그해 4월, 조조가 군을 이끌고 북상하여 포위되어 있는 백마성의 유연을 구원하려고 하자 참모인 순유(荀攸, 157~214)가 건의했다.

 "아군은 병력이 적어서 원소 군과 정면으로 대적할 수 없으므로 적의 군사력을 분산시켜야만 합니다. 장군께서 일부의 병력을 연진으로 향하게 하고 마치 황하를 건너 원소 군의 후방을 공격할 것처럼 기동하신다면 원소는 반드시 군의 일부를 서쪽으로 이동시켜 이에 대응하려고 할 것입니다. 이렇게 적의 병력을 분산시킨 다음 경장 부대로 하여금 백마성을 기습 공격하게 한다면 적장 안량 등을 사로잡을 수 있을 것입니다."

이에 조조는 순유의 계책에 따라 행동으로 옮겼다. 원소는 조조 군이 연진에서 북방으로 황하를 건너려 한다는 소식에 즉시 병력을 서쪽으로 나누어 보내 대전하도록 했다. 조조는 이 틈을 타 정예병을 이끌고 주야로 달려 백마성으로 진격하여 백마성에서 10여 리 떨어진 지점에 이르렀다.

백마성을 공격 중이던 안량은 조조 군이 백마성 가까이 접근한 사실을 알고 크게 놀라 황망히 조조 군을 맞아 싸웠다. 조조는 명장 장료와 관우를 선봉으로 삼아 공격했다. 이에 관우는 안량의 깃발을 바라보고는 말에 채찍을 가하여 신속히 달려가 군중 속에서 안량의 목을 번개처럼 베어 돌아왔다. 이에 원소 군은 더 이상 버티지 못하고 후퇴했고, 백마성의 포위도 풀렸다.

_《삼국지》〈위서-무제기제1〉

세 전

기세 세(勢), 勢戰
유리한 형세를 이용하여 적을 격파하라.

진의 무제가 두예를 진남 장군으로 임명하여
오 나라를 토벌할 것을 명했다.

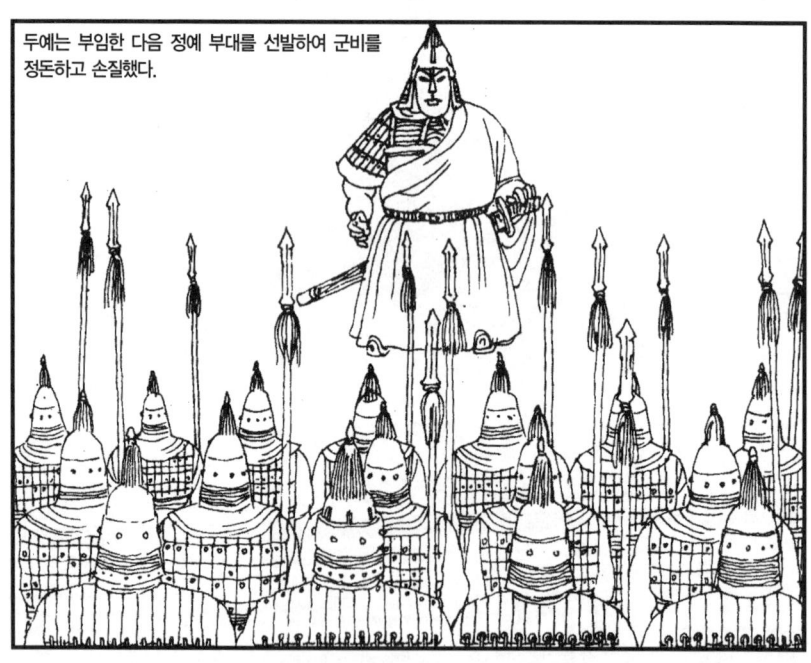

두예는 부임한 다음 정예 부대를 선발하여 군비를
정돈하고 손질했다.

세전(勢戰)

병법에서는 '세(勢)'를 중요시한다. '세'란 유리한 형세를 뜻하는 말로, 적의 형세를 이용하여 아군의 상황을 유리하게 이끄는 것을 말한다. 적에게 파멸의 형세가 나타나면 아군은 그 기회를 신속히 이용하여 적을 공격해야 한다. 그렇게 하면 적군을 궤멸시킬 수 있다.

《삼략》에 '유리한 형세를 이용하여 적을 격파하라'고 했다.

서기 265년경, 진 나라의 무제 사마염이 은밀히 오 나라를 멸하려는 전략을 세워 조정의 공론에 부쳤으나 대다수가 황제의 뜻에 반대했다. 오직 양호와 두예, 장화만이 무제의 의견에 동의했다.

정남대장군 양호는 신병이 위독하자 무제에게 두예를 천거하여 자신의 직을 대체하게 했다. 양호가 죽은 뒤, 무제는 두예(杜預, 222~284)를 진남대장군으로 임명하여 형주 지방의 모든 군무를 관장하게 했다.

두예는 현지에 부임하자마자 병기와 장비를 정비하고 부대의 훈련을 강화하여 군의 위용을 가다듬었다. 그는 정예병을 뽑아 오 나라의 서릉도독인 장정 군을 공격하여 격파한 다음, 조정에 글을 올려 오 나라를 정벌할 시기를 물었다. 내년에 대군을 동원하여 오 나라를 정벌할 계획이라는 답서가 오자 두예는 다시 표문(表文)을 올려서 건의했다.

"모든 일은 이해 득실을 비교하여 결정해야 합니다. 지금 우리가 추진하고 있는 오 나라 정벌 사업은 십중팔구 이점이 있으며 불리한 점은 열에 한둘에 불과합니다. 그 불리한 점이란 것도 기껏해야 우리가 완승을 거두지 못할 위험이 있다는 정도이고, 패전이라는 최악의 상황에는 절대로 이르지 않을 것입니다. 비록 조정의 신하들은 아직 오 나라가 패망할 형세는 아니라고 주장하고 있으나 이는 사리에 맞지 않는 말입니다. 그들이 오 나라 정벌을 반대하는 이유는 단지 자신들이 제시한 계획이 아니고, 오 나라 정벌에 성공할 경우 그 공로가 자신들에게 돌아오지 않을 것이며, 자신들의 원래 주장이 틀렸다는 점을 부끄러워하고 있기 때문입니다. 그런 이유로 조정의 중신들이 오 나라 정벌을 극구 반대하는 것입니다.

옛날 한의 선제가 조충국(趙充國, BC 137~BC 52)이 강 족 지구에서 둔전(屯田)하여 변경을 지키는 작전 계획(제31편 척전 참고)을 놓고 조신들과 의논했을 때도 이의를 제기하는 자가 많았습니다. 그러나 조충국의 건의안이 실효를 거두자 선제는 그동안에 이의를 제기한 자들을 꾸짖어 다시는 반대를 일삼아 이의를 제기하지 못하도록 못을 박았습니다.

금년 가을 이후로 우리가 오 나라를 정벌하여 멸망시킬 수 있다는 형세가 두드러지게 나타나고 있습니다. 그런데 우리가 만일 오를 정벌하려는 계획을 연기한다면 오 왕 손호는 분명 방어책을 세울 것입니다. 수도를 무창으로 옮기고, 강남 지역에 있는 여러 성읍을 다시 보수하여 수비 태세를 강화한 다음 그 지역의 거주민을 멀리 이주시켜 우리가 성을 공격할 수 없게 만들 것입니다. 또한 들판을 텅 비게 만드는 청야(淸野) 작전을 구사하여 우리가 현지에서 군량을 조달할 수 없게 하고, 하구에 대형 전함을 집결시켜 아군의 진공을 방어할지도 모릅니다. 만약 그렇게 한다면 내년에 오 나라를 정벌하려는 우리의 계획은 헛일로 돌아갈 것입니다."

이때 무제는 장화와의 바둑에 홍이 막 무르익은 상태였는데, 그때 막 표문이 도착한 것이었다. 장화가 즉시 바둑판을 밀쳐 낸 다음, 손을 모으고 아뢰었다.

"폐하께서는 명철하시고 위엄이 뛰어나셔서 지금까지 승리하지 못한 경우가 없습니다. 우리 진 나라는 부유하고 군사력은 막강한 반면, 오 왕 손호는 황음하고 포악하며 현명하고 유능한 인재들을 죽여 없애고 있으니 지금 오 나라를 정벌한다면 큰 대가를 치르지 않고도 오 나라를 평정할 수 있을 것입니다."

진의 무제는 이 말을 듣고 두예의 오 나라에 대한 정벌 계획을 허락했다. 두예는 부대를 강릉에 모아 말릉에 주둔 중인 장군 주지, 오소 등에게 명하여 부대를 이끌고 야음을 틈타 양자강을 건너 낙향을 기습했다. 그런 다음 점령지에 깃발을 많이 꽂아 놓고 파산에 불을 질러 오 나라의 험한 요새를 공격하여 오 군의 투지력과 기세를 무너뜨리고 오 나라의 도독 손흠을 사로잡았다. 진 군이 양자강 상류 지역을 평정했다는 소식을 들은 오 나라의 군과 현은 상강 이남에서 교주, 광주에 이르기까지 모두 진 나라에 항복했다.

두예는 황제를 대신하여 조칙(詔勅)을 선포하고, 귀순하는 오 나라 백성을 편안하게 살게 해 주었다. 두예가 여러 장수들을 소집하여 차후의 대책을 논의할 때 한 장수가 이렇게 주장했다.

"강남에 웅거(雄據)한 지 1백 년의 역사를 가진 적국을 하루아침에 완전히 멸망시킬 수는 없습니다. 이미 지금은 우기(雨期)가 시작되었고 장차 질병이 크게 번질 것입니다. 그러하오니 겨울이 되기를 기다렸다 다시 출정해야 합니다."

이에 두예가 단호하게 반박했다.

"옛날 전국 시대에 연 나라의 장군이었던 악의(樂毅)는 제서의 일전으로 강한 제 나라를 평정했다(제90편 이전 참고). 지금은 아군의 위엄이 이미 적국에까지 떨치고 있어서 우리가 대적하여 공격함은 마치 대나무를 쪼갤 때 몇 마디만 쪼개면 나머지는 칼날만 대도 저절로 갈라지듯 다시 힘이 소모되지 않는 형세다."

두예는 전 장병을 이끌고 고장 오 나라의 수도인 건업으로 진격했다. 이에 두예가 지나는 오 나라 성읍들은 감히 항전할 엄두도 내지 못하고 모두 투항했다. 결국 진 군은 오 왕 손호를 사로잡고 오 나라를 평정했다.

_《진서》〈두예전〉

■ 보충 설명
| 조충국의 상서 |

조충국은 서한의 대장으로 농서상규인이다. 자는 옹손이며 흉노와 강 족의 사정에 정통했다. 무제와 선제 때 흉노 귀족의 습격을 격퇴하고 용감하게 선전한 공으로 후장군에 임명되었다. 선제 신작 원년인 BC 61년, 강 족 선령부 귀족과의 투쟁 중 여러 차례 '주둔하고 개간하면서 변경을 지켜야 한다'는 건의를 조정에 올렸다. 이른바 '조충국의 상서'는 이를 말한다.

조충국이 여러 차례 상서하는 과정에서 선제는 대신 회의를 소집하여 토론에 부쳤다. 처음에는 찬성자가 열 명 가운데 셋에 불과했으나, 중간에는 다섯으로 늘어나고 최후에는 여덟이 되었다. 이에 선제가 조칙을 내려 처음에 반대 의견을 낸 사람들을 문책하자 그들은 머리를 조아려 죄를 청했다.

주 전

낮 주(晝), 晝戰
낮에 싸울 때는 여러 깃발을 많이 설치해야 한다.

주전(晝戰)

낮에 적과 싸울 때는 여러 가지 깃발을 많이 꽂아 두고 의병, 즉 위장 진지를 설치하여 적으로 하여금 아군의 병력을 판단하지 못하게 만들어야 한다. 이와 같이 한다면 승리할 수 있다.

《손자병법》에 '낮에 싸울 때는 여러 깃발을 많이 설치해야 한다'고 했다.

춘추 시대인 BC 555년경, 진 나라 평공이 군을 출동시켜 제 나라를 공격했다.

제 나라 영공이 무산에 올라가 진 나라의 군세를 살펴보았다. 이때 진의 평공은 사마를 파견하여 산림과 하천, 늪 등의 험요(險要)한 지형을 탐지케 하고, 사람이 들어갈 수 없는 지역에까지 모두 큰 깃발을 꽂아 두는 등 여기저기에 거짓 진을 쳐 놓은 상태였다.

또한 전차의 왼쪽에만 무사를 태우고 오른쪽에는 인형을 세워 전차병의 숫자가 많은 것처럼 위장했으며, 깃발을 앞세우고 전차 부대가 그 뒤를 따라 전진하게 하되 수레에 나뭇가지를 매달아 끌게 하여 먼지를 일으켜 병력이 많은지 적은지를 제 군이 판단하지 못하게 했다.

제의 영공은 이를 보고 진의 군이 대병력인 것으로 오판하여 두려운 나머지 도망치고 말았다. 진 평공은 세를 몰아 추격하여 제 군을 대파했다.

_《좌전》〈양공18년〉

■ 보충 설명

본 편에서는 낮에 작전을 수행함에 있어 적을 미혹시키는 방법을 천술하고 있다. 여기서는 낮에 작전을 수행할 때는 많은 깃발을 사용하여 의병(疑兵)으로 삼아 적을 미혹시키고 적으로 하여금 아군의 군사력을 정확하게 파악하지 못하게 하면 승리할 수 있다고 했다.

깃발을 설치하여 의병으로 삼는 것은 고대 작전에서 상용하던 '시형(示形)'의 방법 가운데 하나이다. 이 법의 핵심은 거짓으로 적을 미혹시키는 데 있다. 이는 다음 편에서 말하는 '야전' 시에는 불과 북을 사용한다는 말과 함께 《손자병법》의 〈군쟁〉 편에서 유래했다. '기치'와 '불과 북'은 전쟁 시에 병사들이 보고 듣는 데 필요한 일종의 지휘 신호였다고 할 수 있다.

본 편에서는 적을 미혹시키는 일종의 위장 수단으로 차용한 것으로, 이는 《손자병법》의 원래 의미와는 다른 일종의 새롭고 발전적인 개념이다.

야 전

밤 야(夜), 夜戰
야간에 싸울 때는 불빛과 북소리를 많이 이용하라.

춘추 시대 때 월 나라가 오 나라를 정벌했다.

양군은 입택에서 교전했다.

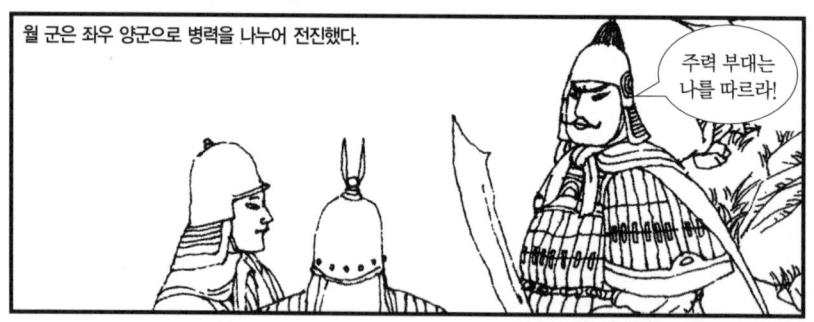
월 군은 좌우 양군으로 병력을 나누어 전진했다.

주력 부대는 나를 따르라!

야전(夜戰)

밤에 전투를 할 때는 반드시 불빛과 북소리를 많이 이용해야 한다. 이는 적군의 이목을 교란시키고 적으로 하여금 어떤 계책을 쓸 것인지를 알지 못하게 하기 위함이다. 이렇게 하면 승리할 수 있다.

《손자병법》에 '야간에 싸울 때는 불빛과 북소리를 많이 이용하라'고 했다.

춘추 시대인 BC 478년경, 월 나라가 5만의 병력을 동원하여 오 나라를 침공하자, 오 나라도 방어군 6만 명을 출동시켜 입택호 북안에 포진했다. 월 군은 그 남안에 도달하여 강을 격하고 오 군과 대치했다.

오 왕 부차(夫差, ?~BC 473)는 하루에 다섯 차례나 소부대를 출동시켜 도전했다. 이에 월 왕 구천은 분노를 이기지 못하고 응전(應戰)하려 했으나 매번 범려의 제지를 받았다.

"여러 해 동안 조정에서 치밀하게 세운 계획을 일시적인 분노로 야전에서 그르쳐서야 되겠습니까? 대왕께서는 기회가 올 때까지 적의 도전에 응하지 마십시오."

"옳은 말씀이오."

그러나 범려는 구천이 진심으로 승복하지 않음을 보고, 용병의 도리를 장황하게 설명하여 거듭 깨우쳐 주었다. 구천은 그제서야 진심으로 승복하고 오 군의 도전에 응하지 않았다.

월 왕 구천은 해 저물녘에 각각 1만 명의 병력으로 편성된 좌우 2개 부대를 입택호 상류와 하류 5리 지점까지 은밀히 이동하여 대기시킨 다음, 자신은 6천 명의 친위 부대를 거느리고 출동할 태세를 갖추었다. 그리고는 진중에 '내일 아침 수상 전투를 실시할 예정'이라는 소문을 퍼뜨렸다. 그런데 밤이 되자 입택호를 거슬러 올라간 좌군 부대와 하류에 대기 중인 우군 부대는 구천의 명령을 신호로 삼아 호수 한가운데에 배를 정박시키고 일제히 북과 함성을 울리며 당장이라도 강을 건너 공격할 듯이 양동 작전(陽動作戰)을 폈다.

오 왕 부차는 호수의 하류와 상류에서 북소리와 함성이 진동하자, 월 군이 야음을 틈타 강을 건너 협공하는 줄 알고 크게 놀라 즉시 본 대를 둘로 갈라 상류와 하류 지점으로 급파하여 월 군의 도하를 저지했다. 구천은 부차가 주력을 나누어 출동시켰음을 확인한 다음, 이동 중의 혼란을 틈타 6천 명으로 편성된 정예 친위 부대를 거느리고 은밀히 입택호를 건너 오 왕 부차가 지휘하는 중군 본영을 엄습했다. 이에 오 군 진영에는 삽시간에 대혼란이 일어났다. 월 군의 도하를 저지하기 위해 출동했던 오 군의 주력은 본영이 습격당하자 황망히 되돌아왔다. 그러나 뒤미처 상륙한 월 군의 좌우익이 양면에서 동시에 추격을 개시했다. 오 왕 부차는 삼면에서 기습 공격을 받고 결국 대패하여 북방 20리 지점의 몰계로 퇴각했다. 월 군은 승세를 몰아 몰계까지 추격하여 또다시 오 군을 대패시켰다. 부차는 후방의 퇴로가 끊길 것이 두려워 다시 고소성 외곽으로 황급히 퇴각했다. 그러나 뒤따라 추격해 온 월 군은 맹렬한 공격을 퍼부어 오 군을 격파했다. 이렇게 세 차례에 걸쳐 참패를 당한 오 군은 마침내 성내로 들어가 농성을 하기 시작했다.

농성 5년째 되는 해 11월, 부차는 병력과 식량이 고갈되자 더 이상 버티지 못하고 야음을 틈타 월 군의 포위망을 뚫고 도성 서쪽 30리 지점 고소산으로 도망치려 했다. 그러나 뒤좇아 추격해 온 월 군에게 다시 포위되고 말았다. 오 왕 부차는 왕손 웅을 월 군의 진영으로 보내 구천에게 투항 의사를 밝혔다.

구천은 궁지에 몰린 부차의 처지가 측은하여 차마 거절하지 못하고 항복 요청을 받아들이려 했다. 그러나 범려가 이를 막으며 말했다.

"회계산 전투 때 하늘은 우리 월 나라를 오 나라에게 내려 주었으나 오 나라는 스스로 받아들일 줄 몰랐습니다. 오늘에 이르러, 하늘은 반대로 오 나라를 우리에게 내려 주었습니다. 그런데도 월 나라가 하늘의 뜻을 거역한대서야 되겠습니까? 더구나 대왕께서 회계산의 치욕 이후 날이면 날마다 새벽부터 밤늦게까지 식음을 전폐하고 노심초사하신 것도 바로 오 나라 때문이 아니었습니까? 지난 22년 동안 절치부심 계획하신 복수를 하루아침에 포기하실 겁니까? 하늘이 주신 것을 받아들이지 않으면 재앙을 받는 법입니다. 대왕께서는 회계산의 치욕을 벌써 잊으신 것은 아니겠지요?"

구천은 범려의 충고를 듣고 변명했다.

"그대의 말을 따르고는 싶으나 오 나라의 사자를 보니 차마 거절한다는 말을 못하겠소."

그러자 범려는 구천 대신 북채를 잡고 북을 울려 고소산에 대한 공격을 재개하면서, 결과를 기다리고 있던 오 나라 사절 왕손 웅에게 외쳤다.

"대왕께서는 나에게 모든 작전 권한을 일임하셨다. 오 나라 사자는 돌아가라. 돌아가지 않는다면 이 범려가 어떤 무례한 짓을 해도 원망치 마라!"

결국 왕손 웅은 대성통곡하며 고소산으로 돌아갔다. 그 모습을 본 구천은 오 나라 군신의 처지를 가련하게 여겨 부차에게 사신을 보내 이렇게 제안했다.

"내가 군왕을 동해 용구 땅에 안치하고 1백 호, 주민 3백 명을 딸려 보내어 종신토록 시중을 들게 하면 어떻겠소?"

그러나 부차는 월 왕의 호의를 사절했다.

"하늘이 지금 우리 오 나라에 재앙을 내려 내가 이제 종묘사직을 잃게 되었소. 오 나라의 영토와 백성이 모두 월의 소유가 되는 것을 내 어찌 이

하늘 아래에서 보고만 있으리오?"

부차는 결국 죽기로 결심하고, 마지막으로 충신 오자서의 시체가 던져진 강변으로 사람을 보내 이렇게 사죄했다.

"사람이 죽어서 아무것도 모른다면 그만이려니와, 만약 죽어서도 지각이 있다면 내 무슨 낯으로 그대를 만나 보랴!"

그런 다음 오 왕 부차는 스스로 목숨을 끊었다. 월 왕 구천은 부차를 후히 장사 지낸 다음 오 나라를 멸망으로 몰고 간 태재 백비를 잡아 죽였다.

오 나라를 평정한 월의 구천은 그 위세를 몰아 군을 이끌고 회수를 건너 북상하여 서주 동산에서 제·진·노·송 등의 제후국과 회맹한 다음, 주 황실에 조공을 바쳤다. 이리하여 월 나라는 중원의 제후국을 호령하게 되었으며, 강수와 회수의 동북 지역과 전당강 유역의 영토를 차지한 강대국이 되어 마침내 패왕이라는 칭호를 얻게 되었다.

_《좌전》〈애공17년〉

■ 보충 설명

훗날 시인인 장우는 오 나라의 멸망을 다음과 같이 탄식했다.

홀로 옛 성 서쪽 황량한 대에 올라 보니
오 왕이 연을 타고 다니던 길에 초목만 처량하구나!
주인 없는 무덤엔 아무런 장식도 없고
밤이면 무너진 담에서 까마귀만 처량하게 우는구나!
향을 따던 자취는 간 곳이 없이 사슴만 오락가락하고
걸어다닐 때마다 울리던 복도는 폐허로 변했네
내 어디 가서 오자서를 조상할까
희미한 밤하늘에 빗긴 달만 바라보고 붓을 놓노라.

27 비전

준비할 비(備), 備戰
방비가 있는 군대는 능히 불패의 땅에 설 수 있다.

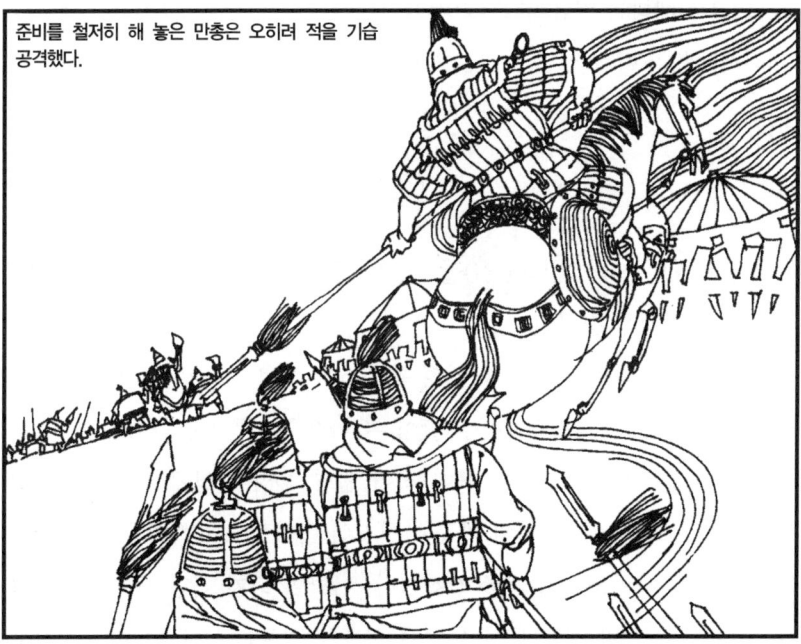

비전(備戰)

군이 출정하여 행군할 때는 적의 요격에 대비해야 하고, 정지해 있을 때는 적의 기습에 대비해야 하며, 진영을 설치하고 주둔해 있을 때는 적의 침투와 약탈에 주의해야 하고, 바람이 세차게 불 때는 적의 화공을 경계해야 한다. 이처럼 상황에 따라 적절한 대비책을 세워 놓는다면 승리만 있을 뿐, 결코 패배하는 일은 없을 것이다.

《좌전》에 '방비가 있는 군대는 능히 불패의 땅에 설 수 있다'고 했다.

삼국 시대인 서기 221년 10월, 위 나라의 조비가 대군을 일으켜 강남 지방의 오 나라를 정벌했다.

정호에 도착한 위 군은 오 나라의 복파 장군 만총(滿寵)이 이끄는 부대와 호수를 끼고 대치했다. 하루는 만총이 여러 장수에게 명령을 내렸다.

"오늘 밤은 바람이 거세게 불어 적이 분명 우리 진영에 화공을 가하려 들 것이다. 그러니 모두 적의 화공에 철저히 대비하도록 하라."

이에 모든 장병들은 경계를 강화했다. 야밤이 되자 과연 오 나라 군 10개 분대가 위 군의 진영에 불을 놓기 위해 습격했다. 그러나 미리 대비하고 있던 만총의 위 군은 역습을 가하여 오 나라 군을 물리쳤다.

_《삼국지》〈위서-만총전〉

■ 보충 설명

본 편에서 말하는 '비(備)'란 방비(防備)에서 그 뜻을 취한 것으로, 숙영(宿營) 시에 적의 습격에 어떻게 대처해야 하는지를 설명하고 있다. 출병하여 정벌전을 도모할 때는 행군을 잘해야 하고, 숙영 중에는 적의 갑작스러운 습격에 방비해야 적에게 승리를 안겨 주지 않는다고 옛 병가들은 인식하고 있다.

양 전

양식 양(糧), 糧戰
군대에 식량이 없으면 반드시 망한다.

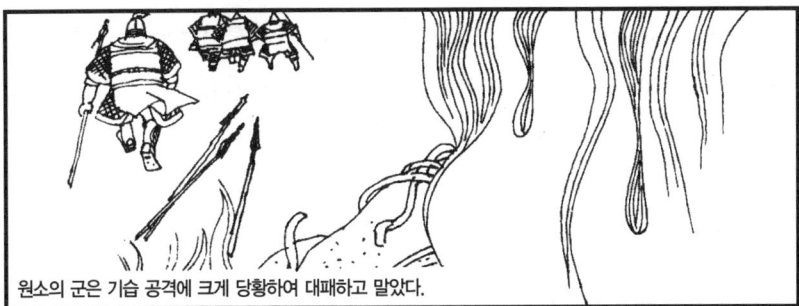

양전(糧戰)

　적과 오랫동안 대치했으나 승부가 나지 않을 경우에는 식량이 풍부한 쪽이 승리하게 되어 있다. 아군의 식량 보급로는 반드시 철저하게 적의 기습에 방비하는 한편 적의 보급로는 정예 부대를 출동시켜 차단해야 한다. 식량이 떨어지면 적은 철군하지 않을 수 없으며, 이 기회를 노려서 공격하면 반드시 승리할 수 있다.
　《손자병법》에 '군대에 식량이 없으면 반드시 망한다'고 했다.

　후한 말기인 서기 200년경, 7만의 조조 군과 70만 대군의 원소 군이 관도에서 서로 대치하고 있었다. 원소는 수레로 군량을 운반케 하고, 아울러 운량사 순우경 등 5인으로 하여금 1만여 명의 병력을 딸려 보내 호송하게 했다. 이들은 원소의 군영에서 북방으로 40여 리 떨어진 지방에서 야숙(野宿)하게 되었다.
　당시 원소의 참모였던 허유는 재물에 대한 탐욕이 많았다. 그런데 원소가 자신을 중용하지 않자 이에 앙심을 품고 탈주하여 조조 군에 귀순했다. 조조 군에 귀순한 허유가 물었다.
　"귀공이 적은 군사를 거느리고 원소의 대군과 겨루면서도 짧은 시일 안에 급속히 이길 방도를 찾지 아니하고 있으니 이는 죽음의 길을 택하는 것이라. 나에게 한 가지 계책이 있어 싸우지 않고도 불과 3일 안에 원소의 백만 대군을 저절로 무너지게 하리니 귀공은 내 말을 듣겠는가?"
　이에 조조는 크게 기뻐하며 듣기를 청했다. 허유가 말했다. "원소의 군량과 치중은 모두 오소 땅에 쌓여 있는데, 그곳을 지키는 순우경은 워낙

술을 좋아하는 위인이라 별로 방비를 하지 않고 있을 것이오. 귀공은 날쌘 군사를 거느리고 떠나 도중마다 원소의 장수 장기의 부하로서 오소 땅을 지키러 간다고 속임수를 쓰고 그곳에 가서 쌓여 있는 곡식과 마초와 치중을 불살라 버리기만 하면 원소의 대군은 3일 내에 저절로 무너질 것이오."

이에 조조의 측근들은 대부분 회의적인 반응을 보였다. 하지만 참모 순유와 가후가 허유의 의견에 따를 것을 권하자, 조조는 조홍, 순유, 하후돈 등에게 본 진을 지키게 하고, 자신이 직접 보병과 기병 5천을 거느리고 출동했다. 조조 군은 사전에 원소 측의 깃발을 사용하여 원소 군으로 가장하고 병사들과 군마의 입에 재갈을 물려 소리가 나지 않게 했다. 그런 다음 야음을 틈타 사잇길을 따라 행군하되, 병사마다 각기 땔감 한 묶음씩을 휴대하게 했다.

조조 군은 행군 도중 원소 군의 검문을 받을 때마다 "우리는 원 공이 조조가 아군의 후방을 노략질할까 걱정하여 특별히 파견한 부대로 수비를 강화하러 가는 길이다" 하고 둘러댔다. 원소 군이 이 말을 의심치 않았으므로 조조 군은 원소 군의 검문소를 세 곳이나 무사히 통과할 수 있었다.

사경쯤 오소에 도착한 조조는 군사들이 지고 온 마른 풀을 다발로 묶어 저장소 주위에 일제히 불을 지르는 한편 북을 치고 함성을 지르며 쳐들어갔다. 군량을 지키던 원소 군의 진영은 돌연한 습격에 크게 놀라 우왕좌왕 동요했다. 조조 군은 이 틈을 타 원소 군을 집중 공격하여 대파했다. 원소는 이 소식을 듣고 갑옷도 버린 채 황망히 도주했다.

_《삼국지》〈위서-무제기제1〉

■ 보충 설명

옛말에 이르기를 '군사가 적어도 승산은 있으며〔弱勢只因多勝算〕, 군사가 많아도 꾀가 없으면 망한다〔兵强却爲寡謀亡〕'고 했다.

도전

끌 도(導), 導戰
향도(嚮導)를 쓰지 않으면 지리의 이점을 얻을 수 없다.

도전(導戰)

　전투 지역으로 기동할 때는 산과 강 등 주변의 지형이 험난한지 평탄한지, 도로는 우회하는지 직행하는지를 파악하기 위해 반드시 그 지방의 사람을 향도로 삼아 길을 안내하게 해야 한다. 이와 같이 유리한 지형을 자세히 알고 의지한다면 전쟁에서 반드시 승리할 수 있다.
　《손자병법》에 '향도(鄕導)를 쓰지 않으면 지리의 이점을 얻을 수 없다'고 했다.

　한 나라 무제 때 흉노가 해마다 중국을 침입하여 인명을 살상하고 재물을 노략질해 가는 일이 빈번하게 일어났다.
　BC 124년 봄, 무제는 장군 위청(衛靑, ?~BC 106)에게 3만의 기병을 주어 북의 변방으로 출동하여 흉노를 토벌할 것을 명했다. 당시 흉노의 왕 우현은 한 나라 군대가 황막한 오지에 있는 자신들의 군영에는 진입하지 못할 것이라고 생각하여 방비를 소홀히 하고 술에 취해 군막 속에서 안일한 생활을 하고 있었다.
　그러던 중 한 군이 밤중에 갑자기 흉노 지역에 들이닥쳐 신속하게 흉노의 군영을 포위하자, 대경실색하여 어찌할 바를 몰랐다. 결국 그는 밤중에 홀로 애첩 한 명과 수백 명의 기병만을 거느린 채, 한 군의 포위망을 뚫고 북방으로 도주했다.
　한 나라의 장 위청은 경기교위 곽성으로 하여금 도주하는 우현 왕을 4백여 리나 추격하게 했으나 따라잡지 못했다. 대신 흉노의 편장 열 명과 남녀 1만 5천여 명, 그리고 수백 만 마리의 가축을 노획하여 개선했다.

위청이 개선하자, 무제는 위청에게 사자를 보내 대장군의 인부를 수여하고, 모든 장수들을 그의 지휘 하에 두었다. 위청이 흉노와의 싸움에서 큰 전공을 세우게 된 것은 교위 장건(?~BC 114, 후일 한의 실크로드 개척에 크게 기여함)을 향도로 삼아 군을 인도하게 했기 때문이다.

장건은 일찍이 사절 임무를 띠고 대하 국으로 가던 도중, 흉노 땅에 오랫동안 억류당한 경험이 있어 그 지역의 지리를 잘 알고 있었다. 장건이 흉노 지역의 물과 마초가 어디에 있는지를 소상하게 파악하고 있었기에 한 군은 행군 도중 기갈의 위협에서 벗어날 수 있었다.

_《한서》〈위청전〉

지 전

알 지(知), 知戰
교전할 지역과 시기를 미리 잘 알고 있다면 어찌 천 리 밖이라 할지라도 적과 싸우기를 두려워하랴?

지전(知戰)

 군을 동원하여 적을 토벌하기 위해서는 작전을 수행할 지역을 자세하게 알아야 한다. 아군이 전투 지역에 도착하면 약속이나 한 듯 적군이 전장에 도착할 시기를 정확히 간파해야 한다. 그런 다음 적을 맞아 싸우면 승리한다. 접전(接戰) 지역과 대전 시기를 미리 알고 있으면 적의 기도에 대한 대비를 철저히 할 수 있고, 수비 태세도 공고히 할 수 있다.
 《손자병법》에 '교전할 지역과 시기를 미리 잘 알고 있다면 어찌 천 리 밖이라 할지라도 적과 싸우기를 두려워하랴?'고 했다.

 전국 시대 때 위 나라 혜 왕 재위 16년인 BC 354년, 위 나라는 장군 방연(龐涓)으로 하여금 8만의 군사를 거느리고 조 나라를 공격하여 그 수도인 한단성을 포위하게 했다. 이에 제의 위 왕은 전기(田忌)를 주장으로, 손빈(孫臏, 생몰 연대 미상)을 군사로 임명하여 조 나라를 구원케 했다.
 군사 손빈은 원래 방연과 더불어 귀곡자(鬼谷子) 문하에서 병법을 동문 수학했으나 방연이 먼저 하산하여 위 나라를 섬겨 장군이 되었다. 그 뒤 손빈도 하산하여 친구인 방연을 찾아 위 나라로 갔다. 그러나 방연은 손빈의 재능이 자신보다 월등한 점을 시기하여, 손빈의 다리를 끊어 불구자로 만드는 한편 얼굴에도 자자형을 가하여 종신토록 벼슬길에 오르지 못하게 했다. 그의 이름인 '빈'은 다리의 힘줄을 끊는다는 뜻으로 귀곡자의 선견지명으로 붙여진 이름이다. 후일, 손빈은 자신의 본국인 제 나라의 사신이 위 나라에 오자 은밀히 본국 사신을 만나 탈출시켜 줄 것을 요청했다. 제 나라 사신은 귀국 길에 오르면서 손빈을 일행의 수레에 감추어 태우고 돌아갔다. 제의 위 왕은 손빈과 병법에 관해 문답한 다음, 그의 탁월한 식견에 탄복하여 손빈을 군사로 삼았다.

이리하여 조 나라에 구원병을 파견하기로 결정했을 때 제의 위 왕은 당초 손빈을 주장으로 임명하려고 했다. 그러나 손빈이 자신은 형벌을 받아 불구자가 된 몸이라 군을 지휘할 수 없다고 사양하자 계획을 바꾸어 전기를 주장으로 삼고, 손빈은 군사로서 종군하게 했다.

이윽고 출정군이 떠나는 날, 거동을 못하는 손빈은 수레에 타고 작전 계획을 구상하여 주장 전기와 협의, 결정해 갔다. 이때 전기가 구원병을 이끌고 바로 한단성으로 진격하여 포위를 풀려고 하자 손빈이 이를 만류하며 다음과 같이 건의했다.

"뒤죽박죽으로 얽혀진 물건을 풀 때는 주먹으로 내리쳐서는 안 됩니다. 또 남의 싸움을 뜯어말리는 사람이 창검을 들고 싸움판에 뛰어들어 싸우는 법도 없습니다. 지금 우리가 해야 할 일은 한단성의 포위를 풀고 쌍방이 물러서게 만드는 것입니다. 이제 아군이 위 나라의 요충지를 목표로 선택, 공격을 가한다면 한단성을 포위한 위 군의 작전 계획에 제동이 걸려 우리가 굳이 뛰어들지 않더라도 스스로 포위를 풀게 될 것입니다. 현재 위 나라에는 전국의 정예 강병이 국외에 나가 있기 때문에 국내에는 노약한 병력밖에 없습니다. 만약 전 군을 이끌고 위 나라의 수도인 대량으로 신속히 진격한다면 위 군은 반드시 본국의 위기를 구하고자 한단성의 공격을 중단하고 급거 귀국할 것입니다. 이렇게 하면 한 번의 작전으로 조 나라의 포위를 풀어 주고, 또 가만히 앉아서 위 군을 지치게 만들 수 있습니다."

주장 전기는 손빈의 계책을 택하여 위 나라의 서울을 공격했다. 이듬해 10월, 과연 위 나라 방연 군은 한단성을 포기하고 급히 귀국했다.

다시 세월은 흘러 위 혜 왕 재위 28년인 BC 342년, 위 나라는 장군 방연으로 하여금 한 나라를 침공케 했다. 한의 소후는 제 나라에 사신을 급파하여 구원을 요청했다. 제의 위 왕은 대신들을 소집하여 구원병 파견 문제를 논의했다. 성후 추기는 반대 의견을 피력했고, 대장 전기는 '만약 한 나라를 구원해 주지 않는다면 한 나라가 뜻을 굽혀 결국 위 나라의 속국이 될 터이니 조속히 구원병을 파견해야 옳다' 고 주장했다. 결단을 내리지 못한 제의 위 왕은 결국 손빈에게 의견을 물었다. 이에 손빈이 대답했다.

"지금 한 군과 위 군은 모두 왕성한 전투력을 유지하고 있는 상황이라 우리가 조급하게 서둘러 구원병을 파견한다면 남의 싸움터에서 한 나라를 대신하여 위 군의 첫 번째 타격을 받는 목표가 될 것입니다. 그렇게 되면 우리는 한 나라를 구원하는 입장이 아니라 한 나라의 요청을 받아 움직이는 방패막이가 될 뿐입니다. 위 군은 총력을 기울여 어떻게 해서든지 한 나라를 멸망시키려 들 것입니다. 이리하여 한 나라가 멸망 위기에 처하면 그들은 성심 성의껏 우리 제 나라에 의존할 터이고, 그러면 우리는 저들과 끊지 못할 우방으로 교분을 맺게 될 것입니다. 또한 우리가 구원병의 출동 시기를 늦추면 늦춘 만큼 위 군의 전력도 소모될 것이고 그러면 그들과 싸우더라도 아군에게 형세가 크게 유리합니다. 이렇게 하면 우리는 양면에서 막대한 이익과 영예를 차지할 수 있습니다."

"좋은 계획이오!"

제의 위 왕은 손빈의 계책에 따라 우선 한 나라 사신에게 지원군 파병을 내락하고 돌려보냈다. 그때부터 한 나라는 과연 제 군의 지원 약속을 믿고 구원병이 올 때까지 총력을 기울여 적극적으로 방연 군과 싸웠다. 그러나 다섯 차례나 거듭된 싸움에서 한 군은 연전연패를 당했다. 한의 소후는 더 이상 나라를 지탱하기가 어렵게 되자 사신을 보내 동쪽 제 나라에 복속할 것을 자청했다.

제의 위 왕은 한·위의 형세가 예상대로 진전되는 것을 보고 마침내 군을 출동시켰다. 제 군은 주장 전기, 군사 손빈의 지휘하에 곧바로 위 나라의 도성인 대량을 목표로 진격했다. 위 나라 장군 방연은 제 군이 또다시 본국 수도로 진격한다는 보고를 받고 황급히 공격을 중단하고 급거 귀국했다.

한편, 위의 혜 왕도 전국의 잔여 병력을 총동원하여 태자 위신에게 제 군을 저지하도록 했다. 손빈은 방연 군이 한 나라 지역에서 철수하여 제 군의 뒤를 추격한다는 정보를 듣고 주장 전기에게 다음과 같이 건의했다.

"한과 조 두 나라도 그렇지만 특히 위 나라 군대는 과거 진 나라의 막강한 전통을 이어받아 사납고 용맹스럽기로 명성을 떨쳐 온 만큼 평소 우리 제 나라를 경멸하고 제 군의 실력을 얕잡아 보아 비겁한 군대로 여기고 있습니다. 용병에 능통한 장수라면 상황에 따라 임기응변하여 상대측에 미끼를 던져 유인, 격파할 줄도 알아야 합니다. 손무의 병법에 '갑옷을 벗어 던지고 휴식도 없이 1백 리 길을 주야로 강행군하여 적과 기선을 다툰다면 삼군의 장수들이 모두 적에게 사로잡힌다. 이는 체력이 건장한 병사만이 앞서고 약한 자는 낙오되어, 병력의 10분의 1만이 전장에 도달하기 때문이다. 50리를 강행군하여 적과 기선을 다툰다면, 선두 부대의 장수가 좌절과 패배를 당한다. 이는 병력의 절반만이 전장에 도달하기 때문이다……' 라고 했습니다. 그러므로 아군은 방연 군의 무모한 용맹심과 아군에 대한 경멸감을 역이용하여 저들이 급속도로 행군해 오도록 유인해야 합니다."

주장 전기는 손빈의 계책을 받아들여, 위 나라 경내에 진입한 첫날에는 숙영지에 취사용 아궁이를 10만 개를 만들게 하고, 다음 날은 5만 개로 줄여 만들었으며, 사흘 째 되는 날에는 3만 개를 만들어 놓고 행군했다.

한편, 제 군을 뒤쫓아온 위의 장군 방연은 추격 3일 동안 앞서 간 제 군의 숙영지를 조사한 결과, 취사용 아궁이의 수가 매일 절반씩 줄어든다는 사실을 발견하고 크게 기뻐했다. 이에 방연은 "내 진작에 제 군 장병들이 모두 겁쟁이라는 사실은 알고 있었다만 우리 경내에 들어온 지 불과 사흘 만에 전 병력의 절반이나 탈주할 줄은 몰랐구나!"

그는 즉시 중무장한 보병 부대 대신 정예 기병만으로 하루에 이틀 노정으로 급행군하여 제 군의 뒤를 바짝 추격했다.

손빈은 추격 부대의 행군 속도와 거리를 예상하여 그들이 그날 저녁 무렵 마릉에 도달하리라 추정했다. 마릉은 산비탈이 좁고 험준한데다 도로의 양측에도 깎아지른 절벽이 병풍처럼 둘러 쳐져 있어 복병을 매설하기에 알맞은 곳이었다. 손빈은 도로 곁 큰 나무 한 그루를 찍어내어 껍질을 벗기게 한 다음, 그 곁에 '방연은 이 나무 아래에서 죽는다' 라고 써서 길 한가운데에 세워 놓았다. 그리고는 1만 명의 궁노수를 도로 양측에 매복시키고 '날이 저물어 이곳에서 누구든지 횃불을 밝히면, 그 불빛을 향해 일제히 사격을 가하라' 는 명령을 내렸다.

손빈의 예상대로 방연이 이끄는 추격 부대는 과연 해가 지고 날이 어두워질 무렵 마릉에 당도했다. 방연은 길 한가운데에 희뿌연 나무 말뚝이 세워져 있는 것을 발견하고는 나무토막에 쓰인 글자를 읽기 위해 측근에게 횃불을 밝히라고 지시했다. 그러나 방연이 그 내용을 미처 다 읽어 내려가기도 전에 1만여 명의 궁수대가 횃불을 목표로 일제히 화살을 날렸다. 위 군은 크게 놀랐고 주변에는 일대 혼란이 일어났다. 방연은 자신의 지혜와 재능이 다하여 작전을 실패로 몰아넣었음을 통감하고, 마침내 칼로 목을 찔러 자결했다.

방연은 죽으면서 부르짖었다. "내가 끝내 보잘것없는 손빈 놈의 명성만 떨치게 해 주었구나!"

방연 군을 섬멸한 제 군은 승세를 휘몰아 진격하여, 위 나라 방어군마저 대파하고 그 주장 태자 위신을 사로잡는 완승을 거두었다.

_《사기》〈손자오기열전〉

■ 보충 설명

이 사례는 전국 시대 제와 위 나라 간에 벌어진 유명한 '마릉의 전쟁'이다. 제 군이 미리 교전할 장소와 시간을 알고 있는 상황에서 위 군을 궤멸시킨 전형적인 전례이다. 본 편에서 말하는 '지(知)'는 '예지'에서 그 뜻을 차용한 것으로, 작전 시기와 장소를 미리 장악해야 하는 것의 중요성을 강조하고 있다. 출병하여 적과 싸우기 전에 교전 지점과 시기를 미리 알 수 있다면, 준비를 충분히 하고 방어를 공고히 할 수 있으며, 적을 통제하여 전쟁에서 승리할 수 있다고 강조하고 있다.

31 척전

엿볼 척(斥), 斥戰
준비가 잘된 군대로 준비가 안 된 군대를 대적하면 반드시 승리한다.

한 나라 선제 때, 선령의 강 족 수령인 양옥이 반란을 일으켜 성을 공격하고 관리들을 죽이자 한 나라의 조정이 진노했다.

한의 선제는 노장 조충국에게 사람을 보내 누구를 출정시켜 반란을 평정하면 좋을 것인지를 물었다.

노신이 먼저 가서 적정을 정찰한 다음 결단을 내리겠습니다.

좋다!

조충국이 금성에 도착하여 기병을 보내 정찰하니 반란군의 수비가 형편없었다.

조충국은 장수들과 상의했다.

조충국은 정찰 공작을 매우 중시하고 행군에도 신중했으며, 충분한 계획을 세워 실행하여 마침내 양옥의 반란을 평정했다.

척전(斥戰)

행군을 함에 있어서 가장 중요시해야 할 점은 적정을 정찰하는 일이다. 척후(斥候)는 평지일 경우 기병을 쓰고 험지일 경우에는 보병을 쓰되, 5명을 1개 조로 편성하여 병사마다 각기 백기 하나씩을 휴대하게 한다. 멀리 행군하는 경우에는 부대의 전후좌우에 걸쳐 계속해서 척후병을 보내 정찰케 해야 한다. 그리하여 적의 부대를 발견하면 전방에서부터 차례로 신호를 전달하여 주장에게 보고하게 함으로써 본대가 사전에 대비 태세를 갖출 수 있게 해야 한다.

《손자병법》에 '준비가 잘된 군대로 준비가 안 된 군대를 대적하면 반드시 승리한다'고 했다.

한 나라 선제 때인 BC 62년경, 선제는 무제 때 개척한 하서 4군 지역에 광록대부 의거안국을 파견하여 그 일대에 흩어져 사는 여러 강 족의 동정을 순시하게 했다. 그 지역에서 세력을 갖춘 강 족의 부족만도 무려 200여 개에 달했다.

이듬해 정월, 강 족의 경내에 들어간 의거안국은 선령 강 족의 추장 30여 명을 소집하여, 그 가운데 태도가 불손한 자를 모두 죽이고 다시 군대를 풀어 선령 강 족 부락을 공격, 1천여 명을 살해했다. 이에 오래전 한 나라에 귀순하여 귀의강후 작위를 받은 추장 양옥 등은 분노한 나머지 군소 부락을 회유하고 협박하여 일제히 반란을 일으켰다. 의거안국은 강 족을 토벌하려고 했으나 오히려 강 족의 기습 공격으로 패퇴하고, 조정에 긴급 상황을 보고했다.

이때 한 나라의 후장군 조충국의 나이가 70여 세라 선제는 조충국이 너무 노쇠하여 출정군을 통솔할 수 없다고 생각하고는 어사대부를 보내 대신 누구를 장수로 삼아 토벌함이 좋을 것인지를 물었다.

그러자 조충국이 대답했다. "신보다 나은 사람은 없습니다."

선제가 파견한 사자가 다시 물었다. "장군은 강병의 정황을 어떻게 평가하고 계시며, 우리는 얼마나 많은 병력을 보내야 합니까?"

조충국이 회답했다.

"백 번 듣는 것이 한 번 보느니만 못한 법, 현지의 상황을 멀리서 예측하기란 어려운 일입니다. 신이 즉시 금성으로 달려가 현지에 도착하여 직접 실지 지형을 관찰하고 적정에 의거하여 방략을 세워서 보고해 올리도록 하겠습니다. 그러나 이 선령 강들은 작은 부족임에도 불구하고 감히 하늘을 거역하고 배반했으니 오래지 않아 멸망하고 말 것입니다. 바라옵건대, 폐하께서는 이번 오랑캐 정벌을 이 늙은 신에게 맡겨 주시고, 이 일로 인해 조금도 염려하지 마소서."

선제가 듣고 웃으며 흔쾌히 승낙했다.

조충국은 금성에 도착한 다음, 1만 명의 기병을 집결시켜 황하를 도하하고자 했다. 그러나 도하 도중 적에게 공격을 당할까 우려하여, 야음을 틈타 교위 3명이 거느린 선발대를 먼저 도하시키면서 군사들의 입에 재갈을 물려 소리가 나지 않게 은밀히 행동하도록 했다. 이들 선발대가 대안에 교두보를 확보한 다음, 날이 샐 무렵에야 조충국은 나머지 전 장병을 차례로 도하하도록 했다. 이때 수백 명에 가까운 강 족의 기마병이 한 군 진영의 부근을 배회했으나, 조충국은 이들을 임의로 공격하지 말라고 주의시켰다.

"지금 우리의 군사와 전마(戰馬)는 방금 도착하여 몹시 피로하고 마음대로 달릴 수 없지만 적의 기병은 날쌔고 용맹스러워 제압하기 어렵다. 또한 저들은 우리에게 유인책을 쓰고 있을지도 모른다. 적을 공격함에는 완전 섬멸을 목표로 해야 하며 작은 이익을 탐해서는 안 된다."

그런 다음 조충국은 척후 기병을 보내 사망협이라 불리는 좁은 골짜기를 정탐하게 하여 그곳에 오랑캐의 군사가 한 명도 없음을 확인했다. 이에 조충국은 야음을 틈타 낙도라는 산골짜기로 군대를 전진시키고, 각 장교들을 소집하여 자신 있게 말했다.

"나는 강 족이 용병하는 전법을 모른다고 확신한다. 만약 그들이 수천의 병사를 보내 미리 사망협을 장악하고 수비했다면, 어떻게 우리 부대가 들어올 수 있었겠는가?"

이렇게 조충국의 작전은 항상 엄선된 척후대를 원거리까지 파견하여 적정을 신중하게 정찰한 다음에 기동하는 것이었다. 행군을 할 때도 반드시 전 부대에 언제 어디서라도 즉각 전투에 돌입할 수 있는 태세를 갖추게 했을 뿐만 아니라, 영채를 설치하고 군을 주둔시킬 때도 세심하게 경계 보루를 강화하여 항시 적의 습격에 대비하는 태세를 늦추지 않았다. 특히 그는 무슨 일을 하든 신중하고 부하 병사들을 사랑했으며, 전투를 할 때도 먼저 계획을 수립한 다음에야 비로소 싸웠다. 이렇듯 신중한 기동으로 조충국은 계속 서진하여 금성군 서부 도위부까지 순조롭게 진출하여 마침내 선령의 강 족 지역을 평정했다.

_《한서》〈조충국전〉

■ 보충 설명

후세에 남송의 장식은 조충국을 이렇게 평가했다.

"한 나라 역대 장수 가운데 조충국을 가장 으뜸으로 치는 까닭은 평범한 장수들은 병폐가 용맹에만 치우쳐서 주도면밀한 계획을 수립하지 못했기 때문일 것이다. 조충국이 겪은 군무(軍務)는 여느 장수보다 더욱 복잡하고 많았다. 선제의 서강 반란 평정 계획에 대한 물음에 그는 노장으로서의 경험을 지녔으면서도 감히 상식으로 답하지 않고 '군사 작전의 규모나 계획을 미리 예측하기 어렵다. 직접 현지로 가서 실제 상황을 명확히 파악하고 지형을 지도로 만들어 토벌 계획을 구상하겠다'고 했다. 이로 미루어 그가 매사에 소홀하지 않았음을 알 수 있다. 이렇게 사려 깊고 풍부한 사람은 공자가 말한 이른바 '임무에 당면하여 두려운 생각을 품고 삼가 행하며, 계획을 잘 꾸며 임무를 완수하는 자'라고 할 수 있다.

　장수의 병폐는 목전의 이익과 사소한 승리에만 급급하는 데 있다. 그러나 조충국은 무엇보다 계획상의 만전을 기하고, 선제에게 둔전책의 이점을 무려 12가지나 소상하게 진술했으며, 가볍게 동병(動兵)하지 않고 지구전으로 나아가는 것이 유리하다는 계획을 밝혔으니, 이는 삼국 시대 때 촉한의 제갈공명이 위수에 군을 장기 주둔시켜 성공한 사례와 무엇이 다르겠는가?

　장수의 병폐는 살육전에만 과감할 뿐, 병사와 백성의 목숨은 돌보지 않는다는 데 있다. 그러나 조충국은 군주에게 국경 밖의 작전 단독권을 일임받았으면서도 나라의 근본을 위하는 마음으로 백성들로 하여금 변방 지역에 안주(安住)할 수 있게 해 주었을 뿐만 아니라, 서융의 오랑캐도 조금만 응징하여 인명을 살렸던 것이다. 조충국의 행적은 삼대의 장수나 전국 시대 이래 적진 격파와 적을 꺾는 데만 급급하던 장수들과는 비견할 수 없을 만큼 실로 훌륭하다 할 것이다."

택전

늪 택(澤), 澤戰
늪이나 도로가 파손된 지역에 처하게 되면 밤낮으로 신속히 통과해야 한다. 부득이 주둔해야 할 경우에는 거북 등처럼 중앙부가 솟아오른 지형을 찾아서 경계 태세를 강화하라.

택전(澤戰)

 행군 도중, 늪이나 도로가 파손된 지역을 행군하게 되면 지체하거나 머물지 말고 반드시 그 속도를 빠르게 하여 빨리 그 지점을 통과해야 한다. 만일 길이 멀고 해가 저물어 부득이 그 지역에서 숙영을 해야 한다면, 반드시 거북 등처럼 중앙이 높고 주변이 낮은 지형을 찾아 원형의 진영을 설치하고, 사면이 중앙의 지휘 통제를 받게 해야 한다. 그 이유는 첫째, 홍수로 인한 재난에 방비하기 위해서이고, 둘째, 적의 야습에 사면으로 대비하기 위해서이다.
 《사마양저병법》에 '늪이나 도로가 파손된 지역에 처하게 되면 밤낮으로 신속히 통과해야 한다. 부득이 주둔해야 할 경우에는 거북 등처럼 중앙이 솟아오른 지형을 찾아서 경계 태세를 강화하라'고 했다.

 당 나라 고종 원년인 서기 679년 10월, 돌궐 족의 일파인 아사덕온전이 반란을 일으키자 고종은 예부상서 겸 검교우위대장군 배행검(裵行儉, 619~682)을 정양도 행군대총관으로 임명하여 돌궐 족을 토벌케 했다. 배행검은 삭천에 도착하여 부하들에게 말했다.
 "용병의 요점은 군사들을 어루만질 때는 성실함이 제일이요, 적을 제압할 때는 속임수가 제일이다."
 배행검은 군량을 수송하는 수레 3백 대를 준비하여 수레마다 건장한 군사 5명을 숨겨 두고 각기 백도와 강한 활을 잡게 한 다음 노약병으로 하여금 이들을 인솔하게 했다. 그리고는 정예병을 험한 요새에 매복시켜 놓고 오랑캐가 오기를 기다렸다.

과연 오랑캐들이 이를 탈취하려고 하자 군량미(軍糧米)를 수송하던 노약병들은 수레를 버리고 흩어져 도망쳤다. 이에 오랑캐들은 수레를 몰아 수초가 있는 곳으로 가서 말 안장을 풀고 말을 방목한 다음, 양식을 가져가려 했다. 이때 수레 안에 숨어 있던 건장한 군사들이 뛰쳐나와 공격하니, 오랑캐들은 놀라 도망치다가 다시 복병의 공격을 받아 거의 죽거나 사로잡혔다. 이때부터 당 군이 군량을 수송하면 오랑캐들이 감히 근접하지 못했다.

이듬해 3월, 출정군이 적의 반란 지역인 선우 도호부의 경내에 진주했는데, 날이 이미 저물었기에 영채를 정하고 적의 침공에 대비해 참호를 구축했다. 그런데 배행검이 숙영지를 순시하고 나더니 즉시 진영을 높은 언덕으로 다시 옮기라고 명했다. 이에 참모들이 반대했다. "군사들이 숙영지를 정하여 이미 편안히 몸을 풀고 있으므로 이들을 다시 동요하게 해서는 안 됩니다."

그러나 배행검은 부하들의 반대를 물리치고 기어이 진지를 옮기게 했다. 그런데 밤이 되자 폭풍우가 갑자기 몰아닥쳐 당 군이 원래 진영을 설치했던 곳이 한 길이 넘는 물속에 잠겨 버렸다. 이를 본 군사들이 모두 놀라움과 감탄을 금치 못하며 배행검에게 물었다.

"장군께서는 어떻게 폭풍우가 있을 것을 미리 아셨습니까?"

이에 배행검이 웃으며 말했다. "이제부터는 내가 지시하는 대로만 따를 뿐 굳이 그 이유를 묻지 마라."

배행검이 흑산에서 돌궐을 대파하여 추장인 봉직을 사로잡으니, 그의 부하가 가한인 이숙복을 죽여 그의 머리를 가져와 항복했다.

_《신당서》〈배행검전〉

33 쟁 전

다툴 쟁(爭), 爭戰
적이 먼저 유리한 지형을 점령하고 있을 때는 무리하게 공격을 감행할 필요가 없다.

서기 234년, 촉한의 제갈량이 군사를 이끌고 사곡에서 기산으로 나아가면서 위 나라를 공격했다.

위 나라의 대장 사마의는 군사를 이끌고 회남에 진주하면서 촉 군을 저지했다.

부장인 곽회가 사마의에게 계책을 올렸다.

그렇다. 넌 즉시 군사를 이끌고 앞으로 나아가라.

우리가 먼저 북원을 점령해야 합니다.

곽회는 군사를 이끌고 북원을 점령했다. 영채를 다 세우지 못한 상태에서 촉 군이 공격해 왔지만 곽회는 신속히 이를 격퇴했다.

며칠 후, 제갈량은 거짓으로 병력을 서쪽으로 이동시키고 실제로는 동부의 양수를 공격하려고 했다. 그러나 이 계획도 곽회에게 간파되고 말았다.

그날 밤, 촉 군은 양수를 공격했지만 곽회가 미리 준비를 해 놓은 터라 계책을 실현하지 못했다.

쟁전(爭戰)

 적과 대전할 때 형세가 유리한 지역이 있다면 적이 그곳을 점령하기 전에 아군이 먼저 유리한 지점을 점령하여 적과 싸우면 승리한다. 만일 적군이 먼저 유리한 지형을 점령했다면 아군은 가볍게 진격하여 적을 공격해서는 안 된다. 마땅히 굳게 지키면서 적의 진영에 변화가 생기를 기다렸다가 기회를 포착하여 공격해야 한다. 이와 같이 싸운다면 비교적 유리한 국면을 만들 수 있다.
 《손자병법》에 '적이 먼저 유리한 지형을 점령하고 있을 때는 무리하게 공격을 감행할 필요가 없다'고 했다.

 삼국 시대인 서기 234년 4월경, 촉한의 승상이었던 제갈량이 10만의 군사를 이끌고 위 나라를 공격하기 위해 사곡에서 출병하여, 난갱 지역에서 둔전을 실시했다. 당시 위 나라의 대장이었던 사마의는 위수 남쪽에 진영을 설치하고 주둔 중이었는데, 부장 곽회(郭淮)는 제갈량이 반드시 북원을 쟁탈하러 올 것이라는 판단 아래, 위 군이 먼저 북원을 점거할 것을 건의했다. 그러나 곽회의 의견을 토의에 부친 결과, 참석자들의 대다수가 그 의견에 반대했다. 곽회가 다시 주장했다.
 "제갈량이 만약 위수를 넘어 북원을 점령하고 다시 북부 산악 지대에 군을 배치하여 농 지역의 도로를 차단한다면 우리 백성들이 동요할 것이며, 이렇게 되면 국가의 대계에 크게 불리할 것입니다."
 이에 사마의는 곽회의 건의를 칭찬하면서 받아들이고, 곽회를 북원으로 진출시켜 진을 쳤다. 곽회가 북원에서 참호와 보루를 구축할 즈음, 과연 촉한 군의 대부대가 도착하여 그 지역을 점령하려고 했다. 그러나 이미 선수를 친 곽회 군은 촉한 군을 쉽게 격퇴할 수 있었다.

며칠 후, 제갈량은 대병력을 거느리고 기세를 떨치며 서쪽으로 진군했다. 이를 본 곽회의 휘하 장수들은 모두 제갈량이 아군 진영의 서쪽을 포위 공격하려 한다고 생각하고, 서쪽 방어를 철저히 할 것을 건의했다. 그러나 곽회는 '이는 제갈량이 서쪽을 공격하려는 것처럼 양동하여, 아군으로 하여금 서쪽으로 방어 주력을 집중시키려는 속임수일 뿐이다. 저들은 반드시 군을 선회하여 우리 진영의 동쪽을 공격해 올 것이다'라고 했다.

과연 그날 밤 제갈량은 동쪽의 양수를 집중 공격했다. 그러나 위 군은 이에 철저히 대비를 한 까닭에 패전하지 않았다.

_《삼국지》〈위서-곽회전〉

■ 보충 설명

굳게 지키기만 하고 싸우려 들지 않는 사마의의 위 군을 만난 제갈량의 촉 군은 적에 의해 북원과 양수를 점령하려는 작전이 연거푸 좌절된 후, 완전히 전쟁의 주도권을 상실했다. 이후 제갈량이 다섯 차례에 걸친 위와의 전쟁에서 성공을 거두지 못한 것은 국내의 정치·경제적인 측면에도 문제가 있었지만, 적에 앞서 북원의 요지를 탈취하여 농도를 끊어 위 군을 곤경에 빠트리려는 전략적 기도가 실패했기 때문이기도 하다.

지 전

땅 지(地), 地戰
유리한 시간은 유리한 지형만 못하다.

지전(地戰)

적과 대전할 때는 반드시 유리한 지역을 확보해야 한다. 유리한 지역을 확보하면 소수의 병력으로도 다수의 적을 상대할 수 있으며 약한 군으로도 강한 적을 이길 수 있다. 이른바 '적을 공격할 만한 허점이 있음을 알고 아군이 적을 공격할 능력이 있음을 안다 할지라도 지리를 모른다면 승리할 확률은 절반밖에 되지 않는다'는 병법이다. 다시 말해 적을 알고 나를 알더라도 유리한 지형이 받쳐 주지 않는다면 완벽한 승리를 거두기 어렵다는 뜻이다.

《맹자》에서 말하기를 '유리한 시간은 유리한 지형만 못하다'고 했다.

서기 409년 4월경, 진 나라의 안제가 대장 유유(劉裕)를 보내 남연의 모용초를 토벌하려고 했다. 이에 남연의 황제인 모용초는 군신 회의를 소집하여 진 군에 대항할 대책을 숙의했다. 이때 정로장군 공손오루(公孫五樓)가 모용초에게 건의했다.

"진 군은 날쌔고 강하여 속전속결에 유리합니다. 저들은 지금 갓 싸움터에 도착하여 그 용맹성과 예기를 우리 군이 당해 내기 어려우니, 즉시 맞아 싸워서는 안 됩니다. 응당 대현산의 험요한 지형을 점령하고 진 군으로 하여금 우리 경내에 깊숙이 들어오지 못하게 해야 합니다. 그리고 지구전을 전개함으로써 적의 예기를 꺾어야 합니다. 또한 정예 기병 2천 명을 선발하여 해안을 따라 남으로 우회 진출시켜, 적의 군량 수송로를 차단하도록 하는 한편 좌장군 단휘로 하여금 연주의 군을 이끌고 대현산을 따라 동으로 진출하게 하여, 앞뒤에서 협공하게 해야 합니다. 이것이 상책(上策)

입니다.

다음으로는 지방 수령들에게 명하여 험한 요새를 이용해서 각자 자기 지역의 수비를 강화하고, 자재와 식량은 꼭 필요한 물량만 남겨 두되 나머지는 모두 불살라 들에 자라나는 곡식들을 깨끗이 없애 버림으로써 적이 현지에서 보급품을 조달하지 못하게 만들어야 합니다. 이렇듯 성벽을 굳게 지키며 청야 작전을 전개하여 적에게 변란(變亂)이 일어나기를 기다리는 것이 중책(中策)입니다.

그 다음으로는 적이 대현산을 넘어오도록 내버려두었다가 그들이 성 가까이 왔을 때 아군을 총출동시켜 일시에 적을 공격하는 것으로, 이것이 가장 나쁜 하책(下策)입니다."

그러나 모용초는 이렇게 주장했다.

"현재 세 성이 제 나라 지역에 있으니 천도로써 추측하면 싸움을 하지 않고도 저절로 승리할 수 있고, 인사로써 말하면 저들은 원정을 왔으므로 군사들이 피로에 지쳐 오래 지탱하지 못할 것이다. 우리는 병주·유주·서주·연주·청주 등 5개 주의 광활한 땅을 점거하고 있으며, 부유한 백성과 1만이 넘는 철기를 소유하고 있고, 수확하지 않은 곡식이 들에 가득한데 어찌 그 곡식을 제거하고 백성을 이주시켜 먼저 겁을 먹고 움츠려야 하겠는가?

많은 백성들을 성내에 이주시켜 고수하기가 불가능하고, 이미 푸른 싹이 돋아나는 곡식이 들판에 가득하여 이들을 모두 깨끗이 없애기도 불가능하다. 청야와 수성(守成) 작전으로 성명을 보전할 수 있을지는 모르겠지만 나는 이 방안에 동의할 수 없다. 적으로 하여금 대현을 넘어오게 내버려두었다가 적군이 평지에 도착한 뒤에 서서히 정예 부대를 출동시켜 짓밟아 버린다면 저들은 반드시 우리에게 사로잡히고 말 것이다."

이에 상서령 모용진이 건의했다.

"폐하의 말씀대로 적을 제압하려면 평지가 유리하오니 먼저 일부의 병력을 보내 주둔시키고 공사를 실시하여 기병이 사용하기에 편리한 조건을 구축해야 합니다. 그런 다음에 응당 대현산을 넘어 적을 맞아 싸워야 합니다. 그렇게 하면 일단 응전하여 승리하지 못하더라도 대현산으로 퇴각하여 지킬 수 있습니다. 적이 대현산으로 진입하는 것을 방관하고 그대로 두어 우리 스스로 곤란한 상황을 만들어서는 안 됩니다.

옛날 성안군 진여는 요충지인 정형을 지키지 않았다가 끝내 한신에게 조나라가 멸망당하는 굴욕을 당했으며, 제갈첨은 검각의 요새를 지키지 않았다가 결국 등애에게 잡혀 죽고 말았습니다. 신의 생각으로는 천시(天時)가 지리만 못하다고 여겨집니다. 대현의 입구를 봉쇄하고 굳게 지키는 것이 가장 좋은 방책입니다."

그러나 모용초는 장수들의 진언을 듣지 않고, 단지 거·양보 두 지방의 수비군을 이동시켜 성채와 참호를 정비하고 군사와 전마를 선발하여 예기를 기르며, 진 군이 대현을 넘어오기만을 기다렸다.

그해 여름, 진 군이 동완에 이르자 모용초는 좌장군 단휘를 보내 보병과 기병 5만여 명을 통솔케 하고 임구를 방어하도록 조치했다. 그러나 진 나라 군이 순조롭게 대현을 넘어오자 모용초는 그제서야 두려운 나머지 급히 4만의 병력을 이끌고 임구에 있는 단휘의 진영으로 합류하여 진 군을 맞아 싸웠다. 그러나 결과는 패하고 말았다.

이에 모용초는 수도인 광고로 도망쳤으나 광고 역시 수일 후에 함락되고 말았다.

결국 남연의 영토는 모두 진 나라에 의해 평정되었고, 모용초는 건강으로 보내져 참수당했다.

_《진서》〈모용초기〉

35 산 전

뫼 산(山), 山戰
산 위에서 전투를 할 때 이미 고지를 점령한 적을 올려다보고 공격하는 것은 불리하다.

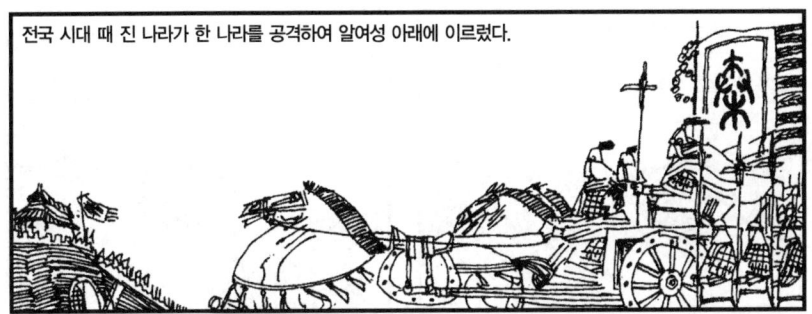

산전(山戰)

적과 대전할 때는 산악이나 삼림 지대, 평지를 막론하고 고지를 먼저 점령해야 한다. 이와 같이 한다면 지형에 의지하여 적과 육박전(肉搏戰)을 벌이기에 유리할 뿐만 아니라 부대가 공격하기에도 편리하다.

《제갈량병법》에 '산 위에서 전투를 할 때 이미 고지를 점령한 적을 올려다보고 공격하는 것은 불리하다'고 했다.

해설

전국 시대 때 조 혜문 왕 재위 29년인 BC 270년경, 진 나라가 한 나라를 공격하자 한 나라는 조 나라에 구원을 요청했다. 이에 조 왕은 장군 염파를 불러 대책을 논의했다. "우리가 한 나라를 구원할 수 있겠는가?"

염파가 대답했다. "한 나라는 거리가 너무 멀고 행군로(行軍路)가 좁아서 구원하기 어렵습니다."

조 왕은 다시 악승을 불러 물었으나 악승 역시 의견이 같았다. 조사(趙奢)를 불러 묻자 그가 대답했다.

"한 나라까지는 거리가 멀고 도로가 좁아 마치 두 마리의 쥐가 한 구멍 속에서 싸우듯 지형 조건이 제한되어 있습니다. 상황이 그러할 때는 결단력 있는 용장이 승리하게 마련입니다."

이에 조 왕은 자신을 얻어 조사를 구원군의 주장으로 삼아, 한 나라의 위기를 구하게 했다. 조사는 구원군을 이끌고 조 나라의 수도인 한단을 떠나 30리쯤 떨어진 곳까지만 진출하여 진영을 설치한 다음, 더 이상 전진하지 않았다. 그리고는 군중에 엄명을 내렸다. "누구든 작전에 관해 말하는 자가 있으면 사형에 처한다."

그럼에도 급히 무안성을 구해야 한다고 건의하는 사람이 나오자, 조사는 즉시 그의 목을 베었다. 그리고는 영채를 굳게 지킨 채 28일이나 전진하지 않고 그대로 머무르면서 주둔 지역에 보루를 증설했다.

진의 첩자가 조사 군의 진영에 잠입하자 조사는 그를 찾아내 음식을 후히 대접하여 돌려보냈다. 첩자는 돌아가서 진 나라 장수 호양에게 그와 같은 조 군의 상황을 보고했다. 한 나라의 알여성을 포위 공격하고 있던 진의 장수 호양은 첩자의 보고를 받고 크게 기뻐하며 말했다. "조 군은 자기들 수도에서 불과 30리만 진출했을 뿐 더 이상 전진하지 않은 채 방어 보루만을 증설하고 있다. 이는 분명 한 나라를 구원하려는 의사가 없다는 뜻이다. 알여성은 이제 곧 우리의 영토가 될 것이다."

한편 조사는 진 나라의 첩자를 돌려보낸 뒤, 전 군에게 명령을 내려 부대를 경기병대로 재편하고 방어 보루와 수비대와 중장비를 모두 남겨 둔 채, 은밀히 호양 군의 진영과 포위당한 무안성을 우회하여 통과하게 했다. 그리고는 질풍 같은 속도로 강행군하여 불과 하루 만에 알여성에서 50여 리 떨어진 지점까지 진출한 다음 그곳에 다시 견고한 방어 보루를 쌓기 시작했다. 진 군의 주장 호양은 뒤미처 이 소식을 듣고는 황급히 무안성 공격을 중단하고 전 병력을 되돌려 알여성 방면으로 추격을 개시했다.

이때 조 군 진영의 병사인 허력(許歷)이 조사에게 말했다.

"현재 진 나라 군은 아군이 이토록 신속하게 배후로 진출했을 줄 모르고 있겠지만 필경 뒤늦게라도 알아차린다면 즉각 추격해 올 것입니다. 또한 그들은 알여성 포위 작전 실패보다도 퇴로 차단이 두려워 전력을 기울여 압도적인 군세로 아군을 엄습할 것이 분명합니다. 하지만 아군은 급속 행군하느라 경무장한 기병으로 편성한데다 이곳의 지형마저 기병전에 적합하지 못합니다. 장군께서는 요격 작전에 적절한 지형을 따로 선정하셔서 그곳에 병력을 집중시켜 놓고 기다렸다가 대응하십시오. 그렇지 않으면 진 군의 일격에 와해되고 말 것입니다."

"구체적으로 어떤 지역을 선정하면 좋겠는가?"

조사의 물음에 허력이 답변했다.

"이 근처에 알여성으로 통하는 도로 북방의 산이 있습니다. 아군이나 진 군이나 그 산을 먼저 점령하는 쪽이 승리하게 됩니다."

조사는 허력의 건의를 받아들여 즉석에서 1만 명의 정예병을 출동시켜 신속히 도로 북방의 산을 점령했다.

조 군의 부서 배치가 완료된 직후, 뒤따라온 진 군은 산을 탈취하기 위해 북산 공략을 개시했지만 가파른 경사면을 기어오를 수 없었다. 호양 군이 고지 탈취에 몰두하여 본대의 전열이 흐트러진 틈을 타 조사는 전 군을 풀어 진 나라 군을 일제히 공격하여, 마침내 크게 격파했다. 결국 호양은 알여성의 포위를 풀고 본국으로 철수했다.

_《사기》〈염파인상여열전〉

곡전

골 곡(谷), 谷戰

부대가 행군하여 산악 지대를 통과할 때는 반드시 가까운 골짜기에 의지해야 한다.

동한 때 농서 경내의 참랑 강 족이 새외의 소수 민족과 연합하여 한 나라를 습격하고 교란했다.

농서태수로 있던 마원이 군사를 이끌고 그들을 공격하여 저도현에 이르렀다.

참랑 강 족이 산 위에 영채를 세우자 마원은 행동하기에 편한 골짜기를 점령한 다음 참랑 강 족의 물과 마초의 근원을 끊어 버렸다.

참랑 강 족은 수초의 공급이 곤란해지자 결국 한 나라의 변경 밖으로 도망쳤다.

곡전(谷戰)

　행군 중에 산악 지대와 같은 험지를 통과하다가 진영을 설치해야 할 경우에는 반드시 계곡에 의지해야 한다. 그 이유는 첫째, 식수와 마초를 쉽게 구할 수 있고, 둘째, 계곡을 이용하여 견고한 진지를 구축할 수 있기 때문이다. 이렇게 하여 싸우면 승리할 수 있다.

　《손자병법》에 '부대가 행군하여 산악 지대를 통과할 때는 반드시 가까운 골짜기에 의지해야 한다'고 했다.

　후한 광무제 건무 23년인 서기 37년경, 후한의 장수 마원(馬援, BC 14~AD 49)이 농서태수로 있을 때의 일이다. 서강의 참랑 부족이 한 나라 국경 밖에 있는 여러 부족들과 연합하여 국경을 침범하고 지방관을 살해했다.

　이에 마원은 이들 오랑캐를 토벌하기 위해 4천여 명의 군사를 거느리고 출격했다. 마원이 저도현의 경내에 이르러 보니 강 병들은 산 위에 주둔하고 있었다. 이에 마원 군은 산 아래에 있는 유리한 지형을 점령한 다음 강 병들의 식수원과 초지를 차단했다. 그리고는 포위만 한 채 싸우지 않는 전법으로 강 병을 곤궁한 지경으로 몰아넣었다.

　얼마 후 수령은 견디다 못해 수십만 강 병을 이끌고 국경 밖으로 도주했고, 다른 부족 1만여 명도 모두 마원에게 항복했다. 이는 강 병이 계곡에 의지하여 숙영하고 포진하는 것의 이점을 알지 못해 패전한 것이다.

_《후한서》〈마원전〉

■ 보충 설명

손자가 제시한 '절산의곡(絶山依谷)'이란 말은 '산지에서 행군 작전을 수행할 때는 주의해서 지형을 선택해야 한다'는 원칙이다. 이는 부대가 산지에서 작전을 수행하는 과정에서는 반드시 산골짜기를 따라 행진하고 골짜기 옆에 의지하여 숙영하고 포진해야 한다는 의미다.

37 공전

칠 공(攻), 攻戰
승리의 확신이 있으면 공격을 해야 한다.

삼국 시대 때 위 나라의 조조가 주광을 여강태수로 임명한 다음 그를 완성에 주둔시켰다.

주광은 도임(到任)한 뒤, 논을 크게 개척함과 동시에 오 나라 파양에 첩자를 보내 내응하도록 했다.

오 나라 대장 여몽이 손권에게 간언하자 손권은 친히 완성으로 출정할 것을 결정했다.

반드시 일찌감치 주광을 제거하여 후환을 없애야 합니다.

경의 말에 일리가 있다.

서둘러 성을 공격할 토산을 쌓도록 하십시오.

완성 부근에 이르러 오 군의 손권이 부장에게 공성할 계책을 물었다.

공전(攻戰)

전쟁에서 공격이라 함은 적의 형세를 잘 파악하여 적에게 타격을 가하는 것을 뜻한다. 아군이 적을 격파할 수 있는 상황이라고 판단되면 즉시 군을 출동시켜 공격해야 한다. 그렇게 하면 싸워서 이기지 못하는 경우가 없다. 《손자병법》에 '승리의 확신이 있으면 공격을 해야 한다'고 했다.

삼국 시대인 서기 214년 5월경, 위 왕 조조는 주광을 여강태수로 임명하여 완 지방에 군사를 주둔시키고, 지구전을 할 속셈으로 전답을 개척하게 했다. 그리고는 첩자를 시켜 오 나라 파양 일대의 우두머리를 포섭하여 내응하게 했다.

이를 탐지한 오 나라의 장수 여몽이 말했다.

"완 지방은 토지가 매우 비옥하여 만일 조조 군이 한 번이라도 곡식을 수확하게 되면 저들은 분명 병력을 증강시켜 그 땅을 영토로 삼으려 들 것이다. 그러면 저들의 세력이 더욱 강해져 우리가 제압할 수 없게 될 터이니 조기에 제거하는 것이 좋겠다."

여몽은 이러한 상황을 자세히 기록하여 오 왕 손권에게 보고했다. 이에 손권은 친히 군사를 거느리고 완 지방으로 출정했다. 아침에 출발한 손권 군은 그날 저녁으로 현지에 도착했다. 손권이 장수들을 소집하여 주광 군을 격파할 방책을 묻자 장수들은 모두 보루를 높게 쌓아 진지를 강화할 것을 건의했다. 그러나 여몽만이 다른 의견을 내놓았다.

"시간이 경과할수록 적의 수비 태세는 더욱 강화될 것이며, 외부에서 적의 증원 부대마저 모여든다면 더욱 격파하기가 어려워질 것입니다. 반면 우리 군은 지금 우기를 이용하여 물길로 이곳에 도착했습니다. 여기서 여러 날을 지체한다면 불었던 강물이 줄어들어 배를 타고 돌아가기가 어렵게 됩니다. 게다가 적과 싸워 이기지 못할 경우에는 전 군이 본국으로 귀환해야 할 터인데, 신은 그 귀환 길이 매우 험난할 것을 몹시 위험스럽게 생각합니다.

신이 보건대, 적의 성채는 그다지 견고하지 못한 것으로 판단됩니다. 우리 군의 강성한 예기로 사면에서 맹렬히 성채를 공격한다면 오래 걸리지 않고도 성을 함락할 수 있으며, 강물이 줄어들기 전에 귀환할 수도 있을 것입니다. 이것이 우리가 전승을 거두는 방법입니다."

손권은 이 의견을 따랐다. 여몽은 장군 감녕을 추천하여 등성도독으로 삼아 선봉 부대를 이끌고 주광 군을 공략하게 한 다음, 자신도 정예병을 이끌고 그 뒤를 따랐다.

오 군은 이날 첫 새벽에 주광의 성채로 돌격했다. 여몽이 손수 북채를 잡고 북을 울려 사기를 진작시키니 장병들의 기운이 배가되었다. 병사들이 다투어 성에 뛰어오르니 한나절 만에 성이 함락되었다.

얼마 후, 조조의 장수 장료가 주광을 구원하기 위하여 협석에 당도했으나 성이 이미 함락되어서 부득이하게 철군할 수밖에 없었다. 손권은 여몽의 공로를 높이 인정하여 여몽을 여강태수로 임명했다.

_《삼국지》〈오서-여몽전〉

수 전

지킬 수(守), 守戰
적을 이길 수 없다고 판단되면 대전하지 말고 수세를 취해야 한다.

서한의 경제 때 오와 초를 비롯한 7개의 제후국이 반란을 일으켰다.

한의 경제는 주아부에게 이들을 토벌할 것을 명했다.

오 왕 유비는 양 나라를 공격하고, 주아부는 창읍에서 영채를 굳게 지켰다.

주아부는 궁고후 등을 보내 경무장한 기병으로 하여금 오와 초의 군량 보급로를 끊게 했다.

오·초의 반란군이 주아부에게 싸움을 걸었으나 주아부는 일체 응전하지 않았다.

오·초의 반군은 식량이 부족해지자 퇴각하기 시작했다.

주아부는 정예병을 보내 추격하여 유비의 부대를 대파했다.

주아부와 오·초의 반군이 서로 대치한 지 3개월 만에 결국 반란은 평정되었다.

수전(守戰)

전쟁에서 수비라 함은 아군의 형세를 충분히 검토하여 승산이 없을 경우 수비 태세로 전환하는 것을 말한다. 적을 이길 수 없다고 판단될 때는 진영을 굳게 수비하여 적을 사로잡을 기회가 오기를 기다려야 한다. 적이 흔들리는 틈을 노려 군을 출동시켜 공격하면 승리하지 못하는 경우가 없다.

《손자병법》에 '적을 이길 수 없다고 판단되면 대전하지 말고 수세를 취해야 한다' 고 했다.

한 나라 경제 때인 BC 154년, 오 왕 유비가 초 나라 등 7개 제후국을 연합하여 반란을 일으켰다. 이에 경제는 주아부(周亞夫, ?~BC 143)를 태위로 임명하여 이들 동부 지역의 반란국을 토벌하게 했다.

명령을 받은 주아부가 경제에게 청했다.

"초 나라 군은 날쌔고 사나워서 우리가 일시에 정면으로 그 예봉을 당해 내기가 어렵습니다. 바라옵건대, 잠시 양 나라를 그들에게 내주고, 양 나라가 오·초 양국 군을 상대하는 동안 신이 오·초 양국 군의 병참로를 차단하게 허락해 주십시오. 그래야만 그 두 나라를 제압할 수 있습니다."

경제는 주아부의 요청을 받아들여 그대로 조치했다.

주아부는 전지에 도착하여 형양에 부대를 집결시켰다.

이 무렵, 오 나라가 양 나라를 공격했다. 위기를 느낀 양 나라가 주아부에게 구원을 요청했으나 주아부는 동북방의 창읍으로 군을 신속히 이동시키고 성문을 굳게 닫아 수비만 할 뿐 양 나라를 구원해 주지 않았다.

이에 양 왕 유무가 주아부에게 사신을 보내 거듭 구원을 요청했으나 주아부는 수비만 한 채, 요청에 응하지 않았다. 양 왕이 하는 수 없이 경제에게 글을 올려 위급함을 하소연하자, 경제는 주아부에게 양 나라를 구원하라는 명령을 내렸다. 그러나 주아부는 황제의 명령에도 구원병을 출정시키지 않고 여전히 성만 굳게 지킨 채 부장 궁고후, 한퇴당 등을 시켜 경무장한 기병으로 하여금 오·초 반란군의 후방 보급로를 차단하게 했다.

오·초의 반란군은 마침내 군량이 떨어져 굶주리게 되자 철군할 의도로 주아부 군에게 여러 차례 싸움을 걸었다. 그러나 주아부는 시종일관 성만 지킬 뿐 끝내 그들과 접전하지 않았다.

그러던 어느 날 밤, 주아부의 진영에서 돌연 소동이 일어나 병사들이 놀라고 서로 싸우는 사태가 발생했다. 그 소리가 주아부의 군막에까지 들려왔으나, 주아부는 자리에 그대로 누운 채 미동도 하지 않았다. 소동은 얼마 후에 저절로 진정되었다.

그 후 오 군이 주아부 군의 동남쪽으로 육박하여 성벽을 공격해 왔으나 주아부는 그러한 오 군의 행동이 서북쪽을 공격하기 위한 오 군의 양동 작전이라고 판단, 그 반대 방향인 서북쪽의 방어력을 증강시켰다. 얼마 후, 과연 오 군의 주력은 주아부의 예상대로 서북쪽을 공격해 왔다. 그러나 그곳은 이미 주아부 군의 방비가 철저한 상태라 오 군의 공격은 실패할 수밖에 없었다.

오·초 양군은 마침내 식량이 떨어지자 굶주린 상태에서 공격을 중단하고 퇴각하기 시작했다. 그제서야 주아부는 정예병을 출동시켜 퇴각하는 오·초 양군을 추격하여 대파했다. 오 왕 유비는 자신이 지휘하던 부대를 버리고 정예병 수천 명만을 대동한 채 도망하여 강남의 단도 지역으로 들어가 험준한 지형에 의지하여 저항을 기도했다. 한 나라 관군은 승세를 몰아 그들을 추격하여 유비가 버리고 간 반란군을 모두 사로잡았고, 오 국이 관할하는 군현들의 항복을 받아 냈다. 주아부는 포고문을 내렸다. "오 왕을 잡아오는 자에게는 천금을 내리겠다."

한 달 후, 동월 지방의 사람이 오 왕의 목을 베었다고 보고했다. 한 나라 관군은 반란군과 싸운 지 3개월 만에 오·초의 반란 지역을 모두 평정했다.

_《사기》〈강후주발세가〉

선 전

먼저 선(先), 先戰
기선을 제압하여 적을 공격하면 적의 믿음과 의지를 꺾을 수 있다.

춘추 시대 때 송의 양공이 초 나라 군과 홍수에서 교전을 벌였다. 송 군은 진세를 잘 정돈해 놓았지만 초 군은 아직 홍수를 완전히 도하하지 못한 상태였다.

적은 많고 우리는 적으니, 청컨대 이 기회에 공격해야 합니다!

안 된다!

지금이 마지막 기회입니다. 청컨대 속히 명령을 내려 주십시오.

아직 안 된다.

초 군의 전 부대가 홍수를 도하하여 작전 대형을 완전히 갖추지 못했을 때 사마 자어가 또다시 청했다.

초 군이 진세를 정비한 다음에 양군이 일전을 벌였으나 송 군은 대패하고 말았다.

선전(先戰)

적과 대전할 때 적이 전장에 처음 출전하여 진용을 제대로 갖추지 못하고 대오를 미처 정돈하지 못한 상태에서는 마땅히 아군이 먼저 군을 출동시켜 선제 공격을 가하면 승리할 수 있다.

《좌전》에 '기선을 제압하여 적을 공격하면 적의 믿음과 의지를 꺾을 수 있다' 고 했다.

해설

춘추 시대인 BC 638년경, 송 나라의 양공(襄公, ?~BC 637)이 군을 이끌고 초 군과 홍수에서 싸울 때의 일이다. 초 군이 축차적으로 홍수를 도하하자 송의 사마 자어(송 양공의 서형인 공자 목이이다. 6편 주전의 자어와는 다르다)가 양공에게 건의했다.

"병력 수로 보아 적군이 아군보다 많습니다. 적군이 도하 중인 틈을 타서 공격해야 합니다."

그러나 양공은 "너는 저 인(仁)과 의(義)라는 두 깃발이 보이지 않느냐! 과인은 당당히 진을 펴고 정정당당하게 싸울 뿐이다. 어찌 적이 반쯤 건너오는 틈을 타서 공격할 수 있겠느냐?"라며 사마 자어의 말을 일축했다.

도하를 완료한 초 군이 대오를 정렬시키는 것을 본 사마 자어가 다시 그 틈을 타서 공격하자고 양공에게 건의하자 양공은 사마 자어의 얼굴에 침을 뱉으며 이렇게 꾸짖었다.

"시끄럽다! 너는 적을 치는 일시적 이익만 탐하고 만세의 인의는 모르느냐! 과인이 당당한 진으로 어찌 진도 치지 못한 적을 공격할 수 있겠느냐."

결국 송 군은 초 군이 전열을 완전히 정비한 다음에야 초 군을 공격했다.

그러나 송 군은 초 군에게 크게 패하고 말았다. 이에 송 나라 사람들이 양공 때문에 패전했다고 원망하자 양공이 변명했다.

"군자는 부상당한 적병에게 상처를 더 입히지 않고, 모발이 반백인 적병을 사로잡지 않는 법이다. 선현들은 전쟁을 하되, 적의 곤경을 이용하여 이기려고 하지 않았다. 내가 비록 멸망한 나라의 후손이기는 하나 도의상 싸울 준비가 되어 있지 않은 적을 공격할 수는 없었다."

이에 사마 자어가 반박했다.

"군왕께서는 전쟁을 모르고 계십니다. 강한 적이 강물 때문에 곤경에 빠졌다는 것과 적이 대오를 정비하지 못한 상황을 우리가 포착했다는 것은 하늘이 우리에게 주신 기회였습니다. 우리는 적이 곤경에 처했을 때 공격해야 했습니다. 비록 우리가 그때 공격을 했다 할지라도 아군의 군세가 약했기에 승산이 적어 오히려 패할 우려도 없지 않았습니다. 게다가 적은 모두 전투력이 뛰어난 강병들이라 비록 늙은 자라 할지라도 사로잡을 수만 있었다면 잡아야 했습니다. 전쟁에서 적병이 반백의 중늙은이라고 하여 어찌 인정을 베푼단 말입니까?"

양공은 이 전투에서 대패했을 뿐만 아니라 오른쪽 넓적다리에 화살을 맞는 부상까지 당했다. 백성들은 하도 기가 막혀서 양공을 원망하다 말고 비웃기까지 했다. 후세 사람들은 송의 양공을 가리켜 '인의를 지키려다 인심만 잃고 망했다'고 조롱했다. 이 고사에서 '송양지인(宋襄之仁)'이라는 고사가 나왔다.

염옹은 시로써 이 일을 탄식했다.

등, 중 두 나라 임금에게는 가혹하게 하고
초 군에게만 너그럽게 대하다가
결국 넓적다리에 부상을 입고 웃음거리가 되었도다.

송 양공처럼 인의를 찾다가는
도적놈과 성인도 분별할 수 없으리라.

_《좌전》〈희공22년〉

■ 보충 설명

홍수에서의 전투로 패왕이 된 송 나라는 그러나 그 세력을 영원히 떨치지 못했다. 국내 사정에도 심각한 문제가 있었지만 송 양공의 '어리숙한 인의도덕(마오쩌둥의 표현)'과 '작전상의 눈먼 지휘'가 홍수에서 참패한 직접적인 원인이 되었다.

후전

뒤 후(後), 後戰
일보 후퇴했다가 나중에 적을 제압하는 것은 적의 사기가 쇠진하기를 기다리기 위해서이다.

이때 이세민이 우문사급으로 하여금 기병을 통솔하여 후면에서 적군을 습격하게 했다.

두건덕은 도주하려고 했으나 여의치 않았다.

정교금 등은 군기를 말아 적진으로 돌진했다. 적군의 후방에는 당 군의 깃발이 여기저기에 세워졌다.

결국 전장에는 당 군의 깃발만 나부끼고 두건덕의 부대는 모두 궤멸되었으며, 두건덕도 사로잡혔다.

후전(後戰)

 적과 대전할 때 적군의 대오와 진용이 잘 정돈되고 사기가 왕성하여 쉽사리 이길 승산이 없다고 판단될 경우에는 그들과 가볍게 교전하지 말고 진지를 굳게 지키면서 적의 진영에 허점이 생기기를 기다려야 한다. 적이 한곳에 포진하는 시일이 길어지면 자연히 그 예기가 둔화될 것이니, 그 기회를 포착하여 공격하면 승리할 수 있다.
 《좌전》에 '일보 후퇴했다가 나중에 적을 제압하는 것은 적의 사기가 쇠진하기를 기다리기 위해서이다' 라고 했다.

 당 나라 고조 무덕 연간인 서기 621년 5월, 후에 태종이 된 이세민(李世民, 598~649, 당 나라의 제2대 황제로 정관의 치를 이룬 명군, 고조 이연의 둘째 아들로 고구려를 정복하려다 안시성의 전투에서 패하고, 그 후 7년 동안 3차례에 걸쳐 고구려를 공격했으나 성공하지 못하고 병사함)이 군벌 왕세충을 동도인 낙양에서 포위하자 같은 군벌이었던 두건덕은 왕세충의 요청으로 전 군사를 출동시켜 하북에서 왕세충을 구원하려고 했다. 이에 이세민은 동진하여 호로관을 확보하고 두건덕 군이 낙양으로 합류하는 것을 저지했다.
 두건덕 군은 병력을 총동원하여 판저에서 우구로 진출한 다음 진영을 설치했다. 그 진영이 북쪽으로는 대하에, 서쪽으로는 사수에까지 뻗치고, 남쪽으로는 작산에 연결되어 20여 리에 이르렀다. 이를 본 당 군들은 모두 두려워하는 기색이 역력했다.
 이세민은 기병 몇 명을 거느리고 고지에 올라 적진을 관망한 다음, 장병들을 안심시켰다.

"적군은 모두 산동(태행산 동쪽 지구)에서 거병했으나 아직까지 강적과 싸워 본 경험이 한 번도 없다. 게다가 험요한 지대를 넘어오면서도 저렇듯 질서 없이 떠들어 대는 것은 군기가 바로 서 있지 못하다는 증거다. 또한 저들이 우리 성채 가까이에 진을 친 것은 우리를 얕보는 마음이 있기 때문이다. 우리가 성채를 굳게 지키고 병력을 출동시키지 않으면 저들은 저절로 기력이 쇠잔해질 것이다. 또한 저들은 오랫동안 진을 펼쳐 군사들이 굶주리게 되면 필시 스스로 후퇴할 것이다. 그때 후퇴하는 적을 공격한다면 승리하지 못할 이유가 없다. 내가 그대들에게 약속하는 바, 오늘 점심때가 지나면 우리는 틀림없이 저들을 격파할 것이다."

두건덕은 당 군의 성채 앞에 결진한 채로 새벽부터 한나절이 다 되도록 군사들을 서 있게 했다. 이에 병사들은 배가 고프고 피로하여 모두 줄지어 앉아 물을 찾았다. 이세민은 이 광경을 보고 우문사급에게 3백 명의 기병을 이끌고 두건덕 군의 진지 서쪽을 지나 남쪽으로 우회하면서 두건덕 군을 시험해 보게 했다. 그러면서 이렇게 주의시켰다.

"만일 우리가 출동했을 때 적이 후퇴하지 않으면 신속히 철수하여 되돌아오고, 적군의 행동이 나타나면 그대로 동쪽으로 진출하라."

우문사급이 두건덕 군의 진지 서쪽 방을 막 통과하자 두건덕은 부대를 출동시켰다. 이를 본 이세민은 "이제야말로 공격할 시기가 왔구나!" 하고는 기병장에게 명하여 깃발을 앞세우고 공격 대형을 갖춘 다음, 호로관에서 곧장 남으로 내달아 계곡을 따라 동쪽으로 진출하여 두건덕 군의 배후를 공격하게 했다.

두건덕은 급히 본 진의 잔여 병력을 이끌고 동쪽 언덕으로 후퇴했다. 그러나 미처 진용을 정비하지 못한 두건덕 군은 이세민이 이끄는 경기병의 급습을 받아 궤멸되고 말았다.

전투 중, 당 나라 장 교금 등이 지휘하는 기병대는 당의 깃발을 말아 세우고 두건덕 군의 진중으로 돌입, 후미까지 관통한 다음 일제히 깃발을 펼쳐 안팎에서 맹공을 가했다. 이에 두건덕 군은 크게 놀라 궤주(潰走)했다. 당 군은 이들을 30리나 추격하여 3천여 명의 수급을 베고 두건덕도 사로잡았다.

_《구당서》〈태종기상〉

기 전

기이할 기(奇), 奇戰
적의 방어 태세에 허점이 있으면 기병으로 불의의 습격을 가하여 혼란시켜야 한다.

삼국 시대 후기, 위 나라가 각지의 병마를 통합하여 촉 나라로 진격했다.

촉의 장군 강유는 중과부적으로 위 군에게 패하고 말았다. 강유는 위의 장수 종회가 이미 군사를 이끌고 관중으로 들어왔다는 사실을 알고는 빠르게 철수하여 굳게 지켰다.

종회는 전력을 다해 강유를 공격했지만 촉 군의 완강한 저항에 부딪혀 검각을 함락하지 못했다.

위의 장수 등애가 건의했다.

일지의 정예병을 사잇길을 따라 보내 촉의 수도를 습격하게 하면 검각의 수비군은 반드시 수도를 구원하러 갈 것입니다. 이와 같이 하면 검각을 공략할 수 있을 것입니다.

얼마 후, 등애는 스스로 일지의 군사를 이끌고 음평의 황량하고 인적이 없는 지구를 지나 어렵게 촉나라에 진입했다.

등애는 급습하여 강유성을 점령했다. 촉의 장수 제갈첨은 이 소식을 듣고 급히 병력을 이끌고 왔다.

등애의 아들인 등충과 부장 사찬은 출전이 불리해지자 병영으로 퇴각했다.

"생사 존망이 이 일전에 달렸으니 여하를 막론하고 반드시 승리해야 한다."

"적이 완강하여 싸워 승리하기가 어렵습니다."

등충과 사찬은 다시 전선으로 돌아가 용감하게 싸워 제갈첨을 참살하고 촉 군을 대파했다. 아울러 일거에 성도로 쳐들어가니 촉의 황제 유선은 투항했고, 결국 촉은 패망했다.

기전(奇戰)

전쟁에서 '기(奇)'라고 함은 적의 수비가 허술한 지점에서 적이 미처 예측하지 못한 시간에 갑자기 공격을 가하는 것을 말한다. 접전 시에는 적의 선두를 공격할 듯하면서 배후를 기습하며, 동쪽으로 진출할 듯하면서 서쪽을 공격하여 적으로 하여금 어느 방향을 수비해야 할지 모르게 만들어야 한다. 이와 같이 하면 승리할 수 있다.

《당태종·이위공문대》에 '적의 방어 태세에 허점이 있으면 기병으로 불의의 습격을 가하여 혼란시켜야 한다'고 했다.

삼국 시대 위 나라 원제 경원 4년인 서기 263년 9월, 위의 원제가 촉한을 정벌했다. 위의 대장군 사마소는 모든 군 지휘권을 부여받아 정서장군 등애(鄧艾, 197~264)에게 답중을 수비 중인 촉한의 장수 강유 군을 공략하여 견제하게 했다. 그리고 옹주자사 제갈서의 군에게는 검각으로 가는 요로를 차단하여 강유 군이 촉한으로 철수하는 것을 저지하게 했다.

명을 받은 등애는 천수태수 왕기 등의 부대를 출전시켜 강유 군의 진지를 공격하는 한편, 농서태수 견홍의 부대에게는 전면 저지 공격을 단행케 했다. 그리고 금성태수 양흔의 부대에게는 감송령을 우회하여 강유 군의 배후를 측면 공격하게 했다.

이때 답중에 있던 강유는 위 군의 주력인 종회 군이 이미 관중으로 진출했다는 보고를 받고, 종회 군의 진격을 저지하기 위해 검각으로의 후퇴를 명했다. 그러나 이를 탐지한 위 나라 양흔 군은 강천구에서 강유 군을 추격, 포착하여 격전을 벌였다. 강유 군은 이 일전에서 타격을 입었으나 그대로 음평까지 남하했다. 강유는 위 장 제갈서 휘하의 옹주 군이 음평 남방 교두에 진출하여, 검각으로 향하는 촉한 군의 퇴로를 차단하고 있다는 소식을 들었다.

이에 강유는 음평에서 공함곡을 따라 북도로 진입하여, 위 나라 옹주 군의 배후를 돌아 촉으로 회군하려고 했다. 교두에 있던 제갈서는 강유 군이 음평에서 옹주를 목표로 북상한다는 보고를 받고 그들의 근거지인 옹주를 빼앗길까 두려워 강유 군의 북상을 저지하기 위해 군을 교두에서 30리 가량 북상시켰다.

강유는 군을 이끌고 음평에서 무도로 북상하던 중, 제갈서의 옹주 군이 교두에서 철수했다는 보고를 받았다. 이에 강유는 즉시 진로를 남쪽으로 바꿔 교두를 거쳐 검각으로 남하했다. 뒤늦게 강유 군의 의도를 깨달은 제갈서는 황급히 군을 교두로 재이동시켜 강유 군의 남하를 저지하려고 했으나 옹주 군의 기동이 늦어 불과 하루 차이로 강유 군을 놓치고 말았다. 이리하여 강유 군은 그들의 요새인 검각으로 귀환하여 위 군의 주력인 종회 군에 대한 수비 태세를 갖출 수 있었다.

위의 장 종회의 주력군은 검각 일대에 방어진을 친 강유 군에 대한 공격이 실패하자 검각 공격을 포기하고 철군하려 했다. 강유 군을 추격하여 음평까지 남하한 등애는 이 소식을 듣고 사마소에게 글을 올려 이렇게 건의했다.

"적군의 기세가 이미 꺾였으니 세에 편승하여 추격해야 합니다. 우리는 음평에서 사잇길을 따라 한덕양정을 거쳐 곧바로 부현으로 진격할 생각입니다. 한덕양정은 검각의 서쪽에서 1백 리쯤 되는 지점으로, 부현은 촉한의 수도인 성도에서 불과 3백여 리밖에 떨어져 있지 않습니다. 부현을 점령하고 나면 기병으로 적의 허를 찔러 촉한의 심장부인 성도를 공격하는 것이 가능해집니다. 우리가 부현을 공격하려 한다는 소문이 촉한 쪽에 전해지면 촉한 군은 분명 부현의 방어력을 증강시키기 위해 주력의 일부를 부현으로 분산 배치할 것입니다. 이때 종회 군이 전차대를 앞세워 진격한다면 검각의 방어선을 돌파할 수 있을 것입니다. 만일 검각의 촉한 군이 부현으로 구원 병력을 보내지 않는다면 쉽사리 부현을 점령할 수 있을 것입니다. 병법에도 '적의 방비가 허술한 곳을 공격하고, 적이 미처 생각하지 못한 허점을 포착하여 불시에 공격하라'고 했습니다. 적의 수비가 허술한 부현을 습격한다면 반드시 성공할 수 있을 것입니다."

그해 10월, 사마소가 등애의 계획을 승인하자, 등애는 음평에서 사잇길을 따라 인적이 없는 심산 궁곡으로 7백여 리를 강행군했다. 그러나 산이 높고 계곡이 깊어 산을 깎아 도로를 개척하고 교량을 가설하면서 행군할 수밖에 없었다. 때로는 수송로가 끊겨 군량이 보급되지 않거나 깎아지른 듯한 낭떠러지에 가로막혀 전진하지 못할 때도 있었다. 그럴 때마다 등애는 행군 대열의 선두에 서서 담요로 몸을 감싸고 골짜기로 굴러 내려가는 시범을 보여 장병들로 하여금 따라하게 했으며, 나무를 잡고 벼랑에 몸을 붙여 엮어 놓은 생선 두름처럼 한줄로 전진하게 하기도 했다. 그리하여 등애 군은 먼저 부현 북방의 요충지인 강유성에 진출할 수 있었다. 이에 그 지역을 수비하던 촉한의 장수 마막은 싸워 볼 생각도 하지 않고 항복했다.

촉한의 위 장군이었던 제갈첨은 이 소식을 듣고 부현에서 부대를 그 후방 지역인 면죽으로 철수시켜 방어 진지를 구축하고 등애 군의 전진을 저지했다. 등애는 자신의 아들인 등충의 부대에게는 제갈첨 군의 우측방을, 사마로 있는 사찬의 부대에게는 좌측방을 공격하게 했다. 그러나 등충과 사찬은 모두 공격에 실패하고 돌아와 등애에게 이렇게 보고했다.

"적의 방어력이 강하여 돌파할 수 없습니다."

이 말에 등애는 크게 노하여 "국가의 존망 여부가 이 일전에 달려 있는데 너희들이 어찌 패했단 말이냐!" 하고는 이들의 목을 베려고 했다. 이에 등충과 사찬은 다시 적진으로 달려가 죽음을 각오하고 결전을 벌였다. 그 결과 등충과 사찬은 촉한 군을 대파하고 제갈첨과 상서 장군등의 목을 베었으며, 촉한 군의 심장부인 광한군으로 진격했다. 위 군이 성도에 임박했다는 소식에 촉한의 황제 후주 유선은 마침내 위에 사신을 보내 항복했다. 결국 위 나라는 촉한을 멸망시켰다.

_《삼국지》〈위서-등애전〉

42 정 전

바를 정(正), 正戰
정규전을 수행하지 않고 어찌 원정을 단행할 수 있겠는가?

당 나라 초기, 돌궐 군이 끊임없이 침입하여 변방 백성들의 안전과 생산에 큰 영향을 끼쳤다.

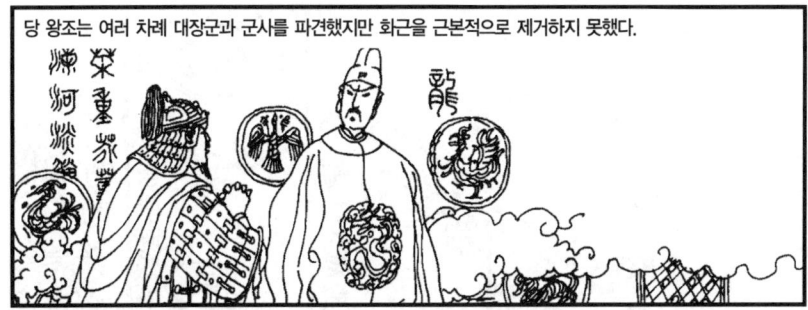
당 왕조는 여러 차례 대장군과 군사를 파견했지만 화근을 근본적으로 제거하지 못했다.

얼마 후, 당 태종은 대장군 이정을 기용하여 돌궐 군을 칠 것을 명했다.

정전(正戰)

　적과 대치한 상태에서 도로가 막히고, 군량이 제대로 보급되지 않고, 계략으로 적을 유인해도 덫에 걸려들지 않고, 뇌물로도 적장을 매수하거나 설득할 수 없는 경우에는 반드시 정규 전법을 사용해야 한다. 정규 전법은 병사들을 정예화하고 병기를 잘 손질하며, 상벌을 분명하게 시행하고 명령 체계를 정확히 확립하여 한 걸음 한 걸음 전진하면서 공격하는 것으로, 이렇게 하면 승리를 거둘 수 있다.
　《당태종·이위공문대》에 '정규전을 수행하지 않고 어찌 원정을 단행할 수 있겠는가?'라고 했다.

　수 나라 말기의 혼란을 틈타 돌궐이 끊임없이 중국 내부로의 침입을 시도했다. 그러나 유목 민족이었던 돌궐은 영토에는 별로 관심이 없고 오직 재물과 백성들을 약탈하는 데만 목적이 있었다. 당 나라가 수립된 이후에도 돌궐의 침입은 계속되었는데, 당의 조정은 그때마다 화친의 맹약(盟約)을 맺고 금과 비단을 보내 회유하곤 했다. 그러나 이에 재미를 들인 돌궐은 번번이 침략해 왔다.
　이세민이 당 태종으로 즉위한 지 얼마 지나지 않아 힐리가한이 이끄는 돌궐의 대규모 기마 부대가 또 남침해 왔다. 하지만 당 태종은 나라의 기초가 튼튼하지 못한 점과 백성들의 생활이 안정되지 못한 점을 들어 이번에도 금과 비단으로 회유하여 돌려보냈다. 이후 태종은 군사 훈련을 강화하여 돌궐의 내부에 변화가 일어나기를 기다렸다.
　한편 돌궐은 힐리가한의 문명화 정책, 징세(徵稅)의 강화 등으로 인해 내부 분열의 조짐이 심화되고 있었다. 설연타, 위홀 등이 반란을 일으켰고, 돌리가한 등은 당에 투항했다. 결국 당과 돌궐 세력간의 균형은 역전되었고 힐리가한은 완전히 고립되었다.

정관 3년, 당은 10여만 명의 대토벌군을 편성했다. 여기에 총사령관 이정을 중심으로 이세적, 시소, 설만철 등의 맹장들을 참여시켰다. 힐리가한의 정벌에 나선 이정은 정예 기병 3천을 거느리고 마읍에서 진출하여 밤에 정양을 습격하여 돌궐을 격파했다.

힐리가한은 이정의 부대가 갑자기 쳐들어오자 크게 놀라 말했다.

"당이 국력을 총동원해 오지 않은 이상 이정이 어찌 감히 외로운 군대로 이곳에 쳐들어왔단 말이냐?"

돌궐의 군사들은 하루에도 여러 차례 놀라 소요를 일으키더니 마침내 병영을 사막으로 옮겼다. 이정이 첩자를 보내 힐리가한의 심복을 이간질하자 결국 힐리가한이 가장 사랑하던 강소밀도 항복해 왔다.

한편 이세적은 운중으로 진출하여 돌궐과 싸워 백도에서 그들을 대파했다. 당 군과의 싸움에서 패전한 힐리가한은 철산으로 도망했는데, 10여 만의 병력이 남아 있었음에도 그 전의를 상실했다. 결국 힐리가한은 당에 자신의 부하인 집실사력을 보내 황제를 뵙고 사죄한 다음, 온 나라가 당에 복종하고 자신이 직접 입조(入朝)할 것을 청했다. 이에 태종은 홍로경 당검을 보내 힐리가한을 위로하고, 이정에게 조서를 내려 군사를 거느리고 힐리가한을 맞이하게 했다.

그러나 사실 힐리가한은 겉으로는 공손한 척했으나 속으로는 사태를 관망하면서 풀이 무성하고 말이 살찌기를 기다려 사막의 북쪽으로 도망하려는 속셈을 품고 있었다. 이에 이정은 군사를 이끌고 이세적의 군대와 백도에서 만나 서로 상의했다.

"힐리가한이 비록 패하기는 했어도 아직 힘이 강성하여, 만일 사막의 북쪽으로 도망해 간다면 토벌하기가 매우 어려울 것이다. 지금 황제의 칙사인 당검이 저곳에 있으니, 오랑캐들은 반드시 마음을 놓고 있을 것이다. 우리가 만일 정예 기병 1만 명을 동원하여 20일분의 군량을 휴대하고 저들을 습격한다면 싸우지 않고도 사로잡을 수 있을 것이다."

그런데 장공근이 이 계획에 이의를 제기했다.

"황제께서 조서를 내려 이미 그의 항복을 허락했고, 사신이 저들 지역에 있는데 어찌 공격한단 말입니까?"

이에 이정은 "이는 옛날 한신이 제 나라를 격파한 방법이다. 당검의 무리를 어찌 아낄 수 있겠는가?"라고 대답했다.

이정은 마침내 군사를 동원하여 밤중에 출발하면서 이세적의 부대로 하여금 그 뒤를 따르도록 했다. 당 군은 음산에 이르러 1천여 개에 이르는 돌궐 군의 막사를 발견하고는 그곳에 있던 군사들을 사로잡은 다음, 부대를 편성하여 따르게 했다.

힐리가한은 황제의 칙사인 당검이 온 것을 보고는 크게 기뻐하며 안심했다. 그러나 이미 이정은 소정방에게 2백여 명의 기병을 거느리고 선봉으로 안개가 낀 틈을 타 쳐들어가게 해 놓은 상태였다. 오랑캐들은 당 군이 돌궐의 근거지가 있는 곳에서 7리쯤 떨어진 곳까지 진출한 뒤에야 비로소 그 사실을 알았다. 이에 힐리가한은 천리마를 타고 먼저 도주했고, 이정의 군사가 뒤따라 도착하자 돌궐 군은 마침내 궤멸되고 말았다.

한편 당검은 겨우 몸을 빠져나와 당 나라로 돌아왔다. 이정은 돌궐 군 1만여 명의 목을 베고 남녀 10만 명을 포로로 잡았으며 수십 만의 가축을 노획했다.

힐리가한은 1만여 명을 거느리고 사막을 건너려 했으나, 이세적의 부대가 사막 어귀에 주둔하고 있어서 사막을 건널 수가 없었다. 이에 힐리가한의 대추장들은 모두 군사를 거느리고 당 군에 항복했고, 이세적은 오랑캐

5만여 명을 포로로 잡아 돌아왔다.

간신히 몸을 피한 힐리가한은 영하 방면의 소니실 부족에게 몸을 의탁했지만 임성 왕 이도종(李道宗, 600~653)의 핍박을 받은 소니실에 의해 결국 당 군에 인계되었다. 힐리가한이 장안으로 압송되어 오자 태종은 그의 죄를 문책하는 한편 숙사를 제공하여 후하게 대접했다.

태상황으로 은거 생활을 하던 당의 고조는 이 소식을 듣고 "옛날 한 고조는 백등산에서 흉노에게 갖은 고초를 당하고도 보복 한번 제대로 하지 못했는데, 우리 아들이 돌궐을 멸망시켰다. 얼마나 훌륭한가! 태종에게 일을 맡기면 나는 근심할 것이 하나도 없다"면서 크게 기뻐했다.

고조는 곧 태종과 대신들을 불러 궁중에서 축하연을 베풀었다. 거나하게 취한 고조가 몸소 비파를 뜯었고 태종은 일어나 춤을 추며 밤이 새도록 흥겹게 즐겼다.

연회 도중 돌궐을 비롯한 여러 변방의 추장들은 태종에게 천가한(天可汗)이라는 존칭을 바쳤다. 그러자 태종이 웃으며 대답했다.

"나는 대당의 천자인데 또다시 격상되어 가한의 일을 행한단 말인가?"

이에 여러 신하들과 오랑캐들이 모두 만세를 불렀다.

그 뒤로 당 태종은 서북 지방 오랑캐의 군주와 추장들에게 옥새가 찍힌 글을 내릴 때마다 천가한의 명칭을 사용했다. 천가한이라는 존칭은 유목 세계의 최고 지도자라는 의미로, 이후 당이 이민족의 북방의 추장에게 내리는 사령장에는 대당 황제라는 서명 외에 천가한이라는 칭호도 함께 기입하게 되었다.

_《구당서》〈이정전〉

허 전

빌 허(虛), 虛戰
적이 감히 아군과 싸우려 들지 못하는 것은 아군이 적의 공격 목표를 다른 곳으로 유도하기 때문이다.

삼국 시대 때 제갈량이 군사를 이끌고 양평관에 주둔하고 있었다. 그는 위연을 보내 대군을 통솔, 동정하도록 하고 자신은 1만여 명의 병력으로 관을 지켰다.

이때 위의 사마의가 20만의 군사를 이끌고 양평관으로 쳐들어왔다.

양평관에서 50여 리 정도 떨어졌을 때 정찰병이 와서 보고했다.
"지금 양평관에는 병력이 없습니다."
이에 사마의는 크게 기뻐하며 부대를 신속히 전진시켰다.

제갈량은 매우 침착했다.
"깃발과 북을 내리고 성문을 활짝 열어라!"

허전(虛戰)

적과 대전함에 있어 아군의 형세가 약할 경우에는 아군의 군세가 강대한 것처럼 가장하여 적으로 하여금 아군의 허실을 정확히 파악하지 못하게 하고, 아군을 가볍게 여겨 함부로 싸우려 들지 못하게 해야 한다. 그러면 아군의 병력을 온전히 보전할 수 있을 것이다.

《손자병법》에 '적이 감히 아군과 싸우려 들지 못하는 것은 아군이 적의 공격 목표를 다른 곳으로 유도하기 때문이다' 라고 했다.

해설

서기 231년 3월, 촉한의 승상 제갈량은 양평관에서 위연 등 여러 장수들로 하여금 주력군을 이끌고 출동하여 동부 지역의 위 군을 공략하게 하고, 자신은 잔여 병력 1만여 명을 거느리고 성을 지키고 있었다.

이때 위 군의 대장 사마의가 20만 대군을 이끌고 촉한 군과 싸우기 위해 남하했다. 그러나 촉한의 위연 휘하 주력 부대는 길이 엇갈리는 바람에 사마의 군의 남하를 저지하지 못하고 말았다. 그리하여 사마의는 곧바로 양평관으로 진출하여 제갈량의 수비대와 불과 60여 리 떨어진 지점까지 접근할 수 있었다.

양평군에 도착하여 촉한 군의 동정을 정탐한 위의 척후병은 양평관의 성 내에 제갈량 군의 잔류 병력이 많지 않고, 역량도 약하다고 보고했다.

제갈량 역시 사마의 군이 곧 양평관으로 박두할 것을 예상하고 있었다. 그래서 제갈량은 병력이 우세한 위 군과의 정면 격돌을 우려하여 양평관을 버리고 위연의 군과 합류하려고 했으나, 거리가 너무 먼데다 적의 대군과 당면한 상황이라 쉽사리 움직일 수가 없었다. 그로 인해 성내에 남아 있는 촉한 군의 장병들은 모두 사색이 되어 어찌할 바를 몰랐다.

그러나 제갈량은 태연자약 평소와 다름이 없었다. 그는 성중에 명령을 내려 성 위에 꽂아 놓은 모든 깃발을 눕히고, 전투 태세로 북틀에 걸어 놓았던 북도 땅에 내려놓게 한 다음, 장병들이 영내에 함부로 나다니지 못하게 했다. 그리고는 사면의 성문을 활짝 열어 병사들로 하여금 성문 앞에 물을 뿌려 한가롭게 청소하게 했다. 그리고 자신은 성루에 올라가서 단정히 앉아 금을 뜯었다.

위 군을 이끌고 양평관에 접근한 사마의는 평소 제갈량이 용병에 신중을 기하는 인물이라 믿고 있었다. 그런데 도리어 제갈량이 허술한 모습을 보이자 제갈량이 다른 병력을 매복시켜 놓고 일부러 약한 것처럼 기만하여 자신을 유인하려는 작전이 아닌가 의심했다. 결국 사마의는 군을 북산으로 이동시키고 양평관을 공격하지 않았다.

다음 날, 위기를 넘긴 제갈량이 아침 식사 때 참모들과 박수를 치며 말했다. "사마의는 내가 약한 것처럼 꾸며 놓고 강력한 부대를 따로 매복해 두었다고 판단하여 분명 산 아래로 퇴각했을 것이다."

촉한 군의 척후병은 제갈량이 예상한 대로 사마의 군이 퇴각했음을 보고했다. 그 후, 제갈량에게 기만당한 사실을 안 사마의는 무척 후회했다. 후세 사람들은 제갈량의 이 고사를 두고 '공성지계(空城之計)'라 불렀다.

_《삼국지》〈촉서-제갈량전〉

실 전

실제 실(實), 實戰
적의 군세가 견실할 때는 방비를 철저히 하라.

우금이 군대를 이끌고 도달하자 촉은 강물을 막고 있던 모래 주머니를 치웠다. 그러자 일시에 홍수가 나 모두 다 아래로 떠 내려갔다.

위 군은 대부분이 북방 인으로 물에 익숙지 못했다. 홍수를 만나자 인마의 태반이 강물에 빠져 죽었다.

우금은 할 수 없이 투항했고, 대장 방덕은 사로잡혔다.

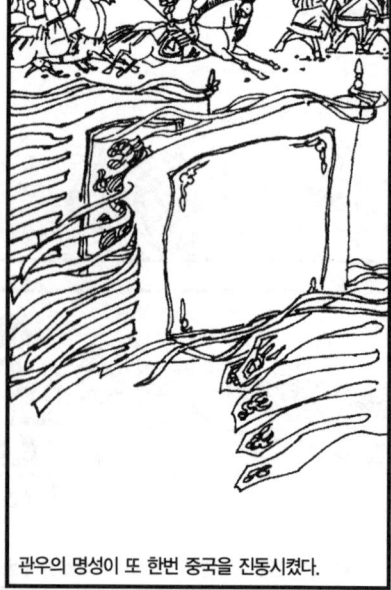

관우의 명성이 또 한번 중국을 진동시켰다.

실전(實戰)

 적과 대전할 때 적의 군세가 견실하다면 아군의 전열을 정비하고 군기를 엄중히 단속하여 적의 침공에 대비해야 한다. 이렇게 하면 적이 가볍게 움직이지 못할 것이다.
 《손자병법》에 '적의 군세가 견실할 때는 방비를 철저히 하라'고 했다.

 서기 219년경, 촉한의 소열제 유비는 관우를 전장군으로 임명하여 강릉에 진주하게 했다. 관우는 일부 병력을 강릉에 잔류시켜 공안과 남군을 지키게 하여 오 군의 침공에 철저히 대비하도록 한 다음, 자신은 번성을 수비 중인 위 나라의 장 조인 군을 공격하기 위해 출동했다.
 이에 위 왕 조조는 급히 장군 우금 등을 보내 조인의 군을 구원하게 했다. 그러나 때는 가을로, 큰비가 내려 한수가 범람했다. 결국 우금이 지휘하던 7군은 홍수에 전몰되어 관우에게 항복했고, 부장 방덕은 죽임을 당하고 말았다. 이에 더하여 양, 협, 육혼 지방에 웅거하던 민중들 역시 모두 관우에게 항복하여 촉한의 관직을 받고 관우의 세력하에 들어갔다. 이에 관우의 용맹이 다시 한번 중국 천하에 진동했다.

_《삼국지》〈촉서-관우전〉

■ 보충 설명

 그렇지만 우리가 반드시 알아야 할 사실은, 관우가 주력 부대를 이끌고 조인을 공격하여 조 군과 번성에서 교착 상태에 빠져 있는 동안 강릉 후방 지역을 무방비 상태에 처하게 만들었다는 점이다. 게다가 관우는 잠깐의 승리에 교만해져서(제21편 참조) 동오의 손권이 형주를 호시탐탐 노리고 있었음에도 불구하고 경계와 방비를 게을리했다. 이는 결국 조조에 의해 손권과 유비의 연맹이 파괴되는 결과와 뒷날 오 군이 형주를 급습하여 탈취하는 틈을 만들어 주었다. 때문에 관우가 비록 전술상으로는 승리했다 하더라도 전략상으로는 큰 실수를 범하고 만 것이다. 그 결과 관우는 결국 형주를 상실하고 맥성으로 패주하는 비참한 결과를 맞이했다. 역사를 보는 우리는 반드시 이를 교훈으로 삼아야 할 것이다.

경 전

가벼울 경(輕), 輕戰
용기만 있고 계책이 없다면 반드시 가볍게 싸우려 들 것이다. 그러나 적을 가볍게 보고 싸운다면 절대 유익한 바가 없다.

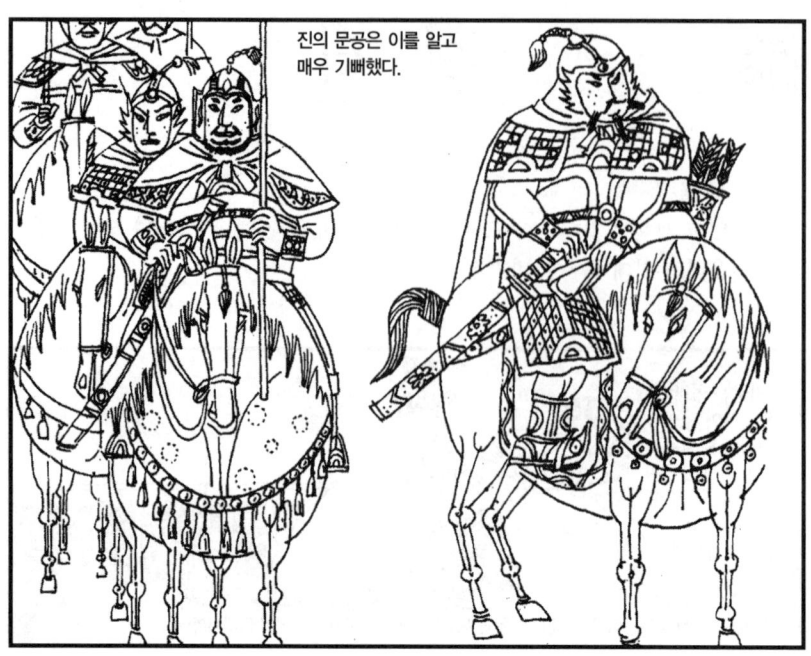

경전(輕戰)

　적과 대전할 때는 반드시 적의 정황을 자세히 파악하고 주도면밀하게 계획을 세운 다음 군대를 출동시켜야 한다. 만약 적의 형세를 파악하지 않고 진격하거나 사전에 치밀한 작전 계획과 모략 없이 맹목적으로 싸운다면 적의 공격을 받아 패하고 말 것이다.

　《오기병법》에 '용기만 있고 계책이 없다면 반드시 가볍게 싸우려 들 것이다. 그러나 적을 가볍게 보고 싸운다면 절대 유익한 바가 없다'고 했다.

　춘추 시대인 BC 632년경, 진 나라의 문공이 군을 출동시켜 초 군과 싸웠다. 문공은 초의 장수인 자옥의 성질이 과격하고 편협하다는 사실을 알고 초에서 사자로 보낸 완춘을 억류, 자옥을 자극하여 그의 노여움을 유발했다.

　자옥은 분노한 나머지 초 나라 성 왕의 경고를 잊고 송 나라에 대한 포위를 풀고 군사를 돌려 진 문공의 군대를 쫓아 결전을 촉구했다. 그러나 진 문공은 전 군에게 영채를 거두어 90리 북방으로 퇴각하라는 명령을 내렸다. 초 나라의 장병들은 진 군이 싸우지도 않고 퇴각하자 추격하지 않으려 했으나, 주장 자옥은 이들의 건의를 물리치고 기어이 진 군을 뒤쫓아 북상했다.

　그해 4월 1일, 진의 문공과 송의 성공, 제 나라 장수 국귀보와 최요, 진 나라 장수 소자은으로 구성된 연합군은 성복 전투에서 자옥의 초 군을 대파했다.

_《좌전》〈희공28년〉

■ 보충 설명

이 전례는 유명한 '성복의 전투'로, 춘추 시대 때 진과 초, 양 제후국이 중원의 패권을 놓고 격돌한 의미 있는 전쟁이다. 당시 쌍방의 전력을 비교해 보면 초 군이 진에 비해 확실히 우세했다. 그렇지만 결과는 초가 패하고 진이 승리했다. 초 군이 실패한 가장 큰 이유는 작전상 계획이 치밀하지 않았고 요행으로 승리를 취하려 했기 때문이다. '계획이 없으면 나가 싸우지 않는다'는 원칙을 위반한 전형적인 사례이다.

초 군의 대장 자옥은 교만하여 적을 가벼이 여기고 고집불통으로 남의 말을 듣지 아니하며 기량이 협소하고 성정이 조급했다. 진의 문공은 자옥의 이런 치명적인 약점을 적절히 이용하여 전쟁을 승리로 이끌었다.

46 중 전

무거울 중(重), 重戰
군이 움직이지 않을 때는 마치 태산처럼 무겁게 행동하고, 가볍게 움직이지 말아야 한다.

춘추 시대 때 진의 대장 란서가 군사를 이끌고 초 나라를 토벌했다.

초 국의 부대도 진세를 잘 포진하여 진 군을 맞아 공격했다.

진 군의 부장 범사언은 '공격에는 공격'으로 대응할 것을 주장했다.

란서는 초 군이 안정되지 않았음을 알고는 기회를 기다렸다 신중히 공격해야 한다고 생각했다.

3일 후, 과연 초 군은 철수하기 시작했고 진 군은 이 기회를 노려 초 군을 공격했다.

진 군은 전승을 거두었다.

중전(重戰)

적과 대전할 때는 신중히 행동하여 승산이 확실할 때만 출병하고, 유리하지 않다면 출병을 중지하고 절대 경솔하게 행동해서는 안 된다. 이와 같이 하면 군이 곤경에 빠지지 않을 것이다.

《손자병법》에 '군이 움직이지 않을 때는 마치 태산처럼 무겁게 행동하고, 가볍게 움직이지 말아야 한다'고 했다.

| 사례 1 |

춘추 시대인 BC 575년 6월, 진의 대장 란서(欒書, ?~BC 573)가 진 나라 역공의 명령을 받아 초 나라를 공격했다. 하남성 언능 서북쪽에서 양군이 개전하자 초군은 진을 밀어붙일 형세로 막강한 진형을 형성했다. 신속하고 맹렬한 초 군의 진세에 진의 장병들이 매우 불안해하자 부장인 범사언(범문자의 아들)이 건의했다.

"즉시 우물을 메우고 부뚜막을 부순 다음 이곳에 전투 대형을 편성하여 진격 준비를 하십시오. 진과 초, 양국은 모두 하늘이 내린 국가입니다. 무엇을 걱정하십니까?"

그러나 범문자는 이 말에 화를 내며 무기를 든 채 말했다.

"국가의 존망은 하늘의 뜻입니다. 애들이 무엇을 알겠습니까?"

이에 란서가 말했다.

"관찰하건대, 초 군은 경망스러워 그 무게가 없다. 우리가 신중하게 영채를 굳게 지키고 방비를 강화해 놓고 기다린다면 사흘이 안 되어 퇴각할 것이다. 그때 추격하여 섬멸하면 반드시 승리한다."

부장 극지(郤至)가 듣고 말했다.

"지금 초 국에는 우리가 이용할 만한 여섯가지 빈틈이 있습니다. 그냥 앉아서 이 좋은 기회를 놓칠 수는 없습니다. 먼저 공자 자반과 자중이 서로 반목하고 있고, 초 왕의 친위군은 구귀족의 자제들로 구성되어 있으며, 정국의 군대가 펼친 진세가 엄정하지 않습니다. 또한 만이는 군대가 있지만 포진시킬 줄을 모르고 포진할 때도 그믐날을 피하지 않고, 모름지기 진세가 고요해야 하는데 병사들이 크게 떠들썩하여 소란이 그치지 아니합니다. 게다가 초 군은 각군이 서로 관망하며 의뢰심을 가지고 있으며 전투 의지가 없습니다. 구귀족 출신의 병사들이라 전투력도 우수하지 않고, 그믐날 출병하여 포진하는 하늘이 꺼리는 규칙마저 반했으니 우리가 저들을 맞아 싸운다면 반드시 이길 수 있습니다."

진의 역공은 극지의 건의를 받아들여 언릉 땅에서 초 군을 대파했다.

_《좌전》〈성공16년〉,《국어》〈진어6〉

■ 보충 설명

당시 진 군 내에는 세 가지 주장이 분분했다.

첫째는 중군부장 범문자의 주장으로, 그는 '보기에 평온한 것은 반드시 내부도 충만하다' 는 말로 강력하게 싸우지 말 것을 주장했다.

둘째는 중군의 주장인 란서의 의견으로, 그는 진영을 굳게 지키며 기다렸다 나중에 공격하자는 입장이었다.

셋째는 부장 극지의 주장으로, 그는 초 군 장수들간의 불화와 진을 펴는 데 있어서의 혼란, 병사들의 관망, 기율의 해이, 병사들의 투지 부족 등 여섯 가지 큰 약점을 분석하여 그 틈을 타서 속전속결할 것을 주장했다.

한편 범문자의 아들인 범사언은 우물을 폐쇄, 아궁이를 부수고 진세를 펼쳐서 초 군을 격파해야 한다고 주장했다. 이것은 확실히 극지의 주장과 일치되는 주장이었다.

진 군의 최고 통수권자인 역공은 이들이 상술한 주장을 비교한 뒤에 극지의 주장과 범사언의 계책을 받아들여 언릉에서 초 군을 꺾고 승리를 거두었다. 표면적으는 극지 등의 속전속결하자는 주장이 신중치 않아 보이지만, 진은 이미 속전할 객관적인 조건과 유리한 시기를 갖추고 있었기 때문에 더 이상 미루지 않고 과감하게 속전속결의 방침을 정할 수 있었다. 이것은 무조건 경솔하게 움직인 것이 아니라 지극히 타당한 진중함이라고 말할 수 있다. 바로 이 점이 진 군이 초와 정의 연합군에게 승리한 주요 원인이 되었다.

| 사례 2 |

서기 1130년경, 송의 장군인 악비(岳飛, 1103~1142. 남송의 명장으로 진회의 모함으로 반역죄의 누명을 쓰고 죽임을 당함. 사후 악 왕으로 추봉되었으며 그의 충성심은 중국 역대의 사표가 되고 있다)는 부대원들이 휴식을 취할 때도 가파른 언덕을 달리게 하고 참호에서 뛰쳐나와 접전하는 훈련을 시켰으며, 훈련 중에도 항상 무거운 갑옷을 입게 했다.

한번은 그의 아들인 악운이 언덕을 달리는 기마 훈련을 하다가 실수로 말에서 거꾸러지자 그 자리에서 자식의 목을 베려 했으며, 병사 가운데 민가의 삼을 가져다가 말먹이 풀을 묶은 자가 보이자 즉석에서 그의 목을 베기도 했다. 그리하여 악비 군이 밤에 노천에서 야영을 할 때면 백성들이 고생하는 병사들을 재워 주려고 해도 감히 민가에 들어가는 병사가 없었다. 이 때문에 악비의 군은 얼어죽어도 땔감을 마련하기 위해 민가를 부수지 않고, 굶어죽어도 민가의 식량을 노략질하지 않는 군대로 소문이 나게 되었다.

악비는 병사 가운데 병을 앓는 자가 있으면 몸소 약을 조제해 주고, 먼 곳으로 파견나가는 장수가 있으면 자기 아내를 그의 집으로 보내 가족을 위로하게 했다. 또한 전사자가 생기면 그를 위해 통곡하고, 유자녀를 양육해 주며, 자기 자식에게 전사자의 딸을 아내로 맞아들이게 하기도 했다. 나라에서 위문품을 내려 주거나 장병들을 위한 잔치를 베풀어 줄 때는 언제나 군사와 군리들에게 음식을 골고루 나눠주고 추호도 사사로이 물건에 손을 대지 않았다.

또한 그는 소수의 병력으로도 다수의 적을 곧잘 공격했는데, 전투에 임하기 전에는 항상 모든 지휘관을 불러 작전을 논의하여 결정한 다음에야 싸웠으며, 결코 독단으로 군무를 처리하지 않았다. 이 때문에 악비는 항상 승리를 거둘 수 있었으며 갑작스런 적의 침공에도 조금도 동요하지 않았다. 이에 송의 적국인 금 나라 사람들은 '태산을 움직이기는 쉬워도 악비의 군을 움직이기는 어렵다' 고 말했다.

이 전

이로울 이(利), 利戰
적이 이익을 탐한다면 작은 이익으로 적을 유인하라.

초 군이 30여 명의 군사를 나무꾼으로 위장시켜 보내니, 과연 교의 병사들은 이들을 잡아갔다.

이어서 초 군이 더 많은 병사를 보내 나무를 베게 하자 교의 군사들은 앞을 다투어 초 나라 사람들을 추격했다.

초 군은 신속히 그들의 퇴로를 차단하고 산중에 매설한 복병으로 하여금 사면에서 협공하여 교 군을 대파했다.

이전(利戰)

　적과 대전할 때 적장이 우매하고 고지식하여 변화를 잘 알지 못한다면 작은 이익을 이용하여 적을 유인하는 방법을 쓰면 된다. 어리석은 적장이 작은 이익을 탐하여 그 뒤에 큰 해가 있다는 것을 알지 못할 때는 군사를 미리 매복시켜 두었다가 습격을 가하면 반드시 적을 격파할 수 있을 것이다.
　《손자병법》에 '적이 이익을 탐한다면 작은 이익으로 적을 유인하라'고 했다.

　춘추 시대인 BC 700년경, 초 나라가 교 나라를 공격했다. 양군은 교성의 남문에서 대치했으나 교 군은 성문을 굳게 닫고 수비로 일관했다. 이를 본 초 나라의 막오 굴하(屈瑕)가 초 왕에게 건의했다.
　"교 나라는 약소국이면서도 국민성이 경솔하고 지모(智謀)가 모자랍니다. 청컨대 대왕께서는 일부 병사들을 나무꾼으로 변장시켜 교 군을 유인한 다음, 매복시킨 군으로 하여금 적을 섬멸하게 하십시오."
　초 왕은 굴하의 건의를 받아들여 일부 병사들로 하여금 나무꾼으로 가장하여 산에 올라가 나무를 해 오라고 시켰다. 그리고는 돌아오는 길에 일부러 교 군을 자극하여 그들이 성에서 나와 나무를 빼앗아 가게 했다. 단 하루 동안에 교 군은 나무꾼으로 변장한 초 군을 30명이나 잡아 나무를 빼앗았다.
　이어 초 군은 산 아래에 미리 복병을 설치해 놓고 성 북문에 병력을 배치하여 교성과의 연계를 차단하도록 조치했다. 다음 날도 교 군은 앞을 다투어 나무꾼으로 변장한 초 군을 잡기 위하여 성을 나왔다. 교성 북문 밖 산

속에 매복해 있던 초 군은 교 군이 쫓아오자 일제히 일어나 기습을 가했다. 다른 한 부대는 퇴로를 끊어 산란하고 방비가 허술한 틈을 타서 성을 맹렬히 공격했다. 그 결과 초의 무 왕은 교의 항복을 받고 철수했다.

_《좌전》〈환공12년〉

■ 보충 설명

성을 굳게 닫고 수비만 하던 처음의 교 나라는 초 군이 아무리 강한 공격을 퍼부어도 끄떡하지 않는, 그야말로 철옹성이었다. 교 나라가 그렇게 몇 달을 끌었더라면 초 군은 승리할 수 없었을 것이다. 그런데 막오 굴하가 성내에 땔감이 부족하다는 사실을 알고 땔감으로 적을 유인하자 교 군은 그 미끼에 걸려들고 말았다. 결과는 예상을 빗나가지 않았다. 교 군이 낚싯바늘에 걸려든 것은 당시 성내에 땔감이 부족했기 때문이다. 이런 상황에서 나무꾼으로 변장한 초 군이 병사들의 호위도 받지 않은 채 삼삼오오 산에 나무를 하러 나오는 모습을 보자 교 군은 저들의 나무를 빼앗으면 된다는 생각을 했다. 초의 무 왕은 며칠 동안은 땔감, 옷, 식량 따위를 빼앗아 가도록 그냥 내버려두었다. 그렇게 되자 교 군의 배짱은 갈수록 커졌다. 그들은 보잘것없는 눈앞의 이익 때문에 이성이 흐려져, 초 군의 행동을 깊이 생각하지 않았다. 그로 인해 나라가 망했으니 이 어찌 슬픈 일이 아니랴!

이해 관계는 언제나 긴밀하게 얽혀 있다. 이익 그 자체에는 손해가 잠재해 있게 마련이고, 그 반대도 마찬가지다. 이처럼 이익에도 크기가 있고 손해에도 경중이 있으므로 반드시 전체적인 모습을 잘 고려하고 저울질하여, 이익이 크고 손해가 작으면 실행에 옮기고 그렇지 않으면 섣불리 움직이지 말아야 한다. 손자는 이를 두고 '지혜로운 자의 생각은 언제나 이해 관계와 맞물려 돌아간다'는 말로 요령 있게 압축하고 있다.

행동에 앞서서 이해의 두 측면을 주도면밀하게 살펴 무조건 공격하는 것을 최대한 줄이고 밑천을 갉아먹는 행위는 아예 하지 않거나 부득이 하더라도 최소한으로 줄여야 한다. 이해 관계가 복잡한 전쟁터에서 적을 어떻게 유인하고, 어떤 방법으로 섬멸할 것이며, 어떻게 이익을 추구하고, 손해를 피할 것인가 등의 문제는 오래된 것들이긴 하나 오늘날에도 여전히 현실적인 과제가 아닐 수 없다.

해 전

해칠 해(害), 害戰
적이 국경선을 넘어 감히 침공하지 못하는 것은, 침입할 경우에 자신들이 곤란해지고 상대가 방어하고 있기 때문이다.

당 나라 중종 때 삭방군의 총관 사탁충의가 돌궐 군에 패하자 조정에서는 장인원을 보내 교체했다.

장인원이 도임해 보니 적군이 막 철수하고 있었다. 이에 장인원은 밤중에 적을 추적, 습격하여 돌궐 군을 대파했다.

삭방의 주둔군과 돌궐 군은 처음으로 황하를 경계 삼았다. 돌궐의 수령 묵철이 병력을 보내 서돌궐을 공격하니, 황하의 이북 지방이 공허해졌다.

아주 좋은 기회다!

장인원은 이 허점을 노려 돌궐로 쳐들어가 수항성을 축조하고, 적의 남침 도로를 차단해야 한다고 건의했다. 그러나 대신 당휴경은 이에 찬성하지 않았다.

해전(害戰)

　국경에서 적과 대치하고 있는 상황에서 적이 아방의 경계를 넘어 변방 백성들을 교란시킬 경우에는 요해지에 복병을 매설하거나 장애물을 쌓아 요격하면 적이 가볍게 침입하지 못할 것이다.
　《손자병법》에 '적이 국경선을 넘어 감히 침공하지 못하는 것은, 침입할 경우에 자신들이 곤란해지고 상대가 방어하고 있기 때문이다' 라고 했다.

　당 나라 중종 때인 서기 707년, 삭방군의 총관인 사타충의가 돌궐 족에게 패하자, 조정에서는 장인원(張仁愿)을 어사대부로 삼아 사타충의의 후임으로 임명했다. 장인원이 현지에 부임해 보니 돌궐 족이 철수하고 있었다. 이에 장인원은 군을 이끌고 추격하여 야습을 가하여 돌궐 족을 크게 격파했다.
　이 사태가 일어나기 전, 당의 삭방군은 황하를 경계로 돌궐 군과 대치하고 있었는데, 강의 북쪽에는 불운사라는 사당이 있었다. 돌궐 군은 당 나라의 변방을 침범할 때마다 먼저 불운사를 찾아가 신령에게 기도를 하고 제사를 올리는 예식을 거행한 다음에야 병력을 이끌고 황하를 건너 남하했다.
　장인원이 막 부임했을 때 돌궐의 가한이었던 묵철은 병력을 총동원하여, 당으로 귀화한 족속인 돌기시를 공격했다. 장인원은 묵철이 돌기시 족을 공격하는 틈을 타 고비 사막 이남 지역을 탈취했다. 그리고는 황하 유역에 3개의 수항성을 쌓아 돌궐의 남침로를 차단할 것을 조정에 건의했다. 그러나 이 요청은 상서우부사 당휴경의 반대에 부딪혔다. 그는 "한 나라 이래로 북방의 국경은 황하를 경계로 삼아 황하의 남부 지역만 지켜 왔습니다. 그런데 이제 우리가 적의 중심부에 성을 쌓는다면 그 성은 끝내 적의 소유가 되고 말 것입니다"라면서 반대 의사를 표시했다.

그러나 장인원은 이 같은 조정 대신들의 반대에도 불구하고 거듭 황하 북방 돌궐 지역의 축성 사업을 건의하여 황제의 허락을 받아 냈다. 그런 다음 다시 조정에 표문을 올려 복무 기간이 만기된 병사들의 복무 연한을 연장시켜 축성 공사에 종사해 줄 것을 요청했는데, 이 역시 황제의 윤허를 받았다. 축성 사업을 진행하는 동안, 함양에 배치되어 있던 병사 2백 명이 도망하는 사건이 발생했다. 이에 장인원은 그들 탈주병을 모두 잡아들여 성 아래에서 참수했다. 그때부터 군사들은 장인원을 몹시 두려워하여 축성 공사에 전력을 다했다. 그 결과 단지 60여 일 만에 3개의 축성이 완료되었다.

장인원은 불운사가 있는 곳을 중 수항성으로 삼아 남쪽으로 삭방군에 연결되도록 하고, 서 수항성의 남쪽은 영무진에, 동 수항성의 남쪽은 유림진에 각각 연결되도록 했다. 이 성채들간의 거리는 각각 4백여 리나 되었고, 이들 세 보루의 북쪽은 모두 사막의 불모 지대로서, 그곳을 거점으로 삼아 멀리 3백 리까지 영토를 개척할 수 있었다. 또 우두조나산의 북방 요지를 연결하는 봉화대 1천8백 개소를 설치하여 돌궐 족의 침입을 알리는 체계를 구축했다.

그 후 돌궐은 감히 음산을 넘어 가축을 방목하지 못하게 되었고, 삭방 지구의 안전은 더욱 강화되었다. 이렇게 하여 당 나라는 일 년에 수억 전씩 소요되던 국방 경비를 크게 절감했고, 변방의 수비 병력도 수만 명이나 감축할 수 있게 되었다.

_《구당서》〈장인원전〉

안 전

편안 안(安), 安戰
땅이 평탄하면 돌이 구르지 않듯이 수비가 안정되어 있으면 적이 움직이지 못한다.

삼국 시대 때 촉의 승상이었던 제갈량이 군사를 이끌고 위수의 남안에 주둔했다. 이에 위의 사마의는 군대를 이끌고 남쪽으로 가 위하를 건너 주둔하면서 촉 군을 방어했다.

얼마 후 제갈량은 서쪽 오장원에 주둔했다. 그러던 어느 날, 유성 하나가 촉의 진영으로 떨어졌다. 이를 본 사마의는 촉이 반드시 패하리라 믿었다.

위 왕 조예가 사마의에게 신중을 기하라고 충고했다.

제갈량은 여러 차례의 도전에도 뜻을 이루지 못하자 사람을 보내 여자들의 장식품을 사마의에게 전달했다.

안전(安戰)

원거리에서 침공한 적의 예기가 충만하다면, 적으로서는 속전하는 것이 유리하다. 아군은 진지 주변에 못을 깊이 파고 보루를 높이 쌓아 안정된 상태에서 수비로 일관하여, 적의 기세가 꺾이고 피로해지기를 기다려야 한다. 만일 적이 고의적으로 트집을 잡아 싸움을 걸어오더라도 결코 경거망동해서는 안 된다.

《손자병법》에 '땅이 평탄하면 돌이 구르지 않듯이 수비가 안정되어 있으면 적이 움직이지 못한다'라고 했다.

서기 234년경, 촉한의 승상 제갈량이 위 나라를 침공하고자 10만의 대군을 거느리고 사곡에서 출병하여 위수의 남쪽에 진을 쳤다.

이에 위 나라는 대장 사마의를 보내 방어군을 편성하고 제갈량의 군을 막아내게 했다. 위 나라 장수들이 위수의 북쪽에 진을 치고 있다가 제갈량 군을 요격하려고 하자 사마의가 반대하며 말했다. "백성들과 군수 물자가 모두 위수의 남쪽에 있으므로 이곳은 피아(彼我)간에 서로 확보하려고 다투게 될 중요한 지역이다."

사마의는 부대를 위수의 남안으로 도하시키고, 위수를 등지게 하여 배수진을 친 다음, 여러 장수들에게 이렇게 확언했다. "만일 제갈량이 용기가 있는 자라면 마땅히 북의 무공 지역으로 진출하여 산을 끼고 동쪽으로 진격해 올 것이다. 그렇게 되면 우리가 위험에 빠질 것이나 만일 오장원으로 진격해 온다면 우리 군이 저들을 무난히 격파할 수 있을 것이다."

과연 제갈량은 사마의의 예측대로 오장원으로 진격했다. 이때 장수를 상징하는 큰 유성이 제갈량 군의 진영으로 떨어졌다. 이를 본 사마의는 제갈량 군의 공격이 실패할 것이라고 확신했다. 당시 위 나라의 조정에서는 제갈량이 대병을 이끌고 원거리를 온데다 속전속결이 제갈량에게 유리하다는 판단 아래 사마의로 하여금 진지를 굳게 지키고 제갈량 군의 내부에 상황이 바뀔 때까지 기다리라고 명했다. 이 때문에 사마의는 여러 차례에 걸친 제갈량의 도전에도 일절 나가 싸우지 않았다.

이에 제갈량은 사마의에게 여인들이 쓰는 머리 수건 등의 물건을 보내며 사마의를 조롱하고 사마의의 감정을 격발시키려 했다. 그러나 사마의는 시종 진영을 굳게 지키기만 할 뿐 단 한 번도 출전하지 않았다.

사마의의 아우 사마부가 편지를 보내 이렇듯 수모를 당하면서도 출전하지 않는 이유를 묻자 사마의가 다음과 같이 회신을 보냈다.

"제갈량은 뜻이 원대하지만 시기를 선택할 줄 모르고, 지모는 많으나 과단성이 부족하며, 병법을 좋아하긴 하나 임기응변에 약하다. 그는 지금 비록 10만의 대병력을 보유하고 있으나 도리어 내 술책에 넘어갔으니 우리는 반드시 제갈량 군을 격파할 것이다."

제갈량은 사마의 진영에 사자를 보냈다. 사마의는 제갈량이 보낸 사자를 만나 제갈량의 침식과 사무의 번거로움, 간편함 등만을 물었을 뿐 군사에 대해서는 일체 언급하지 않았다. 그러자 사신이 말했다. "승상은 아침 일찍 일어나고 밤늦게 잠자리에 들며 군사들을 처벌하는데 그 죄가 20대 이상이면 직접 처리하고 있으나, 식사량은 하루 몇 되에 지나지 않습니다."

사마의가 그 말을 듣고 혼자 말했다. "제갈량이 먹는 것은 적고 일은 번거로우니 어찌 오래 살 수 있을까?"

과연 사마의 군과 제갈량 군이 대치한 지 1백여 일 만에 제갈량은 군중에서 병으로 죽고 말았다. 이에 촉한의 장수들은 영채에 불을 지르고 은밀히 철군하려 했다. 부근의 주민들이 사마의에게 이 사실을 알리자 사마의는 그때서야 군을 출동시켜 추격을 개시했다. 그런데 갑자기 제갈량의 장사로 있는 양의가 철군하는 부대를 멈추고 깃발을 되돌려 북을 울리며 마치 사마의 군에게 반격할 듯한 태세를 취했다. 이에 아직도 제갈량이 생존한 것으로 오판한 사마의는 철군하는 적은 공격하지 말라는 병법을 원용하여 추격을 멈추고 다시 되돌아갔다. 덕분에 촉한 군은 철수 대형을 흐트러뜨리지 않고 무사히 본국으로 귀환할 수 있었다.

며칠 뒤, 제갈량이 배치했던 진지를 돌아보던 사마의는 현장에서 촉한 군이 버리고 간 문서와 지도, 군량 등을 찾아냈다. 사마의는 그제서야 제갈량이 죽은 사실을 알고 제갈량의 지략에 탄복했다. "제갈량은 참으로 특출난 재주를 지녔구나!"

사마의의 막료인 신비가 제갈량의 죽음에 의심을 품자 사마의가 말했다. "병가에서 가장 소중히 여기는 것이 작전 문서와 군사 계획, 그리고 전마와 군량이다. 이는 사람의 오장육부와 같은 것인데, 촉한 군은 이런 것들을 모두 여기에 버리고 갔다. 오장육부를 버리고 살 수 있는 사람이 어디 있겠느냐? 이제 빨리 추격해야겠다."

당시 관중 지방에는 가시풀이 많이 자생하고 있었는데, 그것이 인마의 통행을 방해했다. 이에 사마의가 2천여 명의 병사들에게 목질이 연한 나무로 바닥이 평평한 나막신을 만들어 신도록 하고 본대의 선두에 세워 행군하게 하니, 가시풀이 모두 나막신에 박혀 제거되었다. 그런 뒤에 본대의 기병과 보병을 전진시켜 촉한 군을 추격했다. 위 군은 적안에 이르러서야 제갈량이 죽었다는 사실을 확인할 수 있었다.

그때부터 항간에는 '죽은 제갈량이 산 중달을 도망하게 했다'는 말이 나돌았다. 이 말을 전해들은 사마의가 웃으며 말했다. "내가 생전의 제갈량에게만 대비하고 사후의 제갈량에게는 대비하지 못해 이런 말을 듣는구나!"

_《진서》〈선제기〉

50 위 전

위태할 위(危), 危戰
병사들이 막다른 궁지에 몰리게 되면 죽음을 두려워하지 않는다.

후한 초, 대장 오한이 성도에서 자립하여 초 왕이 된 공손술을 토벌했다. 오한은 공손술의 본거지인 성도를 핍박하면서 강 북쪽에 주둔했다.

그는 또한 부장 유상으로 하여금 강을 도하하여 남안에 주둔케 했는데, 그 거리가 20여 리쯤 되었다. 광무제가 이에 크게 놀라 말했다. "오한이 적을 가볍게 여겨 적 깊숙이 들어가 있고 또 유상과는 따로 떨어져 있으니 상황이 매우 위급하다."

오한은 즉시 철수토록 하라!

황제의 조서가 도착하기 전, 공손술은 부장 사풍을 보내 오한을 공격하게 하는 한편 별도로 군사를 보내 유상을 급습했다.

오한은 부장들을 소집하여 함께 논의했다. "내가 은밀히 군사를 이끌고 유상 군과 합세하겠다."

오한은 칠흑 같은 야음을 틈타 군사를 이끌고 몰래 강남의 유상 군과 합류했으나 사풍은 이를 눈치채지 못했다.

사풍이 군사를 나누어 공격하고 오한은 모든 군사력을 모아 싸우니 적군을 대파하고 사풍을 참살했다.

오한은 유상을 잔류시켜 공손술 군에 대적하도록 하고 자신은 병력을 철수시킨 다음 유수에게 고했다. 그리고 잘못을 자책했다.

그 후 오한과 공손술은 장기간의 격전을 벌였다.
최후의 결전에서 공손술은 피살되었고 이때부터 파촉 일대는 안정을 되찾았다.

위전(危戰)

적과 싸우는 도중, 아군이 위험한 상황에 빠졌을 때는 마땅히 장병들을 격려하여 결사적으로 싸우게 하고, 구차스럽게 살기를 바라지 않게 하면 승리할 수 있다.

《손자병법》에 '병사들이 막다른 궁지에 몰리게 되면 죽음을 두려워하지 않는다' 라고 했다.

서기 35년경, 후한의 장수 오한(吳漢, ?~44)이 서촉 성도 지방에 웅거하던 공손술의 세력을 토벌했다.

오한 군이 서촉 지방 건위 군의 경계에 진입하자, 공손술의 지배 아래 있던 여러 현들이 모두 성문을 굳게 닫고 오한 군에 대항했다. 오한은 광도현을 공격하여 함락하고, 경무장한 기병 부대를 공손술의 도성인 성도로 진출시켜, 교량을 불태워 버렸다. 그러자 무양 이동 지역의 성읍들이 모두 오한에게 항복해 왔다.

이때 후한의 광무제가 오한에게 이렇게 경계하면서 훈령을 내렸다.

"성도는 공손술의 근거지로서 10만의 대병력이 집결해 있는 곳이니, 결코 적을 경시해서는 안 된다. 비록 공손술의 군이 공격해 오더라도 점령한 광도를 굳게 지키면서 방어만 하고 경솔히 출전하여 결전하지 마라. 만일 적이 공격해 오지 못할 것이란 판단이 서면, 진영을 옮겨 적진에 근접시키고 있다가 반드시 적군의 예기가 꺾여 피로해지거든 그때서야 공격을 가하라."

그러나 오한은 광무제의 훈령을 듣지 않고 초전의 승세를 몰아 보병과 기병 2만여 명을 지휘하여 성도로 진격했다. 그는 성도에서 10여 리쯤 떨어진 곳으로 가 강의 북안에 진영을 설치했다. 그리고는 강 위에 부교를 가설해 놓고, 부장 유상으로 하여금 1만여 명의 병력을 이끌고 도하하여 남안에 진출시켰다. 그로 인해 유상의 진영과 오한의 본 진은 20여 리쯤이나 떨어지게 되었다.

광무제는 이 소식을 듣고 크게 놀라 오한을 꾸짖는 조서를 보냈다.

"짐이 그대에게 경솔하게 적과 대전하지 말라고 신신당부했거늘, 그대는 어찌하여 나의 뜻을 어기고 군의 위험을 자초했단 말인가? 그대는 지금 적을 경시하여 적지에 깊숙이 들어가 있고, 또 부장 유상의 군과 진영을 나누어 설치한 탓에 위급한 사태가 발생해도 서로 구원해 주지 못할 형편에 처해 있다. 적군의 일부가 그대의 본 진을 공격하여 그대를 움직이지 못하게 한 다음 대병력을 출동시켜 유상의 진영을 공격한다면, 유상의 군은 궤멸당하고 말 것이다. 유상의 군이 궤멸되면 곧 그대의 본 진도 격파될 것이다. 다행히 아직 그러한 사태가 일어나지 않았으니, 그대는 즉시 철군하여 광도로 귀환하여 굳게 지키며 적군을 기다리라."

그러나 광무제의 조서가 미처 오한에게 전달되기도 전에, 공손술은 이미 그 부장 사풍, 원길 등을 보내 10만여 명에 이르는 대군으로 오한 군을 공격했다. 그리고는 또다른 장수로 하여금 1만여 명의 병력을 이끌고 유상 군의 진영에 견제 공격을 가하여 오한 군과 유상 군이 서로 구원 부대를 보내지 못하게 만들었다. 결국 오한 군은 공손술 군과 하루 종일 대접전을 벌였으나 그만 패하고 말았다. 오한은 잔여 병력을 이끌고 성채 안으로 들어가서 사풍 군에게 포위당한 채 수비 자세로 전환했다.

오한은 휘하 장수를 불러 격려했다.

"나는 제장들과 함께 험난한 지형을 무릅쓰고 천 리 먼 길을 진격해 오는 동안, 가는 곳마다 싸워서 승리했다. 그런데 이제 적지에 깊숙이 진입하여 적의 수도 부근에 이른 상황에서 우리의 본 진과 유상 군의 진영이 분리되어 적에게 포위를 당해 서로 연계를 유지할 수 없게 되었으니, 앞으로 우린 군이 어떤 위기에 처하게 될지는 예측할 수가 없다. 그래서 나는 은밀히 일부 병력을 이끌고 강 남안에 있는 유상 군의 진영으로 가 그와 합세하여 적의 포위를 돌파하고자 한다. 만약 전 장병이 같은 마음으로 전심 전력을 다하여 용감하게 적과 싸운다면, 큰 전공을 세울 수 있을 것이다. 그러나 만일 그렇지 못한다면 우리 군은 틀림없이 전멸되고 말 것이다. 성공하느냐 실패하느냐는 이번 싸움에 달려 있다."

장수들은 오한의 말을 듣고 모두 사력을 다해 싸울 것을 맹세했다.

오한은 병사들과 군마들을 배불리 먹인 다음, 3일 동안 영문을 굳게 닫고는 꼼짝하지 않았다. 3일 후 저녁 무렵, 오한은 성채 위에 깃발을 많이 꽂아 놓고 불을 피워 연기가 끊이지 않게 하여 군대가 그대로 주둔해 있는 것처럼 위장했다. 그런 다음 말에 재갈을 물리고 야음을 틈타 은밀히 부대를 이동시켜 유상의 군과 합류했다. 그러나 사풍을 비롯한 공손술의 장수들은 이 사실을 눈치채지 못했다.

다음 날, 사풍 등은 오한 군이 진영을 비우고 유상 군과 합류한 사실도 모른 채 부대를 나누어 일부에게는 강 북안에 있는 오한 군의 본 진을 공격하게 하고, 사풍 자신은 주력 부대를 이끌고 강 남안에 있는 유상 군의 진영을 공격했다. 유상 군과 합류한 오한은 전력을 총동원하여 사풍 군과 격전을 벌인 끝에 대승을 거두고, 사풍과 원길 두 적장의 목을 베었다.

오한은 승리 속에서도 유상의 부대를 현지에 잔류시켜 계속해서 공손술 군에 대비하도록 하고, 주력은 광도로 철수시켰다. 아울러 광무제에게 상세한 전황 보고를 올려, 자신의 경솔했던 행동을 깊이 자책하는 내용을 전달했다. 이를 본 광무제는 오한에게 다음과 같은 친서를 보냈다.

"그대가 광도로 귀환한 것은 매우 잘한 일이다. 공손술 군은 절대로 유상의 부대를 내버려두고 그대를 공격하지 못할 것이다. 공손술이 만일 먼저 유상 군을 공격하면, 그대는 광도에서 보병과 기병을 총동원하여 50여 리쯤 진출하라. 그러면 적은 반드시 곤경에 빠지게 될 것이며, 그대는 반드시 적을 격파할 수 있을 것이다."

그리하여 오한 군이 광도와 성도의 중간 지점에서 공손술의 군을 맞아 격전한 바, 여덟 차례의 싸움에서 모두 승리하고 마침내 공손술의 수도인 성도까지 진출할 수 있었다.

오한 군이 성도 성 외곽 지역에 도착하자, 공손술은 친히 수만 명의 군사를 거느리고 성 밖으로 출전했다. 오한은 호군 고오와 당감에게 수만 명의 정예병으로 하여금 공손술의 군을 공격하게 했다. 오한 군은 격전 끝에 공손술 군을 격파할 수 있었으며, 고오는 적진으로 뛰어들어 공손술을 찔러 죽였다.

다음 날 아침, 성의 수비대가 항복하자 오한은 죽은 공손술의 목을 베어 수도인 낙양으로 보냈다. 이로써 서촉 지방은 한 나라에 의해 평정되었다.

오한은 성격이 강직하고 힘이 뛰어났다. 전장에 나가면 광무제도 불안하여 편안히 서 있지 못하고, 여러 장수들도 전세가 불리해지면 모두 겁을 먹고 불안해했으나 오한만은 태연히 군사를 호령하고 병기를 정비하곤 했다.

한번은 광무제가 사람을 보내 오한이 무엇을 하고 있는지 살핀 적이 있는데, 그때 그는 전투 장비를 손질하고 있었다. 이에 광무제는 '오한은 정말로 사람들의 의지를 분발하게 한다'며 찬탄했다.

그는 군을 출동시킬 때면 행장을 꾸리거나 병기를 손질하기 위해 시간을 늦추는 경우 없이 항상 명령을 받은 즉시 출정시켰고 그 직무도 잘 수행했다. 이에 명성을 얻게 되었다.

_《후한서》〈오한전〉

51 사 전

죽을 사(死), 死戰
죽기를 각오하고 싸우면 반대로 살 수 있다.

진의 장군 장감이 황제에게 조 나라를 공격할 것을 주청했다.

진 군은 가는 곳마다 대적할 적이 없었다. 조의 장군 진여가 조 왕에게 보고했다. "거록으로 후퇴함이 어떠하겠습니까?" 조 왕이 말했다. "초 나라에 구원을 요청하라."

초의 회 왕은 송의, 항우, 범증으로 하여금 군사를 이끌고 조를 구원하라는 명령을 내렸다.

송의는 안양에 장기간 머무르며 아들을 보내 제 국의 재상으로 삼았다.

항우와 범증이 몰래 모의했다.

항우는 관병을 소집하여 선포했다. "송의와 제 왕이 결탁하여 초를 배반했다. 나는 왕의 밀명을 받아 송의를 죽였노라." 모든 사람들이 항우를 상장군으로 추대했다.

항우는 경포, 포장군에게 명하여 장강을 건너 진 군을 포위하도록 했다.

항우는 강을 건너 보유하고 있던 모든 도하용 선박을 불태운 다음, 병사들로 하여금 죽을 각오로 싸우게 했다. 그 결과 초 군은 일당십으로 진 군을 대파했다.

사전(死戰) 257

사전(死戰)

적의 군세가 강하여 아군의 병사들이 무서워 불안해하고 목숨을 걸고 전진하려 하지 않는다면 모름지기 군사를 사지로 몰아넣어야 한다. 그리고 장수는 전 장병들에게 승리하지 못하면 결코 멈출 수 없다는 점을 통고하도록 한다. 소를 잡아 장병들을 배불리 먹이고 수레와 선박, 군량 등을 불태워 없애며, 우물을 메우고 취사장과 가마솥을 부수며, 전선을 불태워 적과 싸워 이기지 않고는 살 길이 없다는 것을 주지시켜야 한다. 이렇게 하면 반드시 승리할 수 있다.

《손자병법》에 '죽기를 각오하고 싸우면 반대로 살 수 있다'고 했다.

BC 208년경, 진 나라 장군 장감이 군을 출동시켜 초 나라 항량(項梁)의 군을 격파했다. 그리고는 초 나라 군대는 보잘것없어 걱정할 것이 못 된다고 여겨 군을 돌려 황하를 건너 조 나라를 공격, 크게 격파했다.

이때 조헐이 조 왕이 되고, 진여는 대장군이, 장이는 승상이 되었다. 그들은 전 군을 동원하여 진 군과 싸웠으나, 결국 패하여 거록성으로 도망했다.

장감은 부장 왕리와 섭간으로 하여금 일부 병력을 이끌고 간수를 건너 거록성을 포위하게 하는 한편 자신은 주력군을 남쪽에 주둔시키고, 도로 양편에 흙담을 쌓아 용도를 만들어 부대의 통행을 엄폐한 다음, 군량 수송 도로로 활용하게 했다.

이에 초 나라 회 왕은 송의를 상장군으로, 항우(項羽, BC 232~BC 202)를 차장으로, 범증을 비장으로 임명하여 거록성에 포위되어 있는 조 군을 구원하도록 했다. 그 밖에 다른 장수들은 모두 송의의 지휘 하에 두었다.

그러나 안양에 도착한 송의는 40여 일 동안이나 그곳에 지체하면서 전진하지 않았다. 심지어 자신의 아들인 송양을 제 나라의 정승으로 삼아 임지로 떠나 보내면서 직접 무염까지 전송하고 큰 잔치를 베풀어 주었다. 이를 본 차장 항우가 분연히 말했다.

"우리 초 군은 진 나라 군과 싸워서 패배했다. 이 때문에 대왕께서는 자리에 편히 앉아 계실 수 없어 전국의 장병들을 총동원하여 전적으로 송 장군에게 위임하셨다. 국가의 안위가 모두 이번 싸움의 승패에 달려 있다. 그런데 지금 송 장군은 장수된 몸으로 병졸들의 고통은 생각하지 않고 자신의 사사로운 이익만을 도모하고 있으니 이는 동량의 신하로서 있을 수 없는 일이다."

항우는 이른 새벽을 이용하여 송의의 군막을 찾아가 그의 목을 벤 다음 진중에 선포했다. "송의가 제 나라와 내통하고 반역을 도모했기에 회 왕께서 나에게 밀명을 내려 그의 목을 베게 했다."

이에 여러 장수들은 모두 항우가 두려워 감히 반항하지 못하고 항우를 지지하며 말했다. "당초, 초 나라를 부흥시킨 것은 항 장군의 집안입니다. 지금 장군께서 송의를 주살하신 것은 반역한 난신적자(亂臣賊子)를 제거한 당연한 처사입니다."

그들은 즉시 항우를 대리 상장군으로 추대했다. 항우는 또 제 나라로 사람을 보내 송의의 아들 송양을 살해하도록 공작했다. 그런 다음 환초를 시켜 회 왕에게 이 사실을 복명(復命)하게 했다.

초의 회 왕은 여러 장수들의 뜻을 받아들여, 항우를 정식 상장군으로 임명하고 당양군 경포와 포장군 등을 모두 항우의 휘하에 두게 했다. 이에 권모술수로 송의를 제거한 항우의 위엄이 초 나라 전역에 알려지고 그 명성이 여러 제후국에까지 널리 퍼졌다.

얼마 후 항우는 당양군 경포와 포장군으로 하여금 2만여 명의 병력을 이끌고 장강을 건너, 거록성에 포위되어 있는 조 군을 구원하게 했다. 그러나 초 군이 진 군과의 싸움에서 큰 승리를 거두지 못하자 조 나라 장군 진여는 다시 항우에게 구원병을 요청했다.

항우는 친히 병력을 총동원하여 장강을 건너 선박을 부수어 침몰시키고 가마솥과 시루 등의 취사용 도구를 모두 파괴했다. 그리고는 막사를 불태우고 병사들에게 필요한 단 3일분의 식량만을 남겨 놓았다. 필사적으로 싸우지 않으면 안 될 절박한 상황을 전 장병들에게 보여 줌으로써 병사들이 후퇴할 마음을 품지 못하게 한 것이다.

그 결과, 항우 군은 일거에 거록성으로 내달아 진 장 왕리의 군을 역포위하고 아홉 차례의 격전을 벌여 마침내 진의 군량 보급로인 용도를 차단하고 진 군을 격파하여 진의 장군 소각을 죽이고 주장인 왕리까지 사로잡았다. 이로써 초 군은 그 위용을 널리 제후국까지 떨쳤다.

이전에 조 나라를 구원하기 위해 거록성에 집결한 초 군과 여러 제후국은 모두 10여 개 정도였다. 그러나 항우 군을 제외한 제후국의 원군들은 모두 진 군을 두려워하여 감히 움직이지 못하고 있었다. 그러던 중 항우 군이 진을 맞아 맹렬히 공격을 가하자, 제후국의 여러 장수들은 모두 성벽 위로 올라가 관망하기만 할 뿐 감히 나가 싸우지 않았다. 항우 휘하의 초 군 장병들은 천지가 진동하듯 큰 함성을 지르며 모두 일당백의 기세로 싸웠다. 이를 본 제후국의 장병들은 모두 초 군을 두려워하게 되었고, 이 전투에서 용맹을 떨친 항우는 그 후 제후국의 연합군을 지휘하는 상장군이 되었다.

_《사기》〈항우본기〉

생 전

살 생(生), 生戰
생을 탐하고 죽기를 겁내는 자는 반드시 죽는다.

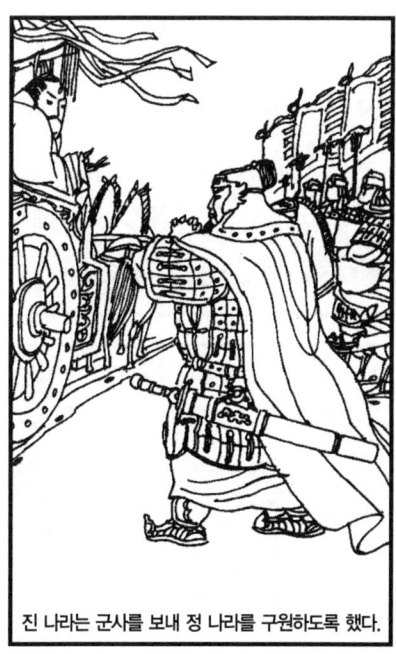

진의 종군대부 조영제는 싸우기도 전에 미리 겁을 먹고 황하 변에서 도망칠 준비를 했다.

이에 진 군의 투지는 단번에 떨어지고 해이해졌다.

결국 진 나라는 초 군에게 대패했다.

생전(生戰)

적과 대전할 때 아군이 유리한 지형을 점령하여 진영을 견고하게 설치하고, 군령이 잘 하달되며 복병을 매설하여 전투 태세가 완벽할 경우에는 전 장병이 목숨을 바쳐 결사적으로 싸우면 승리할 수 있다. 만일 장수된 자가 전쟁터에서 죽음을 두려워하고 요행히 살길을 바란다면 반드시 적에게 죽임을 당하고 말 것이다.

《오기병법》에 '생을 탐하고 죽기를 겁내는 자는 반드시 죽는다'고 했다.

춘추 시대인 BC 597년경, 초 군이 정 나라를 침공하자 진 나라는 삼군의 병력을 파견하여 정 나라를 지원하게 했다. 그리하여 역량이 막상막하였던 진 군과 초 군이 오와 호의 중간 지점에서 대치하게 되었다.

그런데 이때 진 나라의 장수였던 조영제는 패전에 대비하여 장병들로 하여금 철군에 사용할 도하용 선박을 미리 확보해 놓게 하고, 자기가 먼저 황하를 건너 도망치려 했다. 이러한 패배주의적인 생각은 진 나라 장병들의 투지를 무너뜨리고, 그저 싸우지 않고 살아서 도망칠 궁리만을 하게 만들었다. 결국 진 군은 초 군에게 패하고 말았다.

_《좌전》〈선공12년〉

■ 보충 설명

이 전례에 대해서는 또다른 이야기가 있다. 초 군이 진 군을 핍박했을 때 진의 중군의 주장이었던 순림보는 적을 호랑이 보듯 두려워하여 어쩔 줄을 몰라 했다. 그러던 중 착오를 일으켜 "먼저 강을 건너는 자에게는 상을 준다"는 엉뚱한 도망 명령을 내렸다. 이로 말미암아 중·하군은 싸워 보기도 전에 궤멸되었고, 또 도하 선박을 두고 병사들 사이에 서로 다툼이 일어나는 바람에 혼란이 일어났다는 것이다. 다만 상군의 주장이었던 사회만은 미리 오산 부근에 병력을 매복시켜 놓아 패하지 않았다.

작전을 수행하는 진 장수들의 두 가지 상반된 태도와 조치를 통해 장수의 정신 상태와 지휘 기술의 좋고 나쁨이 승부에 얼마나 중요하고 직접적인 영향을 끼치는지를 잘 보여 주는 사례이다.

기 전

53

주릴 기(飢), 飢戰
군량을 적지에서 조달하면 좋다.

후진의 사병들은 백성들이 이전처럼 양식을 가져오는 줄 알고 다투어 가지려고 하다 배 위에 매복하고 있던 북주 군에 사로잡혔다.

강변에 매복하고 있던 북주 군이 일제히 출격하여 후진의 병사들을 주살했다. 그러나 후진은 하약돈이 속임수를 쓸까 봐 두려워서 식량 운반선과 투항하는 병사들을 받아들이지 못했다. 양군이 서로 대치한 지 오래되었으나 후진은 북주의 군대를 패퇴시키지 못했다.

기전(飢戰)

군을 이끌고 적지에 깊숙이 진입했다가 마초와 군량이 떨어졌을 경우에는 부대를 나누어 약탈하고 적군의 보급 창고를 점령, 군량을 탈취하여 아군의 군량으로 충당하도록 한다. 이와 같이 하면 승리할 수 있다.

〈손자병법〉에 '군량을 적지에서 조달하면 좋다'고 했다.

남북조 시대때 북주의 장군 하약돈(賀若敦)이 군을 이끌고 상주를 구원하러 갔다. 하약돈은 '군량은 적에게서 구한다(因糧于敵)'는 병법으로 부대의 군수 물자 보급을 해결했다.

상주는 원래 남조의 양 나라 땅이었으나 서기 554년 서위(북주의 전신)가 강릉을 함락한 이후, 파주와 함께 모두 서위에 귀속되었다. 진패선(陳覇先, 503~559)이 양을 대신하여 황제로 칭하고 진(陳)을 건국한 지 3년인 서기 559년, 진패선은 후진 등을 보내 상주를 포위하고 탈회를 기도했다. 이에 북주의 무제는 하약돈을 보내 상주를 구원하게 했다. 하약돈이 군을 지휘하여 강을 도하, 진주를 점령하자 진 나라 장수 후진이 하약돈 군을 무찌르기 위해 출동했다.

그러나 이 무렵, 가을 장마로 황하가 범람하여 군량을 보급하던 뱃길이 차단되면서 북주의 하약돈 군은 군량이 떨어지는 곤경에 처하게 되었다. 이에 장졸들이 모두 두려워하자 하약돈은 부대를 나누어 진 군의 보급 기지를 습격하고 군량과 물자를 탈취하여 군사 비용으로 보충했다.

하약돈은 또한 아군의 군량이 부족하다는 사실을 적장 후진이 간파하지 못하게 하기 위해 군영 중에 흙을 높이 쌓고 그 표면에 쌀을 덮어 군량미가 많은 것처럼 위장했다. 그런 다음 인근의 마을 사람들을 군영으로 불러 그들에게 자문하는 양 꾸미고(사람들에게 군영에 쌓아 놓은 '양산(糧山)'을 의 도적으로 보인 뒤), 그들에게 모두 후한 선물을 주어 돌려보냈다.

후진을 비롯한 진의 장군들은 백성들에게서 북주 군의 진영에 물자가 풍부하다는 소문을 듣고, 실제로 북주 군의 군량이 넉넉한 것으로 판단했다. 하약돈은 다시 영채의 보루를 증축하고 막사를 지어 상주에 장기간 주둔하면서 지구전을 하겠다는 뜻을 은연중에 드러내 보였다. 이에 상강과 나주 사이의 여러 지역에는 북주의 침공군이 장기간 주둔할 것이라는 소문이 퍼져 농민들이 농사를 짓지 못하는 상황이 계속되었다. 그러나 후진 등은 달리 어찌할 방도를 세우지 못했다.

원래 이 지방 주민들은 작은 배에 곡식과 가축을 싣고 가서 후진 군의 부대를 위문하곤 했다. 하약돈은 지방 주민들이 후진 군을 돕고 있다는 사실을 알고는, 궁리 끝에 병사들을 주민으로 변장시켜 배 안에 숨겨 들게 한 다음 후진 군의 영채로 접근시켰다. 지방 주민으로 위장한 하약돈 군의 배가 접근하자 후진 군은 주민들이 자신들을 위문하기 위해 음식을 가지고 방문한 것이라고 생각하고서 다투어 배를 영접하러 나왔다. 바로 그때 배 안에 숨어 있던 하약돈의 병사들이 나와 그들을 모두 사로잡았다.

그 밖에도 하약돈의 군영에서는 도망하는 병사들이 많았는데, 도망병들은 말을 배에 태워 후진 군의 진영으로 투항하곤 했다. 그때마다 후진 군은 하약돈의 도망병들을 받아들였다. 이를 우려한 하약돈은 군마를 끌어다 배 위에 태우고 선원들로 하여금 채찍으로 군마를 때리게 했다. 두세 차례 이렇게 하자 그 뒤로는 말들이 배에 오르는 것 자체를 두려워하여 다시는 배를 타지 않으려고 했다.

그 후 하약돈은 후진 군의 진영이 마주 보이는 강 언덕에 군을 매복시키고, 일부 병력으로 하여금 배 타기를 두려워하는 말을 강제로 태워 하류로 보내 후진 군의 진영 맞은편 강변에 풀어놓았다. 이에 후진 군은 배를 저어 강을 건너와 말들을 자신들의 진영으로 끌고 가려고 했다. 그러나 말들은 배에 타지 않으려고 날뛰었다. 이처럼 사람과 말이 실랑이하는 사이에 강 언덕에 매복해 있던 북주 군의 복병들이 나타나 후진 군을 급습하여 몰살시켰다.

그 뒤로 후진 군은 곡식이나 음식을 제공하려는 주민과 투항하는 도망병들이 혹시 하약돈의 위장 술책이 아닌가 의심하여 그들을 일체 받아들이지 못했다. 그렇게 일 년이 넘도록 후진 군과 하약돈 군은 대치했으나 후진 군은 끝내 하약돈 군을 제압하지 못했다.

_《북사》〈하약돈전〉

54 포전

배부를 포(飽), 飽戰
배불리 먹인 군대로써 굶주린 적을 상대하라.

당 나라 무덕 초년, 유무주가 태원을 점거하고 대장 송금강을 하동에 진주시켰다.

이에 이세민이 명을 받고 토벌하러 갔다.

이 장군, 왜 즉각 공격하지 않습니까?

우리는 군량이 충분하지만 적은 멀리서 와서 분명 굶주려 있을 것이다.

송금강의 부대는 비축해 놓은 군수 물자가 없어 전적으로 약탈에만 의지했다.

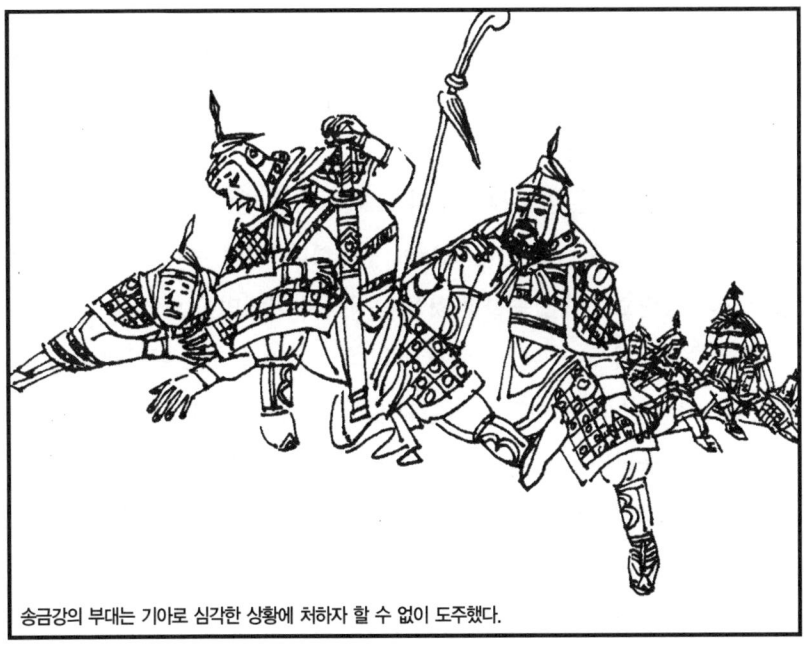

송금강의 부대는 기아로 심각한 상황에 처하자 할 수 없이 도주했다.

포전(飽戰)

적이 먼거리를 침입해 왔다면 반드시 군량 보급이 원활하지 못할 것이다. 이때 적은 굶주리고 아군은 군량이 풍부하여 배불리 먹은 상태라면 진지를 굳게 지키고 적과의 결전을 피해야 한다. 그리고 지구전을 전개하여 적을 피폐하게 만든다. 이와 같이 오랫동안 서로 대치하고 시기를 기다리면서, 적의 군량 보급로를 차단해야 한다. 그런 다음 적이 철수하기를 기다려 은밀히 기병 부대를 출동시켜 적군의 퇴로를 차단하고, 군사를 보내 뒤에서 저격하게 하면 반드시 적을 대파할 수 있을 것이다.

《손자병법》에 '배불리 먹인 군대로서 굶주린 적을 상대하라' 고 했다.

당 나라 고조 무덕 3년인 서기 619년 9월, 유무주가 태원 지역을 점령하고, 그의 휘하 장수인 송금강을 남하시켜 하동에 진주시키면서 천하를 탈취할 것을 도모했다.

이에 동년 11월 진 왕 이세민이 당 고조의 명을 받아 송금강을 토벌하기 위해 군을 이끌고 황하를 건너 백벽에 주둔했다. 이때 여러 지휘관들이 송금강 군과 정면으로 속전속결할 것을 주장하자 이세민이 말했다.

"현재 송금강의 군은 원거리에서 우리의 하동 지역으로 침입해 왔고, 정예병과 용장들이 모두 이곳에 집결해 있다. 유무주는 지금 태원을 점거하고 송금강을 울타리로 삼아 자신의 안전을 꾀하고 있다. 송금강의 군이 비록 강병이기는 하나 실상 그 내부에는 군량이 떨어져서 필요한 물자를 노략질로 충당하고 있을 것이다. 이 때문에 적은 속전속결을 원하고 있다. 하지만 우리가 군영을 굳게 지키고 예기를 길러 그들의 예봉을 꺾은 다음,

병력을 나누어 분주와 습주로 진출하여 저들의 심복 지역을 공격한다면, 저들은 식량이 떨어지고 계책이 궁하여 자연히 도망칠 것이다. 우리는 마땅히 그 기회를 틈타 공격해야 할 것이니 결코 속전속결하는 것만이 좋은 계책은 아니다."

그리고 나서 이세민은 유홍 등으로 하여금 송금강 군의 식량 보급로를 차단하게 했다. 이에 송금강 군은 반년 만에 식량이 떨어져 하는 수 없이 북으로 패주하고 말았다.

_《구당서》〈태종본기상〉

■ 보충 설명

당은 '이포대기(以飽待飢)', 즉 '배부름으로 굶주림을 기다리는 작전'으로 백벽의 방어 작전을 결정적 승리로 이끌었다. 그 결과 당은 관중의 정권을 공고히 하는 한편 훗날 중원으로 진출하는 데 유리한 발판을 마련했다.

노전

고단할 노(勞), 勞戰
적보다 늦게 전투 현장에 도착하여 다시 전투에 투입된다면 아군은 피로하여 주도권을 잡지 못할 것이다.

서진 연간에 사공 유곤이 부장 희담으로 하여금 10만 대군을 통솔하고 석륵을 토벌케 했다.

희담이 도착했을 때는 이미 석륵의 부대가 유리한 지형을 점령하고 있는 상황이었다.

병사 하나가 석륵에게 계책을 올렸다.

희담의 병력이 강성하니 나가서 싸우면 안 됩니다.

전투를 피하는 자는 참수한다!

석륵은 적이 멀리서 행군해 왔기 때문에 심신이 피곤하고 쇠잔해 있다는 사실을 알았다.

석륵은 군사를 보내 마치 패한 것처럼 가장하고 희담의 군대가 추격하도록 유인했다.

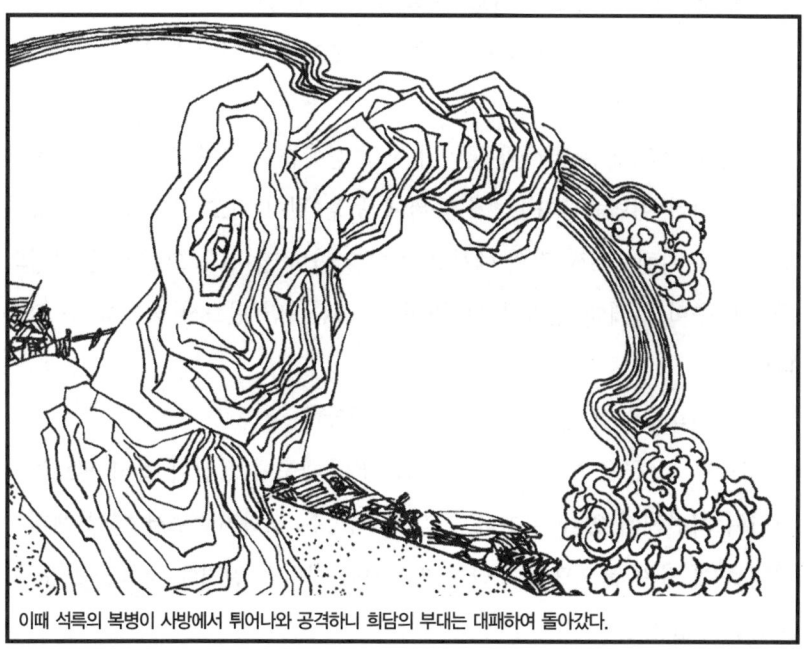

이때 석륵의 복병이 사방에서 튀어나와 공격하니 희담의 부대는 대패하여 돌아갔다.

노전(勞戰)

적이 먼저 유리한 지형을 점령하고 있고 진세가 공고한 상황에서 적과 결전을 벌인다면 아군은 피로하고 능동적으로 대처하지 못해 적에게 패하고 말 것이다.

《손자병법》에 '적보다 늦게 전투 현장에 도착하여 다시 전투에 투입된다면 아군은 피로하여 주도권을 잡지 못할 것이다'라고 했다.

서기 316년 1월, 진 나라의 사공 유곤(劉琨)이 장군 희담(姬澹)으로 하여금 10만여 명의 군사(실제로는 유곤이 발동한 진 군의 총 병력 수임)를 이끌고 후조의 왕 석륵(石勒, 274~333) 군을 토벌하게 했다.

이에 석륵은 희담 군을 맞아 칠 준비를 갖추었다. 이때 한 사람이 찾아와 석륵에게 건의했다.

"적장 희담의 군은 병사와 군마가 모두 정예롭고 그 수가 많아서 예봉을 당해 내기가 어렵습니다. 성채 주위에 못을 깊이 파고 보루를 높이 쌓아 성을 굳게 지킴으로써 적의 예봉을 꺾어 놓아야 합니다. 그런 다음 쌍방의 공격과 수비 형세에 변화가 생기기를 기다린다면 반드시 승리할 수 있습니다."

그러나 석륵은 이 건의를 받아들이지 않았다.

"희담의 진 군은 먼 거리를 행군해 왔기 때문에 심신이 몹시 피로하고 기력이 쇠잔해져 있을 것이다. 게다가 저들은 오합지졸로서 명령 체계가 제대로 서 있지 않으므로 우리가 싸우기만 한다면 일거에 저들을 모두 사로잡을 수 있다.

저들이 강성하다는 것은 무슨 근거로 하는 말인가? 적군이 이미 근처에 이르렀고 적의 후속 부대가 곧 도착할 터인데, 어떻게 이런 호기를 외면하고 앉아서 성채만 지키겠는가? 또 우리의 대병력은 이미 한 차례 움직였기 때문에 쉽사리 중도에서 후퇴할 수도 없는 상황이다. 만약 희담이 우리의 퇴각을 노려 습격한다면, 오히려 우리가 곤란한 지경에 처하게 될 것이다. 너의 건의는 제대로 싸워 보지도 않고 스스로 자멸하는 방법이다."

석륵은 그 건의를 묵살하고 공장을 전봉 도독으로 삼은 다음 전 군에게 명령을 내렸다.

"공격 명령을 받고 지체하는 자는 목을 베겠다."

그리고 나서 적을 기만할 목적으로 고지에 의병을 많이 설치하여 대부대가 집결한 것처럼 위장했다. 동시에 별도로 병력을 나누어 계곡의 두 곳에 매복시켰다. 준비를 마친 석륵은 일부 군사를 이끌고 출격하여 희담 군과 한 차례 접전하다가 거짓으로 패주하는 척했다. 희담은 석륵 군이 패주하자 전 군을 출동시켜 추격했다. 계곡에 진입했을 때 석륵이 매복시켜 놓았던 복병들이 좌우에서 나와 희담 군을 협공했다. 결국 희담 군은 크게 패하여 도망했다.

_《진서》〈석륵기상〉

일전

편안할 일(逸), 逸戰
사전에 방비가 철저해야만 환란을 피할 수 있다.

갑과 을 양군이 격렬하게 교전하다가 을 군이 공격을 받아 대패했다.

이에 갑 군은 교만해지고 방종했다.

을 군은 절치부심하여 병력을 확충하고 군량을 넉넉하게 준비했다.

을 군이 야음을 틈타 급습하니 갑 군은 저항 한번 해 보지 못하고 궤멸되고 말았다.

일전(逸戰)

적과 대전할 때는 과거에 일시적으로 승리한 전공만 믿고 방심하거나 방종에 빠져서는 안 된다. 응당 더욱 철저하게 진세를 정비하고 기다리며, 편안할 때도 마치 어려울 때와 마찬가지로 행동해야 한다.

《좌전》에 '사전에 방비가 철저해야만 환란을 피할 수 있다'고 했다.

| 사례 1 |

춘추 전국 시대 말기, 진 나라의 노장 왕전(王翦)이 명을 받고 60만 대군을 휘몰아 이신을 대신하여 초 나라를 공략했다. 초 나라는 왕전이 병력을 증강하여 진격한다는 사실을 알고 전국의 군사를 소집하여 진 군의 공격을 막아내게 했다.

왕전은 군을 이끌고 전장에 도착하자마자 견고한 공사를 구축하고 수비를 강화했다. 그러나 주동적으로 나가 싸우지는 않았다. 초 군의 계속되는 도전에도 진 군은 시종 응전하지 않았다.

한편 왕전은 군사들을 매일 쉬게 하고 목욕을 하게 하며 배식 상태를 개선해 주는 등 군사들을 위무(慰撫)하면서 자신도 병사들과 함께 동고동락(同苦同樂)하고 있었다.

오랫동안 이와 같이 하던 어느 날 왕전이 사람을 불러 물었다. "요사이 군영의 병사들은 무엇을 하며 노는가?"

그가 알아보고 와서 보고했다. "부대의 사병들은 요즘 투석과 장애물 넘기 등을 하고 있습니다." 이에 왕전은 기뻐하면서 말했다. "이제서야 병사들을 전투에 참가시킬 만하게 되었구나!"

초 군은 수차례나 출병하여 도전했음에도 진 군이 단 한 번도 출병하여 응전하지 않자 하는 수 없이 동으로 철수했다. 왕전은 이 기회를 노려 군사를 출병시켜 추격하여 정예 부대로 하여금 용감하게 추살할 것을 명했다. 그 결과 진 군은 초 군을 대파했다.

_《사기》〈백기왕전열전〉

| 사례 2 |

서기 550년경, 양 나라의 사주 자사 유중례가 장사로 있는 마수로 하여금 안륙 지방을 수비하게 하고, 자신은 보병과 기병 1만 명을 이끌고 서위의 양양을 공격하기 위해 출동했다.

이 무렵, 서위의 양충(楊忠) 군은 남진하여 양 나라의 수주를 함락하고, 이어서 유중례의 본거지인 안륙마저 포위했다. 유중례는 수주가 함락되었다는 소식을 듣고 안륙도 위급하리란 판단 아래 군사를 되돌려 안륙을 수비 중인 마수에게 증원군을 급파했다.

이때 서위의 장수들은 유중례의 증원군이 도착하면 안륙을 함락하기가 어려울 것이라 생각하여 서둘러 안륙을 공격할 것을 양충에게 건의했다. 그러나 양충은 이에 반대하여 말했다.

"공격과 수비는 그 형세가 다른 법이다. 지금은 수비 태세가 견고한 안륙을 단번에 함락할 수 없다. 게다가 우리가 이곳에 여러 날 지체하며 싸운다면 군사들이 피로해질 것이고, 앞뒤로 적의 공격을 받게 될지도 모르니 속공은 좋은 방책이 아니다. 이곳 남방의 양 나라 사람들은 수전에는 익숙하나 야전에는 미숙하다. 지금쯤 유중례의 증원군이 우리 가까이 왔을 터이니, 우리는 저들이 예상치 못한 곳으로 기동하여 기습 공격을 가하는 것이 옳다. 적군은 바야흐로 정신 상태가 해이해져 있고, 아군은 사기가 넘치고 있으므로 일거에 승리를 거둘 수 있을 것이다. 만약 우리가 유중례의 증원군을 격파한다면 안륙은 손대지 않고도 저절로 함락될 것이고, 그러면 다른 성읍들도 항복하라는 포고문 한 장이면 그대로 투항해 올 것이다."

그리고는 정예 기병 1천 명을 선발하여 말의 입에 재갈을 물리고 야음을 틈타 출동시켰다. 충두에서 유중례 군과 마주쳐 격전을 벌이니, 양충이 선두에 서서 용약 적진에 뛰어들어 적군을 무찌르고 서위 군이 유중례의 양군을 격파하자 양충의 예상대로 다른 군도 모두 서위에게 항복해 왔다.

승전

이길 승(勝), 勝戰
이미 승리했다 할지라도 승리하지 않은 것처럼 다루어 행동해야 한다.

BC 208년, 항우와 유방이 함양을 공격하여 함락하고 연이어 복양의 동쪽에서 진 군을 대파했다.

진 군은 압박을 피해 복양으로 물러나 유방과 항우 군의 예기를 피했다.

유방과 항우는 또다시 서진하여 옹구를 공격, 점령했고 진의 장수 이유는 피살됐다.

이 승리 후 항량은 진 군을 무시했다.

승전(勝戰)

적과 교전하여 아군이 승리했다 할지라도 결코 교만해지거나 해이해져서는 안 되며, 마땅히 밤낮으로 경계 태세에 완벽을 기하여 적의 역습에 대비해야 한다. 이렇게 하면 적이 설령 다시 침공하더라도 이미 준비를 잘 갖추어 대비하고 있으므로 후환이 없을 것이다.

《사마양저병법》에 '이미 승리했다 할지라도 승리하지 않은 것처럼 다루어 행동해야 한다'고 했다.

진 나라 2세 때인 BC 208년경, 진 나라에 반대하여 봉기한 항량은 항우와 유방(劉邦, BC 256~BC 195)으로 하여금 서로 지역을 나누어 성양을 공격하게 하여 함락하고 성을 피로 물들였다. 그런 다음 기세를 몰아 다시 서진하여 복양의 동쪽에서 진 군을 포착, 재차 격파했다.

위협을 느낀 진 군은 패잔병을 수습하여 복양성 안으로 들어가 수비 태세를 갖추었다. 복양에서 승리한 항우와 유방은 다시 정도를 평정하고, 계속 서진하여 옹구에서 진 군을 또다시 대파했다. 항우 군은 이 싸움에서 진 나라의 삼천태수인 이유의 목을 베는 성과를 거두었다. 그리고는 그 기세를 몰아 군사를 되돌려 외황을 공격했다.

이처럼 연전연승을 거두게 되자 항량은 진 군을 경시하게 되었고, 결국 교만해지기에 이르렀다. 이를 본 영윤 송의(宋義, ?~BC 207)가 항량에게 충고했다.

"싸움에서 승리했다고 해서 장수가 교만에 빠지고 병사들이 태만해지면 그 군대는 패망하는 법입니다. 지금 우리 초 군은 갈수록 나태해지고 있는 반면 진 군의 병력은 날로 증강되고 있습니다. 저는 이 점을 염려합니다."

그러나 항량은 이 말을 듣지 않고 도리어 송의를 제 나라에 사신으로 보내 버렸다.

송의는 제 나라로 가던 도중, 사신으로 초 나라에 오고 있던 제 나라의 고릉군 현을 만나게 되었다. 송의가 고릉군 현에게 물었다. "당신은 우리 초 나라에 가서 무신군(항량)을 만날 예정입니까?"

이에 고릉군 현이 그렇다고 대답하자 송의가 당부했다. "공이 우리 초에 도착할 즈음이면 무신군은 아마 패망에 처해 있을 것입니다. 당신이 만약 천천히 가서 그곳에 늦게 도착한다면 죽음을 면할 수 있겠지만 서둘러 가신다면 무신군과 함께 화를 당하게 될 것입니다."

이때 과연 진 나라는 전 병력을 동원하여 장군 장감의 군을 증원했다. 이에 다시 기세를 떨친 장감의 부대가 초 군을 공격하니 항량은 송의의 예상대로 패전하여 죽고 말았다.

_《사기》〈항우본기〉

패전

패할 패(敗), 敗戰
불리한 정황에서도 유리한 요인을 잘 고려하면 난관을 극복할 수 있다.

서진 말기, 하간 왕 사마옹이 부장 장방을 보내 장사 왕 사마예를 토벌케 했다.

이에 진의 혜제는 황보상을 보내 맞아 싸우도록 했다. 그러나 장방은 도리어 기습 전략으로 황보상을 패배시키고 낙양으로 진입했다.

황보상은 낙양성 내에서 진의 혜제를 호위, 반격하면서 장방의 맹렬한 진격을 저지했다.

장방은 진의 혜제가 담이 작은 것을 알고 곧바로 진격했지만 도리어 황보상에게 패하고 말았다.

어떤 이가 와서 장방에게 밤을 틈타 도주할 것을 권했다.

승패는 병가의 상사이다.

그러나 장방은 개의치 않았다.

사마예는 대세가 이미 정해졌다고 생각하여 득의만면했다.

장방은 사람들의 예상과 달리 비바람이 몰아치는 야밤을 이용해 낙양성을 공격했다. 사마예는 창졸간에 응전했으나 일격을 감당하지 못하자 결국 성을 버리고 퇴각했다.

패전(敗戰)

전투 결과 적이 이기고 아군이 패했더라도 결코 적을 두려워하여 비겁하고 유약해져서는 안 된다. 모름지기 불리하고 어려운 상황이 뒤바뀌어 유리한 상황으로 전환될 수 있음을 알아야 한다. 그리하여 병기를 정비하고 장병들의 사기를 진작시키면서 적이 승리로 인해 태만해지기를 기다려 기회를 포착하여 반격하면 승리할 수 있다.

《손자병법》에 '불리한 정황에서도 유리한 요인을 잘 고려하면 난관을 극복할 수 있다'고 했다.

진 나라 때인 서기 303년 8월, 정권을 장악하려던 하간 왕 사마옹은 관중 지방에 웅거하면서 휘하의 장수 장방(張方)으로 하여금 군을 출동시켜 황실을 수호하고 있는 장사 왕 사마예 군을 공격하게 했다. 명을 받은 장방은 군을 이끌고 함곡관에서 하남 지방으로 진주했다.

이에 진의 황제 혜제가 좌장군 황보상을 급파하여 장방 군을 막아내게 했으나 장방이 은밀히 부대를 기동하는 바람에 오히려 역습을 당하고 말았다. 반면 장방 군은 진의 수도인 낙양에까지 진입하는 데 성공했다. 황보상은 황제를 호위하면서 도성에서 방어전을 벌였다. 그런데 도성을 공격하던 장방의 군사들이 황제가 탄 수레를 보더니 감히 황제를 공격할 수 없다면서 퇴각하기 시작했다. 장방은 병사들이 퇴각하지 못하도록 저지했으나 군사들은 명령을 듣지 않았다. 그로 인해 장방 군은 크게 패했고, 그 사상자가 길을 가득 메웠다.

장방은 부대를 낙양성 서쪽 13리교로 퇴각시켜 다시 포진했다. 그러나 이미 큰 타격을 받은 장병들의 사기는 저하될 대로 저하되고 전의마저 상실한 상태였다. 이에 장방의 장수와 참모들이 모두 야음을 틈타 철수할 것을 건의하자 장방이 힘주어 말했다.

"싸움터에서 승부란 병가의 상사이다. 중요한 것은 실패에서 교훈을 얻어 패전을 승리로 바꾸는 일이다. 나는 다시 전진하여 진용을 재정비한 다음 적이 예상치 못한 때에 기습 공격을 감행하려고 한다. 이것이 병법에서 말하는 이른바 '출기제승(出奇制勝)'의 전법이다."

장방은 야음을 틈타 은밀히 부대를 출동시켜 낙양성에서 7리 정도 떨어진 곳까지 진격하여 영채를 구축했다.

한편 사마예의 군은 승전 기분에 도취되어 장방 군의 공격에 대비하지 않은 채 방심하고 있었다. 그러던 중 장방 군이 다시 진용을 갖추어 갑자기 공격해 온다는 소식에 급히 부대를 출격시켰으나 결국 대패하여 퇴각하고 말았다.

_《진서》〈장방전〉

진 전

나아갈 진(進), 進戰
유리한 시기라고 판단되면 즉시 공격을 가해야 한다.

당 나라 때 대장 이정이 병력을 지휘하여 동돌궐을 패퇴시켰다. 이에 동돌궐의 수령이었던 힐리가한이 당에 복속하겠다는 뜻을 전해 왔다.

그러나 사실 힐리가한의 계책은 적의 공격을 늦춰 시간을 벌려는 것이었다.

이정은 힐리가한의 속셈을 간파하고, 곧바로 당검을 파견하여 안무케 했다.

이정은 또 부수 장공근에게도 명했다.

"정예병 1만을 보내 동돌궐을 습격하라."

이정의 부대가 파죽지세로 쳐들어가니 힐리가한 군의 사상자 수가 부지기수였다.

이를 눈치챈 힐리가한이 병력을 소집했으나 이미 때는 늦었다.

결국 힐리가한도 사로잡혔다.

그 후 당 왕조는 음산에서 대사막에 이르는 대제국을 건설했다.

진전(進戰)

적과 대전함에 있어 아군이 적을 이길 만한 여건이 조성되었다는 판단이 섰을 때는 신속하게 군을 출동시켜 적을 쳐부수어야 한다. 이렇게 하면 승리할 수 있다.

《오기병법》에 '유리한 시기라고 판단되면 즉시 공격을 가해야 한다'고 했다.

서기 630년경, 당 나라의 장군 병부상서 이정이 정양도행군총관이 되어 변경을 침공한 돌궐 족을 격파했다. 이에 돌궐 족의 추장 힐리가한은 보철산으로 퇴각하여 당 나라 조정에 사신을 보내 사죄하고 당 나라의 속국이 될 것을 자청했다.

당 나라 태종은 이정을 보내 이들을 맞아들이게 했다. 하지만 힐리가한은 겉으로는 당에 입조하여 황제를 배알한다고 했지만 속으로는 주저하면서 따로 도모할 뜻을 숨기고 있었다.

이정은 힐리가한의 내심을 이내 알아차렸다. 당시 당 나라에서는 홍로경, 당검 등이 황제의 칙서를 들고 돌궐의 영토로 가 힐리가한 일족에게 선무 공작을 진행하고 있었다.

이정이 부장 장공근에게 말했다. "황제의 칙서를 받들고 간 우리 사절단이 지금 돌궐에 가 있으니 적들은 아마 안심하고 우리를 경계하지 않고 있을 것이다. 만약 우리가 1만여 명의 기병으로 하여금 20일 분의 식량을 휴대시키고 백도 지역에서 북향하여 기습 공격을 감행하게 한다면 저들을 완전히 굴복시킬 수 있을 것이다."

이에 장공근이 난색을 표했다. "황제께서 이미 저들의 항복을 받아들이기로 약속하셨고, 또 외교 사절로 당검 일행이 저들의 영내에 들어가 있습니다. 우리가 행동을 취하면 적들도 우리 사신들에게 해를 가할 텐데 이를 어찌 하려고 하십니까?"

그러나 이정은 "아니다. 전쟁에서는 모름지기 기회를 놓쳐서는 안 되는 법이다. 이것은 바로 옛날 한신이 제 나라를 격파했을 때 택했던 전법이다. 당검 같은 자들이 희생되는 것을 어찌 아까워하겠는가?"라고 하며 서둘러 군을 출동시켰다. 음산에 이르러 돌궐 군의 정찰 부대 1천여 명과 조우하니, 이정은 이들을 모두 사로잡아 당 군의 뒤를 따르게 했다.

한편 당 나라 사절단을 본 힐리가한은 크게 기뻐하며 당 군의 침공을 전혀 의심치 아니했다. 이정의 선봉 부대는 안개 낀 날을 잡아 은밀히 전진하여 힐리가한의 본 진에서 7리 정도 떨어진 지점까지 접근했다. 돌궐 군은 그제서야 당 군이 침입하여 목전에 이르렀다는 사실을 알고서 전열을 가다듬었지만 진용이 제대로 갖춰질 리 없었다.

이정 군은 그 틈을 타서 돌궐 군을 맹렬히 공격하여 1만여 명의 목을 베고 남녀 10여 만 명을 포로로 잡았다. 또 힐리가한의 아들 첩라시를 생포하고 의성 공주(당 나라 이전의 수 나라가 화친 차원에서 돌궐로 시집보낸 힐리가한의 처)를 죽이는 전과를 올렸다.

이에 힐리가한은 단기로 허겁지겁 서북으로 도망했으나, 결국 대동도행군 총관 장보상에게 잡혀 장안으로 압송되었다. 이 전쟁에서의 승리로 당나라의 국경은 크게 확장되어 음산에서 북방의 고비 사막 일대에까지 이르게 되었다.

_《구당서》〈이정전〉

퇴 전

물러날 퇴(退), 退戰
적과 싸워 이기기 어렵다면 제때에 후퇴해야 한다.

삼국 시대 때 위 나라의 장수 조상과 사마소가 군사를 이끌고 촉국을 토벌하려 했다. 그러나 그 세를 감당하기가 어려웠다.

촉의 장수 왕평은 그 예봉을 피하기 위해 즉시 후퇴했고, 비위가 앞에 나와 합세했다.

비위가 이미 유리한 지형을 점령했다는 사실을 안 사마소는 즉시 군을 철수시켰다.

신속히 철군하라.

조상이 찬성했다.

후퇴!

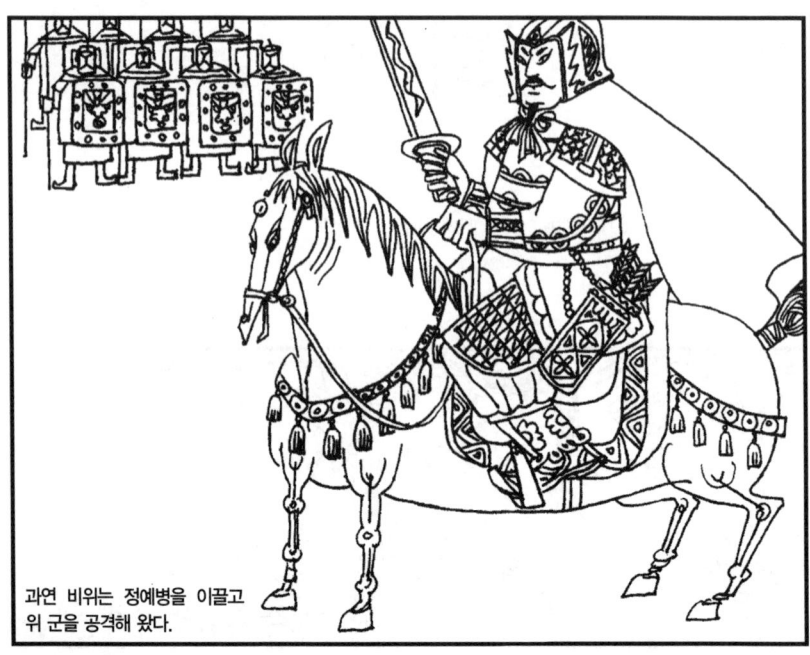

과연 비위는 정예병을 이끌고
위 군을 공격해 왔다.

그러나 위 군은 이미 안전한 곳으로 철수한 상태였다.

퇴전(退戰)

　적과 싸울 때 적의 병력은 많고 아군은 열세인데, 지형마저 불리하여 적을 상대할 역량이 없는 경우에는 신속하게 후퇴하여 적과의 접전을 피해야 한다. 이렇게 해야만 아군의 병력을 온전히 보전할 수 있다.
　《오기병법》에 '적과 싸워 이기기 어렵다면 제때에 후퇴해야 한다'고 했다.

　삼국 시대인 서기 244년 3월, 위 나라의 장군 조상(趙爽, ?~249)이 명을 받들어 군을 이끌고 촉한 정벌에 나섰다. 사마소는 정촉 장군이 되어 조상과 함께 낙곡을 넘어 홍세산에 부대를 주둔시켰다.
　이에 촉한의 장군이었던 왕평의 군이 야음을 틈타 위 군을 습격했으나 사마소는 전 군에게 굳게 지키기만 할 뿐 움직이지 말라는 명령을 내렸다. 왕평 군이 할 수 없이 철수하자 사마소가 여러 장수들에게 말했다.
　"지금 촉한의 대장군 비위는 견고한 요새를 확보해 놓고 굳게 수비만 하면서 우리가 싸움을 걸어도 교전할 기회를 주지 않고 있다. 그렇다고 우리가 일방적으로 견고한 적진을 계속 공격할 수도 없는 처지이다. 일단 신속히 철군했다가 뒷날 다시 도모해야 할 것이다."
　조상은 사마소의 의견을 따라 위 군에게 철수를 명했다. 촉 장 비위는 과연 군사를 이끌고 신속히 삼령의 험요한 지형을 점령했다. 그러나 조상은 적중의 험지를 은밀히 행군하여 돌파함으로써 전 군을 무사히 철수시킬 수 있었다.

_《진서》〈문제기〉

61 도전

돋울 도(挑), 挑戰
먼 곳에서 와서 도전하는 것은 적이 무모하게 나오기를 유인하기 위해서이다.

5호 16국 시대 때 강 족의 수령이었던 요양이 황락을 점령했다.

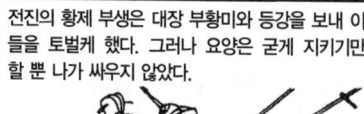

전진의 황제 부생은 대장 부황미와 등강을 보내 이들을 토벌케 했다. 그러나 요양은 굳게 지키기만 할 뿐 나가 싸우지 않았다.

등강이 말했다. "곧바로 쳐들어가 적의 진영을 핍박해야 합니다."

적을 끌어내도록 하라!

등강은 3천 명의 기병을 이끌고 요양 진영의 문전으로 진격했다.

과연 요양은 대노하여 모든 정예 부대로 하여금 맞아 싸울 것을 명했다.

등강은 거짓 패한 척 부대를 철수시켰다.

요양은 계략도 모른 채 군사를 이끌고 추격해 왔다.

등강이 회군하여 반격하니 요양은 피살되고 전 군이 포로가 되었다.

도전(挑戰)

　적과 대전할 때 적진과의 거리가 멀고 피아의 역량이 대등할 경우에는 경무장한 기병을 출동시켜 적을 끌어내는 한편 아군을 요해지에 매복시켜 적을 속여야만 격파할 수 있을 것이다. 만일 적이 먼저 이러한 계책을 쓴다 해도 전 군을 동원하여 공격해서는 안 된다.
　《손자병법》에 '먼 곳에서 와서 도전하는 것은 적이 무모하게 나오기를 유인하기 위해서이다' 라고 했다.

　서기 357년 4월, 5호 16국 가운데 하나인 후진의 요양이 군을 동원하여 황락을 점령하자 전진의 황제 부생(苻生, 335~357)은 장군 부황미(苻黃眉)와 등강(鄧羌)으로 하여금 보병과 기병을 이끌고 요양 군을 토벌하게 했다. 그러나 요양은 진영 주위에 못을 깊이 파고 보루를 높이 쌓아 성벽을 굳게 지키기만 할 뿐 싸움에 응하지 않았다. 이에 등강이 부황미에게 건의했다.
　"요양은 성격이 고약스럽고 괴팍해서 마음을 움직이기가 쉽습니다. 만일 우리가 장구로 진격하여 적의 보루에 접근, 진영을 치고 압력을 가한다면 요양은 반드시 격분하여 성에서 나와 싸울 것입니다. 그렇게 되면 단번에 그를 사로잡을 수 있습니다."
　부황미는 등강의 말에 따라 3천 명의 기병을 주어 적진의 영문에 바짝 접근하여 압박하게 했다. 이를 본 요양은 과연 성을 내며 정예병을 총출동시켜 등강의 부대를 공격했다. 등강은 거짓으로 패주하는 척하면서 후퇴했다.

등강의 부대를 추격한 요양은 삼원 지방까지 쫓아왔다. 이에 등강은 갑자기 군사를 되돌려 요양의 추격군을 맞아 싸웠다. 때마침 도착한 부황미의 주력군도 등강 군과 합세하여 격전을 벌였다. 그 결과 전진 군은 적장 요양의 목을 베고 수많은 후진의 병사들을 생포했다.

_《진서》〈부생기〉

치 전

부를 치(致), 致戰

아군이 주도권을 장악하여 적이 자유롭게 행동하지 못하도록 만들어야 한다. 적에게 주도권을 빼앗겨 아군이 끌려다니며 견제를 받아서는 안 된다.

서기 29년, 동한의 대장 경감이 지방의 군벌 세력인 장보를 정토했다.

장보는 부장 비읍을 역성에 주둔케 하고, 축아 등지를 방어케 했다.

경감이 황하를 건너 축아를 공격하니 적군은 패주했다.

경감은 전 군에게 명하여 성을 공격할 장비를 만들게 했다.

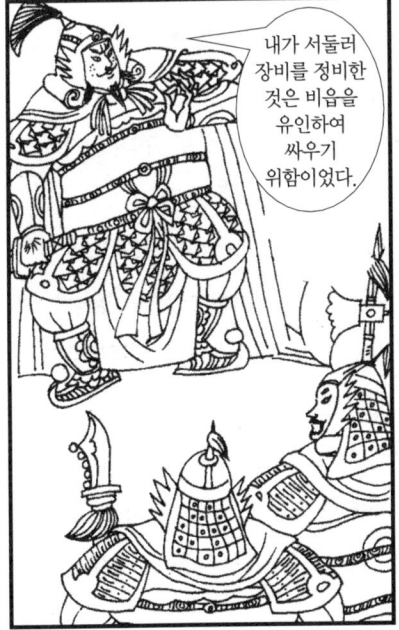

치전(致戰)

적이 견제를 받는 상황에서 적의 역량이 부족하여 감히 싸우려 들지 못하고 아군의 실력이 강할 때는 여러 가지 방법으로 적이 나오도록 유인해야 한다. 이와 같이 하면 아군은 유리한 지형을 미리 점거하고 적이 와서 싸우기를 기다리게 되니 승리하지 못할 바가 없다.

《손자병법》에 '아군이 주도권을 장악하여 적이 자유롭게 행동하지 못하도록 만들어야 한다. 적에게 주도권을 빼앗겨 아군이 끌려다니며 견제를 받아서는 안 된다'고 했다.

후한의 광무제 건무 5년인 서기 29년, 광무제가 건위 대장군 경감(3~58)에게 하명하여 귀순해 온 변방 여러 부족의 군사들을 통합하여 새로이 군대를 편성하고 지휘관과 행정관들을 임명했다.

경감은 기도위 유흠, 태산태수 진준과 함께 새로 편성한 부대를 이끌고 제남에 할거(割據)하고 있던 장보를 공격하기 위해 출동했다.

한 나라와 대치하고 있던 장보는 이 소식을 듣고 부장 비읍을 보내 역성에 군을 진주시킨 다음 한 군을 막아내게 했다. 그리고는 일부 병력을 축아현에 주둔시키고, 이와는 별도로 태산과 종성 일대에 수십 개의 방어 보루를 설치하여 경감 군의 진출을 막아내게 했다.

한편 경감은 황하를 건너 축아를 공략, 함락한 다음 고의로 포위망의 한쪽을 열어 두어 적군이 종성 방면으로 도주하게 유도했다. 종성에 있던 장보의 수비군들은 축아가 이미 함락되었다는 소식에 두려운 나머지 성채를 버리고 도망했다.

이에 장보 군의 주장인 비읍은 그의 아우인 비감에게 병력을 나누어주고 거리성을 지키게 했다. 경감은 부대를 이끌고 거리성 바로 앞까지 진출하여 비감의 부대에 압력을 가하는 한편 공개적으로 진중에 명령을 내렸다.
"전 군은 속히 공성(攻城) 기구를 정비하라. 3일 후에 전 부대가 거리를 공략한다."

이렇게 소문을 퍼뜨린 경감은 감시를 일부러 허술하게 하여 축아현에서 잡은 포로들이 도망가게 방치했다. 한 군에게 잡혔다가 도망한 군사들은 역성에 주둔 중인 비읍을 찾아가 경감이 3일 후에 거리성을 공격할 계획이라는 제보를 했다.

3일 뒤, 과연 비읍은 3만의 정예병을 이끌고 역성에서 출동, 아우 비감 군을 지원하기 위해 거리성으로 진출했다. 이에 경감이 기뻐하며 말했다.

"내가 지난번에 공성 기구를 정비하라고 한 것은 바로 적의 주력을 싸움터로 이끌어 내기 위한 술책이었다. 평야의 성에 진을 치고 있는 적은 공격하지 않는 법인데, 내 어찌 견고한 적의 성을 무리하게 공격하겠는가?"

경감은 즉시 병력을 나누어 일부의 부대로 하여금 거리성에 있는 비감 군에게 견제 공격하게 한 다음 자신은 정예병을 이끌고 높은 구릉으로 올라가 유리한 지형을 이용하여 비읍 군과 접전을 벌여 대파했다. 경감이 마침내 적장 비읍의 목을 베어 그 수급을 가져다 거리성 밖에 전시하니 적이 몹시 두려워했다. 결국 거리성을 수비하던 비감은 제대로 싸워 보지도 못한 채 전 부대를 거느리고 장보의 본거지인 극성으로 달아나고 말았다.

경감은 거리성 내에 적들이 남기고 간 군수 물자를 모두 노획하고, 다시 부대를 출동시켜 아직 항복하지 않은 제의 여러 성을 공략했다. 그 결과 40여 개소의 제 군 방어 보루와 영채를 격파하고 제남 지방을 완전히 평정했다.

_《후한서》〈경감전〉

원 전

멀 원(遠), 遠戰
먼 곳으로 우회하여 공격하고자 할 때는 가까운 곳에서 정면 진격할 것처럼 양동하여 적을 기만하라.

서한 초기, 위 왕 표가 황하의 도하 지점을 봉쇄하고 한 왕조를 배반했다.

이에 한의 고조 유방은 장군 한신을 보내 위 왕을 토벌케 했다.

위 왕 표는 군사를 집결시켜 황하의 포구인 임진관을 파수케 하고 한 군의 도하를 저지했다.

한신은 위 왕 표를 혼란시키기 위해 임진관에서 배를 가득 띄워 마치 강을 도하할 것처럼 위장했다.

한신은 암암리에 군사를 이끌고 상류인 하양 일대에서 황하를 도하했다.

한신은 부대를 지휘, 위 왕 표를 습격하여 포로로 사로잡았다.

원전(遠戰)

　강을 경계로 적과 대치하고 있는 상황에서 아군이 멀리 우회 도하하여 적진을 공격하기 위해서는 적의 본 진 앞에 작은 선박을 집결시켜 마치 적진을 향해 정면 도하할 것처럼 위장해야 한다. 이렇게 하면 적은 반드시 그 지점의 대안에 병력을 집중시켜 아군의 도하 공격에 대응하려고 할 것이다. 이 틈을 타서 적의 수비가 허술한 지역으로 멀리 우회하여 도하하면 안전할 것이다. 그러나 만약 도하에 필요한 선박이 부족할 경우에는 창포와 갈대, 나무로 만든 술통이나 부대, 목창, 절구공이 등을 모아 엮어서 뗏목을 만들어 강을 건너는 도구로 이용하면 된다.
　《손자병법》에 '먼 곳으로 우회하여 공격하고자 할 때는 가까운 곳에서 정면 진격할 것처럼 양동하여 적을 기만하라' 고 했다.

　한 나라 초기인 BC 205년 8월, 한 나라에 항복하여 수도 장안에 와 있던 위 왕 위표가 부모의 병환이 위독하다는 핑계로 다시 귀국하려고 했다. 그러나 한 왕 유방의 허락을 받아 본국으로 귀환한 위표는 황하 서안의 도하 지점을 비롯한 요해처를 봉쇄한 다음 한 나라를 배반하고 초 나라의 항우와 동맹을 맺었다. 유방이 역이기를 위 나라로 보내 위표를 설득케 했으나 위표는 그 설득에 응하지 않았다.
　이에 격분한 유방은 한신을 좌승상으로 삼아 위표를 토벌하라는 명령을 내렸다. 한신이 장병을 이끌고 위 나라를 향해 진군하자 위표는 방어군을 포판에 집결시키고 황하의 임진관을 봉쇄하여 한 군의 도하를 저지했다.
　한신은 위 군을 현혹시킬 계획으로 적진 앞에 다수의 의병의 설치해 놓고 선박을 한곳에 모아 곧바로 임진으로 정면 도하할 듯이 양동했다. 그리고 은밀히 주력군을 임진 북방의 하양으로 이동시켜 나무로 만든 도구를 이용하여 황하를 도하한 다음, 위 나라의 수도인 안읍을 급습했다. 불의에 수도를 공격당한 위표는 크게 당황하여 포판에 집결한 군을 철수시켜 한신의 군대를 맞아 싸웠으나 결국 패하고 말았다. 결국 한신은 위표를 사로잡고 마침내 위 나라를 평정했다.

_《사기》〈회음후열전〉

근전

가까울 근(近), 近戰
가까운 거리에서 정면 공격하려 할 때는 먼 곳으로 우회할 듯이 양동(陽動)해야 한다.

가까이에서 적을 공격하려고 할 때는

반대로 하류의 먼 곳에서 강을 건너 작전하는 것처럼 하여 적을 미혹시킨다.

그러면 적군은 계략에 걸려들어 병력을 나누어 아군을 저지하려고 할 것이다.

이때 아군은 비밀리에 출병하여 가까운 곳에서 강을 건너 적을 습격하여 대파한다.

근전(近戰)

강을 사이에 두고 적과 대치하고 있는 상황에서 만약 아군이 적진과 가까운 거리에서 도하하여 정면 공격을 하려 한다면 멀리 우회하여 도하할 것처럼 양동해야 한다. 이때 의병을 많이 설치하여 강의 상류나 하류로 멀리 우회 도하하려는 것처럼 한다면 적은 분명 병력을 분산시켜 대응할 것이다. 이때 은밀히 최단 근접 지점으로 기습 도하하여 적진을 공격한다면 적을 격파할 수 있다.

《손자병법》에 '가까운 거리에서 정면 공격하려 할 때는 먼 곳으로 우회할 듯이 양동해야 한다'고 했다.

춘추 시대인 BC 478년경, 월 왕 구천이 5만의 군사를 이끌고 오 나라를 공격하자 오 왕 부차는 방어군 6만을 출동시켜 송강의 입택에서 월 나라의 침공군을 저지했다. 이들 양군은 입택강을 끼고 대치했다.

월 왕 구천은 저녁 무렵에 각각 1만 명의 병력으로 편성된 2개 부대를 입택강 상류와 하류 5리 지점까지 각각 은밀히 이동, 대기시킨 다음, 자신은 6천 명의 친위 부대를 거느리고 출동할 태세를 갖추었다. 그리고는 진중에 '내일 아침에 수상 전투를 실시할 것'이라는 소문을 퍼뜨렸다. 그러나 밤이 되자 입택강을 거슬러 올라간 좌군 부대와 하류에 대기 중이던 우군 부대가 구천의 명령을 신호로 강 한가운데에 배를 정박시키고 일제히 북과 함성을 지르며 당장에 강을 건너 공격할 것처럼 양동 작전을 폈다.

오 왕 부차는 강의 상하류에서 북소리와 함성이 진동하자, 월 군이 야음을 틈타 강을 건너 협공하는 걸로 오인하고 즉시 본대를 둘로 나눠 상하류로 급파하여 월 군의 도하를 저지하게 했다.

  구천은 부차가 주력을 나누어 출동시켰음을 알고 이동 중인 혼란을 틈타 정예 6천 명으로 편성된 친위 부대를 거느리고 은밀히 입택강을 건너 오 왕 부차가 지휘하는 중군의 본영을 엄습했다. 이에 오 군의 진영에는 삽시간에 대혼란이 일어났다. 월 군의 도하를 저지하기 위해 출동했던 오 군의 주력은 본영이 습격당했다는 소식에 창황히 되돌아왔다. 그러나 뒤이어 상륙한 월 군의 좌우익이 양면에서 동시 추격을 개시했고, 결국 오 왕 부차는 삼면에서 기습 공격을 받아 대패하여 북방 20리 지점의 몰계로 퇴각했다.

_《좌전》〈애공17년〉

수 전

물 수(水), 水戰
적이 도하를 강행할 경우에는 절반쯤 건넜을 때 공격을 가하라.

한 나라 초, 한신이 군사를 이끌고 제 나라를 공격하자 제 왕 전광은 초 국에 구원을 요청했다.

초 국은 용저를 보내 제 나라를 구원케 했다.

용저와 한신은 유수 양안에서 서로 각자의 전투 대형을 펼쳤다.

한신은 밤에 부하들에게 1만 개의 포대를 만들어 그 속에 모래를 담아 유수의 상류를 막으라고 명했다.

한신은 절반의 부대를 이끌고 유수를 건너 용저의 부대를 공격하다가 거짓으로 패한 척하며 대안으로 도망쳤다.

용저는 계략이 있는 줄도 모르고 득의만면하여 군대를 이끌고 유수를 건너 한신의 부대를 추격했다.

한신은 군사를 보내 용저 군의 태반이 유수를 건너지 못한 상태에서 모래 주머니를 터뜨려 방수하게 했다.

어디로 도망치느냐!

한신이 갑자기 공격하여 용저를 죽이니 용저의 부대는 뿔뿔이 흩어져 도주했고, 제 왕은 포로가 되고 말았다.

수전(水戰)

적과 대전함에 있어 강변에 진을 치거나 강에 전선을 띄우고 싸우는 것을 모두 '수전'이라고 한다. 강가에 인접한 채 적과 대전해야 하는 상황에서 진을 칠 때는 반드시 강변에서 조금 떨어진 지점에 진을 쳐야 한다. 그 이유는 첫째, 적이 도하 공격을 시도할 수 있는 여지를 주어 적을 유도하기 위해서이고, 둘째, 적이 아군을 의심하지 않도록 안심시키기 위해서이다.

아군이 적과의 결전을 원할 때는 강가에 바짝 붙어 포진해서는 안 된다. 이것이 적의 도하를 막을 수 있고, 적이 아군의 중도 요격을 예상하여 도하 공격을 포기하는 것을 막기 위해서이다. 그러나 아군이 적과의 결전을 원하지 않을 때는 강물의 장애를 이용하여 적의 도하를 저지해야 한다. 적이 도하를 강행하여 아군과 결전하고자 한다면 군을 출동시켜 강가에 대기하고 있다가 적이 절반쯤 도하했을 때 공격하면 승리할 수 있다.

《오자병법》에 '적이 도하를 강행할 경우에는 절반쯤 건넜을 때 공격을 가하라'고 했다.

BC 203년 11월, 한 나라의 모사(謀士) 역이기가 유방의 명을 받아 제 나라에 유세하며, 제의 왕 전광에게 한 황실에 귀순할 것을 설득했다. 그러나 전광은 날마다 역이기와 술잔을 나누며 즐기기만 할 뿐 한 군을 방어하는 데는 게을리했다.

이때 모사 괴통(蒯通)이 대장 한신에게 제 나라의 수비가 해이해진 틈을 타서 군을 출동시켜 황하를 건너 제 나라를 공격할 것을 건의했다. 한신은 그의 의견을 받아들여 마침내 군을 이끌고 황하를 건너 불시에 제 나라를 침공했다. 불의에 습격을 받은 제 왕 전광은 역이기가 자신을 속인 것에 격분하여 역이기를 삶아 죽인 다음 고밀로 도망하여 초 나라의 항우에게 구원을 요청했다. 초 왕 항우는 장군 용저에게 20만의 군사를 주어 제 나라를 구원하게 했다.

구원 부대가 출동할 무렵, 참모 하나가 용저에게 건의했다.

"한신 군은 먼 곳에서 침공하여 죽음을 무릅쓰고 작전에 임하기 때문에 그 예기가 대단히 높습니다. 그러므로 우리가 단번에 한신 군을 쳐서 이기기는 어렵습니다. 게다가 우리 군대는 본국 경내에서 작전을 수행하고 있으므로 장병들이 저마다 가까운 고향을 그리워하여 전력을 집중하지 못하고 쉽사리 흩어져 붕괴당할 우려가 많습니다. 장군께서는 차라리 참호와 해자를 깊이 파고 방어 보루를 높이 쌓아 수비 태세를 강화하여 싸우지 않는 전략을 구사하십시오. 그리고 제왕으로 하여금 신임하는 신하들을 함락당한 성지에 보내 위무하도록 하십시오. 그리하여 함락당한 성읍의 백성들이 아직도 자신의 왕이 건재하다는 사실과 초 나라의 구원병이 당도했다는 사실을 널리 알게 하십시오. 이렇게 하면 적에게 점령당한 지역에서는 분명 한 황실에 대한 반란이 일어날 것입니다. 하지만 한신 군은 2천 리나 되는 머나먼 이국 땅에 들어와 싸우는 형편이라 얼마 못 가 반드시 식량이 부족해질 것입니다. 그때가 되면 장군께서는 싸우지 않고도 한신 군을 항복시킬 수 있습니다."

그러나 평소 한신을 얕보고 있던 용저는 이에 반대했다.

"나는 적장 한신의 인물됨을 잘 알고 있다. 그런 정도의 인물쯤은 손쉽게 처치할 수 있다. 한신은 일찍이 빨래터의 아낙네에게 밥을 빌어먹을 만큼 무능하고 믿을 만한 책략도 갖추지 못한 인물이다. 그러니 두려워할 상대가 못된다. 게다가 제 나라를 구원하러 와서 싸워 보지도 않고 상대가 투항한다면 나에게 무슨 공로가 돌아오겠는가? 이제 내가 일격에 한신

군을 격파한다면 나는 이 제 나라 영토의 절반을 상으로 받을 수 있을 것이다."

결국 용저는 군을 출동시켜 유수를 사이에 두고 한신 군과 대치했다.

한편 한신은 병사들에게 1만여 개의 모래 자루를 만들어 야간에 은밀히 유수의 상류를 막게 한 다음 이른 아침 일부 병력을 이끌고 도하하여 용저 군을 공격하다가 거짓으로 패한 척 도망쳤다. 이를 본 용저는 크게 기뻐하며 "내 본래 한신이 담이 작고 전쟁을 두려워하는 겁쟁이임을 알고 있었다!" 하면서 전 부대에 유수를 건너 한신 군을 추격하라고 명령했다.

용저 군이 도하를 시작하자 한신은 유수 상류의 물꼬를 막아 놓은 모래 자루를 제거하게 했다. 그러자 상류에 막혀 있던 물꼬가 터지면서 삽시간에 강물이 불어났고, 결국 도하 중이던 용저 군은 태반이 유수를 건너지 못한 채 양단되고 말았다. 유수 동안에 체류하고 있던 용저의 부대는 뿔뿔이 도망쳤다. 한신은 이 틈을 타서 초 군에게 맹렬히 공격을 가하여 마침내 용저를 잡아 죽였다. 제 왕 전광도 이 소식을 듣고 도망쳤다. 한신은 성양까지 추격하여 모든 초 군을 사로잡고, 제 나라 전역을 평정했다.

_《사기》〈회음후열전〉

화 전

불 화(火), 火戰
화공을 할 때는 반드시 인화 물질과 건조한 기후, 풍향 등의 일정한 조건이 갖춰져야 한다.

화전(火戰)

적이 만약 수풀이 무성한 지역에 군을 주둔시키고, 풀숲이나 대나무를 사용하여 막사를 짓고, 그 안에 많은 마초와 식량을 쌓아 두고 있으며, 날씨가 가물어 공기가 건조할 경우에는 바람결을 이용하여 적진에 불을 놓아야 한다. 그런 다음 정예병을 출동시켜 맹공을 가하면 적을 격파할 수 있다.

〈손자병법〉에 '화공을 할 때는 반드시 인화 물질과 건조한 기후, 풍향 등의 일정한 조건이 갖춰져야 한다'고 했다.

해 설

후한 말기인 서기 184년 4월, 한의 좌중랑장 황보숭(皇甫嵩, ?~195)이 우중랑장 주준과 함께 4만의 보병과 기병을 이끌고 영천의 황건 군을 토벌했다. 주준은 황건적의 수령인 파재와 맞서 싸웠으나 패했다.

한편 파재 군은 승세를 몰아 장사에서 황보숭의 관군을 포위했다.

당시 황건적의 진영은 수풀 가까이에 있었는데, 때마침 큰바람이 일어났다. 황보숭은 군사들에게 갈대를 묶어 만든 횃불 막대를 휴대시켜 성 위에 배치하고는 다시 은밀히 정예병을 뽑아 포위망을 돌파하여 성 밖 황건적의 진영에 불을 놓고 함성을 지르게 하였다. 그리고 이를 신호로 성 위에 배치된 군사들이 횃불 막대로 호응할 것을 명했다.

황보숭은 황건적의 진영에서 불길이 치솟는 혼란을 틈타 군을 출동시켜 북을 치고 함성을 지르면서 돌진하여 적의 영채를 공격했다.

이에 황건적의 진영은 대혼란에 빠졌고 결국 싸우지도 못한 채 도망치기에 바빴다.

때마침 한의 영제가 파견한 조조 군이 도착하여 황보숭 군과 합세했다. 그 결과 한 나라 관군은 황건적을 대파하고 수만 명의 목을 베었다.

_《후한서》〈황보숭주준열전〉

완 전

느릴 완(緩), 緩戰
군의 기동을 완만히 해야 할 때는 삼림과 같이 엄정하게 하라.

모용각은 부대로 하여금 방어 시설을 구축하게 하고 적군을 포위하여 끝내 단감을 패배시켰다.

완전(緩戰)

　적의 성을 정면 공격하는 것은 가장 좋지 않은 전술로, 부득이한 경우에만 적의 성을 공격해야 한다. 만약 적의 성이 아주 높고, 호성하가 아주 깊으며, 병력은 많지만 식량은 적고, 외부는 포위되어 있고, 구원군이 없다면 아군은 미리 견제하여 적을 묶어 두고 다시 천천히 진격하도록 한다. 이와 같이 하는 것이 유리한 전략이다.
　《손자병법》에 '군의 기동을 완만히 해야 할 때는 삼림과 같이 엄정하게 하라'고 했다.

　5호 16국 시대인 서기 356년 10월, 전연의 장수 모용각(慕容恪, ?~366) 군이 광고에 웅거한 동진의 진북 장군 단감의 군을 포위했다. 휘하 장수들은 모용각에게 속전속결할 것을 건의했으나 모용각은 이에 반대했다.
　"용병에는 급히 서둘러야 할 때가 있는 반면 신중을 기하여 천천히 행동하여 적을 제압해야 할 때도 있는 것이다. 만일 피아의 군세가 대등하고 외부에 적의 강력한 지원 부대가 있어 불원간 아군이 앞뒤로 협공을 받을 위험이 있을 경우에는 속공으로 결판을 내야 한다. 그러나 아군의 군세는 강한 반면 적은 약하고 또 외부에서 적을 지원해 줄 부대가 없다고 판단될 때는 적을 고립시키고 지구전을 벌여 적이 스스로 피폐해지기를 기다려야 한다.
　병법에 아군의 병력이 적보다 열 배가 많으면 적을 포위하고 다섯 배가 많으면 적을 공격하라고 한 것은 바로 이런 경우를 두고 한 말이다. 적장 단감의 군은 아직도 병력이 많은데다 내부에 이반이 나타나지 않고, 견고한 성벽에 의지하여 상하가 같은 마음으로 협력하면서 완벽한 방어 태세를 갖추고 있다. 그러므로 우리가 총력을 다하여 공격한다 하더라도 수십 일이 걸려야만 겨우 함락할 수 있고, 정면 공격을 감행한다 해도 우리 군의 손실이 엄청나게 클 것이다. 우리는 언제든지 적의 성을 탈취하기만 하면 된다. 때문에 굳이 서두를 필요가 없다. 지구전으로 포위하여 승리를 취하는 전법이 마땅하다."

모용각 군은 보루를 견고히 쌓아 수성하는 단감 군을 포위, 고립시키고 단지 지켜보기만 했다. 그 결과 광고성을 함락할 수 있었다.

_《진서》〈모용준기〉

속 전

빠를 속(速), 速戰
용병에서의 귀함은 신속함에 있다.

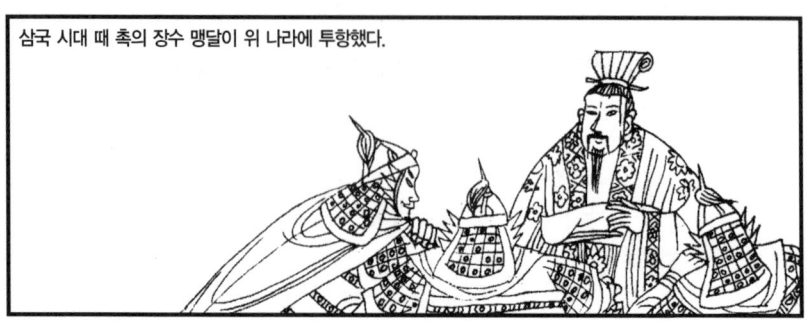

삼국 시대 때 촉의 장수 맹달이 위 나라에 투항했다.

그러나 몇 년 지나지 않아 맹달은 다시 오 나라와 내통하고, 촉 나라에 붙어 위 나라를 배반할 음모를 꾸몄다.

위의 장군 사마의가 군사를 정돈하여 맹달을 토벌할 준비를 했다.

지금 오와 촉은 맹달을 의심하고 있다. 아직 결단을 내리지 못한 틈을 노려서……

좀 더 두고 보는 것이 좋겠습니다.

사마의는 군사를 이끌고 신속히 전진하여 맹달을 토벌했다.

오와 촉이 군사를 파견하여 맹달을 구원하려 하자 사마의는 병력을 나누어 이를 막아내게 했다.

사마의 군은 이곳에서 천2백 리나 떨어진 곳에 있는데, 어떻게 8일 만에 도착한단 말인가?

사마의는 부대를 지휘하여 팔면에서 성을 공격했다.

16일 뒤, 맹달의 부장은 맹달을 죽이고 사마의에게 투항했다.

속전(速戰)

아군이 적의 성읍을 공격 또는 포위한 상황에서 적이 병력은 적으나 군량이 풍부하고, 외부에서 적을 지원해 줄 부대가 있을 경우에는 속전속결해야만 승리할 수 있다.

《당태종·이위공문대》에 '용병에서의 귀함은 신속함에 있다'고 했다.

삼국 시대인 서기 220년 7월, 촉한의 장수 맹달이 위 나라에 항복하여 신성태수로 임명되어 상용성에 주둔했다. 그러나 그는 얼마 후 촉의 승상 제갈량의 책략으로 오 나라와 내통하고, 다시 촉한으로 귀순하여 위 나라에 반기를 들었다. 이 소식을 들은 위 나라의 대장 사마의는 은밀히 군을 출동시켜 맹달을 토벌코자 했다.

당시 여러 장수들은 "맹달은 촉한과 결탁하고 있으니 사태의 변화를 좀 더 관망한 다음에 출전해야 합니다"라면서 군을 서둘러 출동시키는 것을 반대했다. 그러나 사마의는 "맹달은 신의가 없는 인물이라 지금 촉한이나 오 나라 모두 그의 거취에 대해 의심을 품고 있다. 맹달에 대한 저들의 신임이 굳어지기 전에 신속히 결판을 내야 한다"며 그들의 의견을 일축했다. 그리고는 자신이 친히 대군을 이끌고 밤낮으로 강행군하여 8일 만에 상용성에 도착했다. 이에 오 나라와 촉한은 지원 병력을 급파하여 맹달을 구원하게 했다. 그러나 사마의는 병력을 나누어 맹달의 증원군을 각각 막아냈다.

맹달은 위를 배반하고 초에 귀부한 초기에 그는 촉한의 승상이었던 제갈량에게 다음과 같은 편지를 보낸 바 있다.

"지금 사마의가 있는 완성에서 위 나라의 수도인 낙양까지는 8백 리나 되며, 제가 있는 이곳 상용성까지는 1천2백 리나 됩니다. 완성의 사마의는 제가 반기를 들었다는 소식이 들리면 반드시 위 나라 황제에게 글을 올려 우리를 토벌하겠다고 주청할 것입니다. 그런 글이 왔다갔다하는 데는 한 달은 족히 걸립니다. 그동안 우리는 방비를 더욱 공고히 병력을 증강하면 됩니다. 또 제가 있는 이 상용성과 완성은 그 거리가 먼데다 지형도 매우 험하여 아마도 사마의는 자신이 직접 출전하지 않고 다른 장수를 대신 출전시킬 것입니다. 사마의가 아닌 다른 장수가 우리를 공격한다면 아무런 걱정이 없습니다."

그러나 맹달의 예상과는 달리 사마의는 친히 대군을 이끌고 갑자기 상용성에 도착했다. 이에 맹달은 급히 제갈량에게 글을 보내 보고했다.

"제가 거사한 지 8일 만에 사마의 군이 우리 성 아래에 도착했으니 어찌 그리도 행동이 신속한지 알 수가 없습니다!"

맹달은 삼면이 물로 차단된 상용성 주위에 목책(木柵)을 설치하고 방비를 강화했다. 그러나 사마의 군은 물을 건너 목책을 쳐부수고 곧바로 병력을 팔면으로 나누어 상용성을 공격했다. 불과 16일 만에 맹달의 부장 이보 등은 맹달을 죽이고 성문을 열어 사마의에게 투항했고, 결국 상용성은 함락되고 말았다.

_《진서》〈선제기〉

정 전

가지런할 정(整), 整戰
기치가 엄정히 정돈되어 있는 적군을 공격해서는 안 된다.

삼국 시대 때 위의 태위 사마의가 군사를 이끌고 요동에 할거하고 있는 공손연을 토벌했다.

사마의는 요하를 건너 부대를 지휘하여 진지를 구축했다.

공격해 보지도 않고 어찌하여 이곳에 진지를 구축하십니까?

적의 방어 진지는 매우 견고하오. 공격하자면 마땅히 속임수를 써야 하지 않겠소?

정전(整戰)

적과 대전할 때 적군의 대오와 진용이 질서정연하고 군사들의 정서가 안정되어 있으면 가볍게 움직여서는 안 된다. 마땅히 적의 내부에 변동이 일어나기를 기다렸다가 공격해야 한다. 이와 같이 한다면 유리한 국면을 장악할 수 있다.

《손자병법》에 '기치가 엄정히 정돈되어 있는 적군을 공격해서는 안 된다'고 했다.

삼국 시대인 서기 238년 6월, 위 나라의 대장 사마의가 명을 받들어 위 나라에 반기를 들고 스스로 연 왕이 된 공손연을 토벌하기 위해 요하에 이르렀다. 공손연은 수만 명의 보병과 기병을 보내 요수성에 집결시키고 굳건한 방어 태세로 사마의의 진격을 저지하려고 했다.

사마의는 군을 이끌고 은밀히 요하를 건너 마치 요수성을 공격하려는 듯 그 일대에 광범위한 포위망을 구축했다. 그리고 요수성에서 거점 방어 태세를 취하고 있는 공손연 군을 그대로 놔둔 채 공손연의 근거지인 양평으로 진격하려고 했다. 이에 사마의의 휘하 장수들은 사마의를 이해하지 못하겠다며 반대했다. "적의 방어 거점을 공격하지 않고 그대로 지나는 것을 이해할 수 없습니다."

이에 사마의가 대답했다.

"적은 지금 요수성에서 견고한 방어 태세를 갖추어 놓고 있다. 이는 우리 군을 이곳에 고착시켜 놓고 지치게 만들려는 작전이다. 그러므로 우리가 저들의 성을 공격하는 것은 바로 저들의 작전에 걸려드는 것이다. 적의 주력 병력이 이곳에 집결되어 있으니 적의 근거지인 양평은 분명 텅 비어 있을 것이다. 우리가 곧바로 양평을 향해 진격한다면 이곳의 적들은 그들의 근거지를 잃을까 봐 두려워 견고한 성에서 나와 우리와 싸우려 들 것이다. 그때를 이용하여 병력을 집중시켜 공격한다면 틀림없이 저들을 격파할 수 있을 것이다."

그런 다음 사마의는 엄정히 기치와 창검을 휘날리면서 그대로 요수성을 지나쳐 곧장 양평으로 진군했다. 공손연 군은 위 군이 곧장 자신들의 후방 근거지로 향한다는 사실을 알고는 견고한 요수성에서 나와 위 군을 제지하려고 했다. 사마의는 이 틈을 노려 역습을 가하여 적을 대파했다. 세 번 싸워 세 번을 모두 이기니 공손연은 양평으로 퇴각했고 사마의는 승리의 여세를 몰아 겹겹이 그를 포위했다.

_《진서》〈선제기〉

70 난 전

어지러울 난(亂), 亂戰
적진이 혼란스러우면 그 기회를 틈타 재빠르게 공격해야 한다.

617년, 당조의 장수 단지현과 대장 유문정이 동관에서 수 군과 싸웠다.

유문정이 이끄는 부대는 수의 장군 상현화에게 습격을 당해 혼란하고 위급한 상황에 처했다.

이때 단지현이 소수의 기병을 이끌고 적시에 적진으로 쳐들어가 단숨에 수 군 수십 명을 죽였다.

단지현은 돌아오는 길에 적군의 화살에 다리를 맞았다.

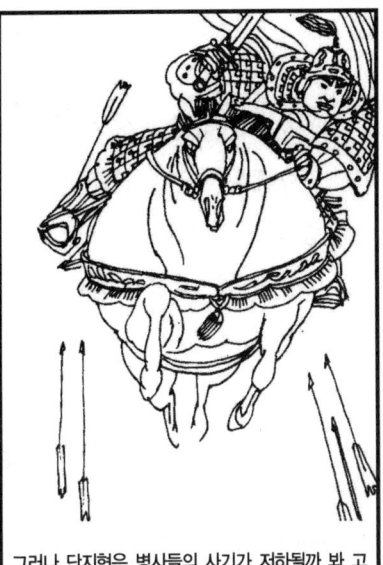
그러나 단지현은 병사들의 사기가 저하될까 봐 고통을 참고 말하지 않았다. 또다시 적진으로 내달으니 상현화의 부대에는 큰 혼란이 일어났다.

당조의 군사들은 다시 한번 투지를 불태워 수 군을 죽이고 대파했다.
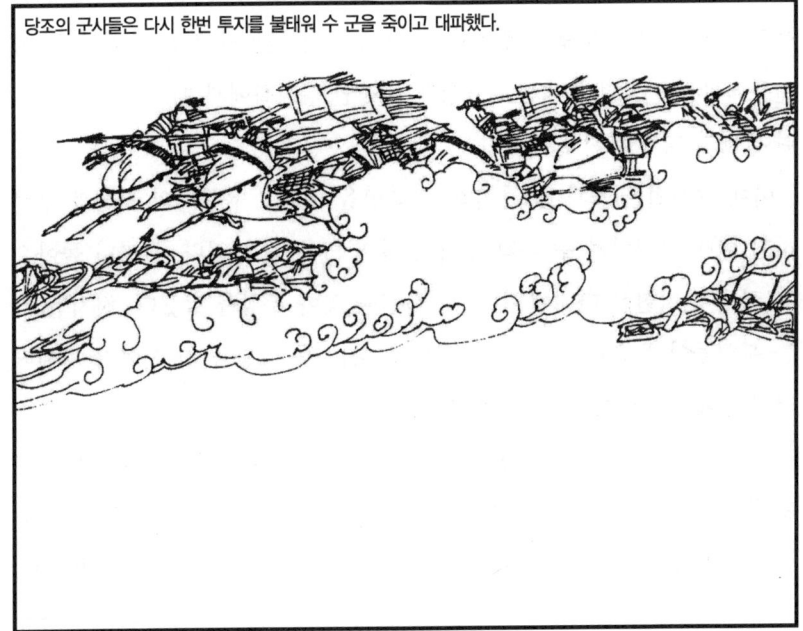

난전(亂戰)

적과 전투를 함에 있어 적군의 대오가 정돈되어 있지 않고 적병들이 소란할 경우에는 아군은 신속히 군을 출동시켜 공격해야 한다. 이와 같이 한다면 승리할 수 있다.

《손자병법》에 '적진이 혼란스러우면 그 기회를 틈타 재빠르게 공격해야 한다' 고 했다.

| 사례 1 |

수 나라 말기인 서기 617년(당의 이연이 기병한 초기), 수에 대항하여 반란을 일으킨 당 나라 장군 유문정(劉文靜)과 단지현(段志玄)이 섬서성 동관현의 북방 요충지인 동관에서 수 나라 장군 굴돌통의 진격을 맞았다. 이 전투에서 유문정의 부대는 굴돌통의 부장인 상현화에게 패하여 진세가 혼란에 빠져 궤멸 위기에 처했다.

이에 단지현은 불과 20여 명의 기병만을 데리고 유문정의 부대를 구원하기 위해 출전하여 수 나라 병사 수십 명의 목을 베었다. 그러나 돌아오는 길에 단지현은 다리에 수 군의 화살을 맞아 부상을 당했다. 하지만 그는 부하들이 동요할까 봐 아무 일도 없다는 듯 고통을 참고 여러 차례나 더 적진에 돌입하여 적을 참살했다.

단지현의 돌격으로 상현화의 수 군의 진지는 큰 혼란에 빠졌다. 반면 유문정의 부대는 사기가 진작되어 적군의 혼란을 틈타 용감하게 출격하여, 수 군을 대파했다. 굴돌통이 도망쳤으나 단지현이 추격하여 결국 사로잡았다.

_《구당서》〈단지현전〉

| 사례 2 |

 춘추 전국 시대인 BC 684년경, 제와 송 두 나라의 연합군이 노 나라를 침공하여 낭 지방에 군을 진주시키자 노 나라의 군주인 장공은 이들을 막아내려고 했다. 이때, 공자 언이 장공에게 건의했다.
 "지금 송 군은 부대의 전열이 갖추어져 있지 않으므로 우리가 공격하면 격퇴시킬 수 있습니다. 송 군이 패퇴하면 제 군도 철수할 것이니 시급히 송 군부터 공격하도록 하십시오."
 그러나 장공은 이를 받아들이지 않았다. 이에 공자 언은 은밀히 노 나라 도성의 남문인 우문으로 부대를 출동시킨 다음 군사들로 하여금 호랑이 가죽을 뒤집어쓰고 송 군의 진영을 습격하게 했다. 그러자 장공도 뒤따라 군을 출동시켜 송 군에 집중 공격을 가했다. 그 결과 송 군은 승구에서 대패했으며, 제 나라도 본국으로 철수하고 말았다.

71 분 전

나눌 분(分), 分戰
병력을 분산시켜 싸워야 할 상황에서 병력을 분산, 운용하지 않는 군대를 난군(亂軍)이라고 한다.

분전(分戰)

아군의 병력은 많고 적군은 적을 경우에는 응당 광활하고 평탄한 지역을 선택하여 싸워야 한다. 만일 아군이 적보다 다섯 배가 많을 경우에는, 마땅히 이를 나누어 그중 5분의 3은 정병(正兵)으로 정면 공격하고, 나머지 5분의 2는 기병으로 적을 기습 공격할 수 있도록 편성한다. 만약 아군이 적에 비해 세 배가 많을 경우에는 병력을 나누어 3분의 2는 정병으로, 3분의 1은 기병으로 편성해야 한다.

《당태종·이위공문대》에 '병력을 분산시켜 싸워야 할 상황에서 병력을 분산, 운용하지 않는 군대를 난군(亂軍)이라고 한다'고 했다.

남북조 시대인 서기 552년경, 양 나라의 장군 진패선과 왕승변(王僧辯, ?~555)이 군을 출동시켜 장공주에서 후경의 반란 세력을 토벌했다. 이들 양 나라 군은 수많은 전함에 깃발을 높이 세우고 강을 횡단하면서 마치 해를 가릴 기세로 물결을 따라 호호탕탕 하류로 향진했다.

석두 성에 올라 양 나라 토벌군의 늠름한 진용을 바라보던 후경은 불안한 생각이 들었다. '적군의 기세가 이렇게 웅장하니 가벼이 상대해서는 안 되겠구나.'

후경은 직접 철기병 1만 명을 거느리고 북을 울리며 전진하여 양 나라 군과 싸울 태세를 갖추었다.

후경 군이 접근하자 진패선이 왕승변에게 건의했다.

"용병에 능한 자는 상산(常山)의 뱀과 같아서 선두와 후미 부대가 서로 잘 접응하도록 합니다. 적은 지금 사력을 다하여 결전을 하려 하고 있습니다. 그러나 병력 수에 있어서 아군이 적군보다 많으니 부대를 나누어 적을 공격하는 것이 좋겠습니다."

왕승변은 진패선의 의견에 따라 강력한 궁노 부대에게는 정면에서 후경 군을 맞아 싸우게 하고, 경무장한 정예 기병들에게는 후경 군의 측후를 유린하게 했다. 그리고 자신은 주력 부대를 이끌고 후경 군의 중앙부를 공격했다. 그 결과 양 군은 후경 군을 대파했고, 반란군의 수괴 후경은 석두성을 버리고 도망했다.

_《진서》〈고조본기〉

■ 보충 설명

| 상산(常山)의 뱀 |

이 말은 《손자병법》의 〈구지〉 편에 나오는 말로, '용병을 잘하는 자는 솔연(率然)이라는 뱀과 같다. 솔연은 상산에 있는 뱀으로, 머리를 치면 꼬리가 대들고 꼬리를 치면 머리가 대들며, 중간을 치면 머리와 꼬리가 함께 대든다'라고 했다. 이는 용병에 있어서 임기응변에 능통한 경우를 비유하는 말이자 진법의 운용에서도 채택되는 원리이다.

72 합 전

합할 합(合), 合戰
군을 한곳에 집중시켜야 할 상황에도 집중시키지 않는다면 스스로의 역량을 깎는 고립된 군대, 즉 고군(孤軍)이 된다.

서기 733년 가을, 토번의 대군이 당 나라에 침입했다.

신성의 당 군은 병력이 아주 적어 모두들 두려움에 떨었다.

그러나 주장인 왕충사는 전혀 두려워하지 않고 태연하게 지휘했다.

그는 먼저 기병 부대를 보내 적의 양날개로 돌격케 하고 적의 공격 부대를 난타했다.

이어서 병력을 모아 적의 혼란을 틈타 대규모의 반격을 가했다.

토번 군은 공격을 받아 크게 패했다.

합전(合戰)

일반적으로 병력이 분산되면 전투 역량이 약해지고 병력을 집중하면 그 역량도 강해지는 법이다. 이는 용병하는 자라면 반드시 알아야 할 상식이다. 만일 아군이 부대를 여러 지역에 나누어 주둔시키고 있는 상황에서 적이 대병력으로 하여금 아군을 공격하려 한다면 아군은 신속히 부대를 한 곳에 집중시켜 적과 대전해야 한다.

《당태종·이위공문대》에 '군을 한곳에 집중시켜야 할 상황에도 집중시키지 않는다면 스스로의 역량을 깎는 고립된 군대, 즉 고군(孤軍)이 된다'고 했다.

| 사례 1 |

당 나라 개원 연간인 서기 733년 가을, 티베트 족이 신장성 위구르 자치구에 있는 신성의 당 군을 침공했다. 티베트 군은 병력이 많았으나 당 나라 군의 병력은 열세였기에 당 나라 장졸들은 모두 공포에 떨었다.

그러나 당 나라의 좌위위랑장 왕충사(王忠嗣)는 조금도 두려워하는 기색 없이 기병을 지휘하여 적을 맞아 싸웠다. 왼쪽을 치는가 하면 오른쪽을 치고, 물러났는가 하면 다시 진격하고, 분산시켰는가 하면 다시 집결시켜 종횡무진으로 적진을 누벼 적군 수백 명을 베어 죽였다. 이러한 왕충사의 활약으로 티베트 군은 큰 혼란에 빠져 제대로 전열을 정비하지 못했다. 왕충사는 삼군을 모아 좌우에서 티베트 군을 맹렬히 협공한 끝에 마침내 적을 대파했다.

_《구당서》〈왕충사전〉

■ 보충 설명

본 편은 이른바 '합병이격적(合兵以擊敵)', 즉 '병력을 집중하여 적을 공격한다'는 용병의 원칙을 잘 보여 주는 성공적인 전례이다.

| 사례 2 |

BC 202년 10월경, 유방이 이끄는 한 군이 초 왕 항우 군을 추격하여 양하의 남쪽 지역까지 진출했다. 유방은 양하에서 추격을 멈추고, 제 왕 한신, 위의 정승 팽월과 더불어 군을 한곳에 모아 전력을 집중하여 항우의 초 군을 공격하기로 했다. 그러나 유방 군이 집결지인 고릉에 도착했을 때까지 합류하기로 한 한신과 팽월의 군이 도착하지 않았다. 이를 틈타 항우 군은 유방의 군을 공격하여 유방 군을 대파했다.

유방은 할 수 없이 군을 수비 태세로 전환하여 성채 주위에 참호를 깊이 파고 진영을 굳게 지키며 참모인 장량에게 물었다.

"한신과 팽월이 내 명령에 따르지 않으니 어찌해야 좋겠소?"

이에 장량이 대답했다.

"지금 초 군은 거의 궤멸 직전에 있습니다. 그런데도 대왕께서는 아직 제후들에게 영토를 나누어주지 않고 계십니다. 그러니 그들이 대왕의 명령을 따르려 하지 않는 것은 당연한 일입니다. 대왕께서 만일 그들과 함께 천하를 나누어 가지겠다고 하신다면 그들을 당장이라도 불러올 수 있을 것입니다.

제 왕 한신이 왕위에 오른 것도 대왕의 본심이 아니었기에 우리 한 나라에 대한 한신의 충성도 그리 굳지 않습니다. 한신의 고향인 회음현은 초 나라 땅에 있습니다. 그렇기 때문에 그는 고향을 찾기 위해서라도 반드시 전력을 다하여 초 나라를 공격할 것입니다.

또 팽월은 본디 양 나라의 옛 영토를 평정한 인물로 역시 제후 왕이 되기를 바라고 있는데, 대왕께서는 진작에 그 조치를 취하지 않으셨습니다. 이제라도 대왕께서는 수양 이북에서 곡성에 이르는 지역을 모두 팽월의 영지로 하사하시고, 진의 이동 지역에서 동해에 이르는 지역을 모두 제 왕 한신의 영지로 봉해 주신다고 약속하십시오. 그런 다음 각자 힘을 다하여 초 군을 무찌르게 하신다면 초 군을 쉽게 격파할 수 있을 것입니다."

유방이 장량의 의견에 따라 점령 지역의 일부를 제후들의 영지로 떼어 주기로 약속하자 한신과 팽월이 군을 이끌고 현지에 도착했다.

다음 달 11월, 한 나라의 장수 유가의 부대는 초의 땅으로 진입하여 수춘을 포위했다. 이에 한 나라는 사절을 파견하여 초 나라의 대사마 주은을 설득해서 한 나라 편으로 전향시켰다. 결국 주은은 초를 배반하고 구강에 배치되어 있던 초 군을 이끌고 한 나라 장군 경포 부대에 합류했다. 경포는 주은 군과 함께 진격하여 성보 지방을 석권하고 수춘을 점령한 유가 군의 뒤를 이어 해하에 집결했다.

12월, 한의 여러 군이 해하에서 항우 군을 포위했다. 장량은 초 군의 사기를 저하시킬 의도로 투항한 초의 병사들로 하여금 한밤중에 초 나라의 노래를 부르게 했다(사면초가(四面楚歌)의 어원이 됨). 항우 군은 한 군의 진영에서 들려오는 초 나라의 노랫소리를 듣고 모두 상심했다. 항우 역시 밤잠을 이루지 못하고 일어나 술을 마셨다. 사랑하는 애첩 우미인과 준마 추를 생각하며, 격앙된 심사를 이기지 못하고 노래를 불렀다.

    힘은 산을 뽑을 만하고 기개는 온 천하를 덮는데
    시세가 불리하여 애마 추는 갈 곳이 없네
    추가 갈 곳이 없으니 내 어찌 할 것인가
    사랑하는 우미인이여, 우미인이여! 어찌하면 좋을까?

우미인이 화답한다.

한 나라가 모든 땅을 차지하고
사방에는 온통 초 나라 노랫소리만 들리네
대왕께서 힘이 다하셨으니
이 몸이 살아서 무엇하리오!

항우의 두 눈에서는 굵은 눈물이 흘렀다. 전의를 상실한 항우 군의 군영에서는 이탈자가 속출했다. 항우는 겨우 수백 명의 기병만을 이끌고 패주하여 오강에 이르렀다.

도선장에서 배를 준비하던 오강의 정장이 항우에게 말했다.

"강동의 땅은 넓지는 않으나 사방이 천 리나 되고 인구도 수십 만을 헤아립니다. 강동에 가시면 다시 한번 기회를 엿볼 수 있을 것입니다. 자, 어서 배에 오르십시오. 배는 이 한 척뿐이라 한 군이 뒤를 추격해 온다 해도 강을 건너지는 못할 것입니다."

그러나 항우는 하늘을 바라보며 처연히 웃으며 말했다.

"그만두시오. 나는 이미 하늘의 버림을 받은 몸인데 강을 건넌들 무슨 수가 있겠소. 강동은 내가 그곳 젊은이 8천 명을 이끌고 처음 거사한 곳이오. 그러나 지금은 그 8천 명을 다 죽이고 나 혼자만 살아남았소. 죽은 젊은이의 가족들이 비록 나를 반겨 준다고 해도 무슨 면목으로 그들을 대할까! 그들이 용서한다고 해도 나 자신이 나를 용서할 수 없소."

잠시 말을 끊었던 항우가 고개를 들어 정장에게 부탁했다.

"이 말은 내가 지난 5년 동안 애지중지한 애마요. 이 오추마가 내닫는 곳에는 적이 없었고 하루에도 능히 천 리를 달렸소. 내 손으로 죽일 수가 없으니 당신이 맡아 주시오."

그리고는 한 군 수백 명을 죽이고 자신도 자결했다. 그의 나이 겨우 31세였다. 이리하여 마침내 한은 초를 평정하고 천하를 통일했다.

후세에 사마천은 항우를 이렇게 평가했다.

옛날 순 임금의 눈동자가 2개라 했다. 언젠가 내가 들은 말에 의하면 항우의 눈도 2개라 했다. 그렇다면 그는 순의 자손이란 말인가? 그가 세상에 나와 떨친 세력이 그처럼 격렬했던 것도 어쩌면 까닭이 있었기 때문인지도 모른다.

진 나라가 천하를 통치하는 데 실패하여 진승이 반란의 횃불을 쳐들자 각지에서 호걸들이 봉기하여 패권을 다투었다. 그러나 항우라고 해서 이렇다 할 기반을 가지고 있었던 것은 아니었다. 다만 그는 농민들이 봉기하는 와중에서 두각을 보여 단 3년 만에 연·조·한·위·제의 다섯 제후를 거느리고 마침내 진 나라를 멸망시켰다. 그리하여 천하를 분할하고 자신은 그 우두머리로써 패왕의 지위에 올랐다. 뜻을 이루지는 못했지만 과거 수백 년에 걸쳐 이만한 인물은 또 없었다고 해도 과언이 아니다.

그러나 항우에게도 몇 가지 치명적인 실수가 있었다. 바로 고향인 초 나라를 그리워하여 관중 지방을 버리고 떠났다는 점, 의제를 내쫓고 제위를 찬탈한 일, 자신에게 반대하는 제후를 용서할 줄 몰랐다는 점 등이 그것이다. 또한 자신을 지나치게 믿은 나머지 모든 일을 자신의 생각으로 처리하고, 역사의 교훈을 배우려 하지 않은 점도 그가 저지른 실수 중 하나다. 이는 그가 패왕이란 무력으로 천하를 정복하는 자라고 굳게 믿었기 때문이다.

그 결과, 5년 후에는 나라를 망하게 만들었고 자신도 비극적인 최후를 맞았다. 그럼에도 불구하고 그는 자신의 실패를 인정하지 않았고 각성할 줄을 몰랐다. 하늘이 자신을 버렸기 때문이지, 자신의 지혜와 용맹이 부족했기 때문에 실패한 것이 아니라고 죽는 순간까지 고집했으니 이 어찌 큰 잘못이 아니겠는가?

훗날 당 나라의 시인 두목도 오강을 찾고 이렇게 읊었다.
싸움에 이기고 지는 것은
누구도 기약할 수 없는 일
한때의 부끄러움은
참고 참아야 하는 것이 남아가 아니던가
강동의 자제들 중에는
뛰어난 이 많으니
권토중래(捲土重來)를 알 수가 없는데.

_《초한지》

노 전

성낼 노(怒), 怒戰
병사들이 용감하게 적을 죽일 수 있는 것은 병사들의 적개심에서 기인한다.

서기 28년, 한의 무제가 왕패와 마무로 하여금 군을 통솔하여 주건을 공격하게 했다.

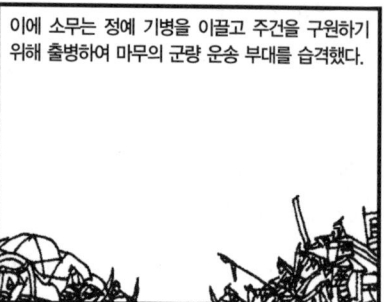

이에 소무는 정예 기병을 이끌고 주건을 구원하기 위해 출병하여 마무의 군량 운송 부대를 습격했다.

주건과 소무 양군은 마무를 협공했다.

마무가 왕패에게 사람을 보내 구원을 청했으나 왕패는 받아들이지 않았다.

과연 소무와 주건은 전 병력을 동원하여 마무를 공격했다.

왕패가 말했다. "우리가 구해 주지 않으면 적은 분명 승세를 틈타 과감하게 진격해 올 것이다. 그러면 마무도 한바탕 고전을 치러야 할 것이다."

모든 장병들은 왕패에게 공격 명령을 청했다.

명령을 내려 주십시오! 왕 장군님, 전장을 피로 물들이겠습니다.

왕패는 장병들이 모두 한마음이 되어 적을 증오하는 것을 보고 정예 기병을 보내 소무와 주건을 습격하게 하여 적군을 대파했다.

노전(怒戰)

적과 싸울 때는 모름지기 장병들을 격려하여 적에 대한 적개심을 불러일으킨 다음 전투에 투입해야 한다.

《손자병법》에 '병사들이 용감하게 적을 죽일 수 있는 것은 병사들의 적개심에서 기인한다' 고 했다.

서기 28년경, 후한의 광무제가 장군 왕패(王覇, ?~59)로 하여금 포로장군 마무와 함께 수혜에 웅거하고 있는 반란군 주건의 세력을 토벌하게 했다.

마무의 토벌군이 출동하자 한 나라에 반기를 들고 있던 소무는 4천여 명의 군사를 이끌고 주건을 지원하기 위해 수혜로 달려갔다. 소무는 먼저 일지의 정예 기병을 보내 마무의 군량 수송대를 가로막고 공격을 가했다. 마무가 이를 알고 후미의 군량 수송대를 구원하려고 하자 수혜성을 점거하고 있던 주건이 부대를 출전시켜 소무 군과 함께 마무의 부대를 협공했다. 그러나 마무는 이들의 협공을 받으면서도 왕패가 구원군을 보내 주리라 믿은 나머지 전력을 다하여 싸우지 않았다. 결국 마무의 부대는 주건과 소무의 군에게 참패를 당했다. 마무는 궤멸된 군사를 이끌고 왕패의 진영으로 달려가 큰 소리로 구원을 요청했다.

그러나 왕패는 "적의 군세가 강하여 우리가 나가서 구원하다가는 그대의 본 군과 우리 구원병까지 모두 패하고 말 것이다. 각자 힘을 다하여 싸울 뿐이다" 하더니 영문을 폐쇄하고 굳게 지키기만 할 뿐 출전하지 않았다. 왕패의 부하 장수들이 모두 마무를 구원하기 위해 출전하려 하자 왕패가 설득하면서 이렇게 말했다.

"소무 군은 모두 정예병인데다 병력 또한 많아서 우리 군사들이 마음속으로 두려움을 품고 있다. 또한 포로 장군 마무의 부대와 우리 부대는 서로 우군이 자기들을 구원해 주리라 믿고 있기 때문에 모두 결사적으로 싸우지 않고 있다. 이야말로 패망을 자초하는 길이다. 우리가 이제 영문을 굳게 닫고 견고하게 진영을 지키면서 우군끼리도 서로 구원해 주지 않는다면 적은 반드시 기세가 등등하여 경솔히 우리를 공격하려 들 것이다. 포로 장군의 부대 역시 우리가 그들을 구원해 주지 않는다는 사실을 알게 되면 그들 스스로 힘을 배가하여 적과 싸우려 들 것이다. 이렇게 되면 소무 군은 자연히 피로해질 것이고, 그 틈을 타서 우리가 공격을 가한다면 반드시 승리할 수 있을 것이다."

왕패가 소신대로 영채를 굳게 지키기만 하자 과연 소무·주건 군은 모두 성에서 나와 전병력으로 마무 군을 집중 공격했다. 양군이 치열하게 사투를 벌이자 이를 관망하던 왕패의 진중에서 장사 수십 명이 머리를 삭발하고 나서서 마무 군을 구원하겠다는 결의를 보이며 출전을 자원했다.

왕패는 군사들의 적개심이 불타오르는 것을 보고 출전의 시기가 무르익었다고 판단, 비로소 영문을 열고 정예 기병을 출전시켜 적의 배후를 급습하게 했다. 이 결과 소무·주건 군은 앞뒤로 한 군의 협공을 받아 마침내 대패하여 도망치고 말았다.

_《후한서》〈왕패전〉

기 전

74

기운 기(氣), 氣戰
사기가 왕성하면 적과 싸워야 하고, 기력이 쇠진하면 즉시 철수해야 한다.

춘추 시대 때 제 나라가 노 나라를 공격했다. 이에 장공과 조귀가 전차를 타고 제 군을 맞아 싸웠다.

전고를 울리면서 진격할까요?

아직 때가 아니다.

지금 공격하라.

제 군이 세 차례나 북을 친 다음에야 조귀는 비로소 공격을 명했다.

노 군이 분연히 적진으로 돌진하니 제 군은 대패했다.

기전(氣戰)

장수가 전쟁에서 의지하는 바는 병사이고, 병사가 공격함에 있어서 의지하는 바는 용기이다. 병사들의 용기가 왕성한 것은 북소리를 울리며 그들을 격려한 결과이다. 북은 능히 전사들의 용기를 진작시키지만 너무 자주 사용해서는 안 된다. 북을 너무 빈번하게 치면 병사들의 기력이 쇠잔하기 쉽기 때문이다. 또한 병사들이 적과 너무 멀리 떨어져 있을 때도 북을 울리면 안 된다. 거리가 먼데도 북을 울리면 접전하기도 전에 병사들의 기력이 쇠갈되기 쉽기 때문이다.

적군이 60보 내지 70보 이내의 거리에까지 접근했을 때 북을 울려서 군사들로 하여금 돌격하여 싸우게 해야 한다. 적의 기력이 쇠잔하고 아군의 기력이 충만할 때 공격한다면 적을 쉽게 패퇴시킬 수 있을 것이다.

《위료자》에 '사기가 왕성하면 적과 싸워야 하고, 기력이 쇠진하면 즉시 철수해야 한다'고 했다.

춘추 전국 시대인 BC 684년경, 제 나라가 노 나라를 침공하자 노 나라 군주인 장공이 친히 제 군과 싸우기 위해 출전했다. 이때 조귀가 장공을 따라 종군할 것을 자원하자 노의 장공은 그를 수레에 태우고 함께 출전하여 장작이라는 곳에서 제 군과 대전하게 되었다.

장공이 제 군의 기선을 제압하기 위해 공격 신호의 북을 울리려 하자 조귀가 황급히 노 군의 선제 공격을 만류하면서 말했다. "아직은 공격할 때가 아닙니다."

제 군이 먼저 공격을 개시했다. 제 군의 공격은 연달아 세 차례나 거듭되었다. 그러나 세 차례에 걸친 공격에도 불구하고 제 군은 노 나라의 방어를 돌파하지 못하고 물러났다.

조귀는 제 군 쪽에서 세 번의 공격 북소리가 울린 다음에야 비로소 노 장공에게 반격할 것을 청했다. "바로 지금이 공격할 때입니다!"

노 장공이 북을 울리며 진군을 명하자 마침내 노 군의 일제 공격이 시작되었다. 세 차례의 공격 시도로 예기가 꺾여 지칠 대로 지쳐 있던 제 군은 결국 노 군의 역습을 감당하지 못하고 패퇴하기 시작했다. 노 장공이 즉시 추격 부대를 풀어 제 군을 뒤쫓으려 하자 조귀가 또다시 만류했다. "아직은 때가 아닙니다!"

그러더니 조귀는 수레에서 내려와 퇴각하는 제 군 병차의 바퀴 자국을 유심히 살펴보았다. 그리고는 수레 앞쪽 마필의 걸대 위에 올라 제 군의 퇴각 모습을 바라본 다음 노 장공에게 말했다. "바로 지금입니다. 이제 추격 부대를 출동시켜도 괜찮습니다!"

노 군은 제 군을 국경 밖까지 추격하여 결국 완승을 거두고 개선했다.

싸움에 이긴 뒤 노 장공이 물었다. "어째서 두 번씩이나 공격을 만류했는가?"

이에 조귀가 대답했다.

"전투에서 가장 중요한 것은 싸우려고 하는 장병들의 용기입니다. 장병들의 투지와 사기는 첫 번째 공격 신호의 북소리를 들을 때 가장 왕성합니다. 그러나 두 번째 공격 때부터는 사기가 점점 쇠퇴합니다. 두 차례의 공격에 실패하고 세 번째 공격 명령을 받았을 때 장병들의 사기와 투지는 고갈되어 싸울 힘이 남아 있지 않습니다. 제 군이 세 차례나 공격 신호를 울렸을 때는 이미 투지가 쇠잔된 상태였지만 그동안 한 차례의 공격도 시도하지 않은 아군은 바야흐로 투지가 왕성하게 불타고 있었기에 제풀에 지쳐 버린 제 군을 쉽게 격파할 수 있었던 것입니다. 이것이 바로 승리의 요인입니다.

또한 신이 즉각 추격을 만류한 까닭은 이러합니다. 비록 결전에서 패퇴했더라도 제 나라는 역시 강대국입니다. 그렇기 때문에 저들의 작전 의도나 실력을 헤아리기 어렵습니다. 신은 제 군이 후방에 복병을 설치해 놓고 기만 전술로 퇴각하여 아군의 추격을 유인하지 않을까 두려웠습니다. 그러나 신이 수레에서 내려와 제 군의 병차 바퀴 자국을 살펴본 결과 무질서하게 황급히 퇴각한 증거가 드러났습니다. 또 마차 걸대 위에 올라 바라보니 퇴각 중인 제 군의 깃발이 어지럽게 뒤섞이고 눕혀서 질서 정연하게 계획적으로 후퇴하는 모습이 아니었습니다. 그제서야 신은 제 군이 정말로 패퇴하고 있음을 확신하고 추격을 건의했던 것입니다."

_《좌전》〈장공10년〉

■ 보충 설명

이 전쟁은 제(齊)와 로(魯)의 장작(長勺)의 전쟁 고사이다.

귀 전

돌아갈 귀(歸), 歸戰
군사를 되돌려 본국으로 회군하는 적을 쫓아가 저격해서는 안 된다.

그러나 실제로 조조는 부대를 매복시켜 놓고 장수가 추격해 오기를 기다리고 있었다.

장수는 조조가 도망친다는 말에 전 병력을 동원하여 신속히 추격했다.

조조가 복병을 지휘하여 양면에서 협공하니 장수는 대패하고 말았다.

귀전(歸戰)

접전 중에 만약 적이 아무런 이유 없이 후퇴하여 돌아간다면 모름지기 그 의도를 분명하게 따져 보아야 한다. 적이 진실로 피곤에 지치고 군량이 떨어져서 후퇴하는 것이라면 아군은 정예의 경기병으로 추격을 단행하여 격멸시켜야 한다. 그러나 본국으로 귀환하는 경우라면 추격하여 저격해서는 안 된다.

《손자병법》에 '군사를 되돌려 본국으로 회군하는 적을 쫓아가 저격해서는 안 된다'고 했다.

후한 헌제 건안 3년인 서기 198년 3월, 조조 군이 양성에 주둔하고 있는 유표의 부하 장수 군을 포위하자 형주자사 유표는 군을 급파하여 장수를 구원하게 했다.

유표는 안중에 병력을 주둔시켜 놓고 험한 요새를 지키면서 조조 군의 후미 부대를 차단, 공격했다. 이 때문에 조조 군은 전진하지 못한 채 앞뒤로 적의 공격을 받아 불리한 형국에 빠졌다.

조조는 야음을 틈타 지형이 험난한 곳을 돌파하여 탈출할 듯이 기동하면서 기병을 매복시켜 놓고, 장수 군이 추격해 올 때까지 기다렸다. 그러나 이러한 계략을 알아채지 못한 장수는 군사를 총동원하여 조조 군을 추격했다.

장수의 추격 군이 매복 지점에 이르렀을 때 조조는 복병과 주력 부대를 이끌고 좌우에서 이들을 협공하여 큰 승리를 거두었다.

그 후 조조는 승리한 이유를 묻는 참모 순욱의 질문에 이렇게 답했다.

"적은 우리가 후퇴하는 길을 가로막음으로써 아군을 사지로 몰아넣었다. 그러나 이것이 우리 장병들로 하여금 결사적으로 싸우도록 해 주었다. 나는 이 때문에 우리 군이 승리할 것을 예상했다."

_《삼국지》〈위서-무제기제1〉

76 축 전

쫓을 축(逐), 逐戰
무릇 패하여 도망치는 적을 추격함에 있어 멈춰서는 안 된다. 그러나 적군이 퇴로 상에서 가다가 멈추고 가다가 멈추는 상황을 반복하면 그 의미가 무엇인지를 신중하게 살펴야 한다.

서기 618년, 이세민이 군사를 이끌고 농서에 할거하고 있는 설인고를 토벌했다.

설인고의 부장이 병력을 이끌고 대항했으나 당 군에 대패했다.

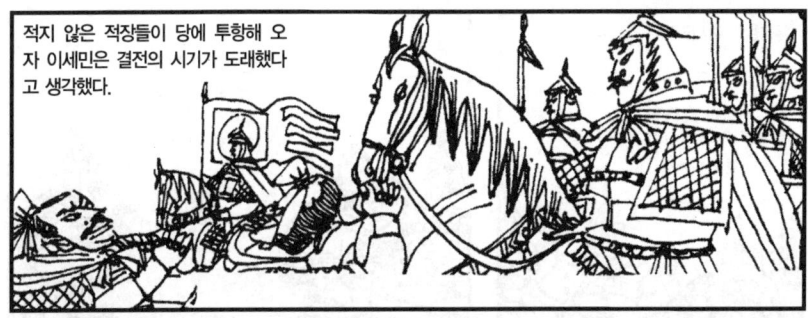

적지 않은 적장들이 당에 투항해 오자 이세민은 결전의 시기가 도래했다고 생각했다.

이세민은 곧바로 설인고의 본거지인 서성으로 쳐들어가 적군을 포위했다.

축전(逐戰)

　패주하는 적을 추격할 때는 반드시 적이 정말로 패한 것인지, 아니면 거짓으로 패하여 도망치는 척하는 것인지를 마땅히 분별해야 한다. 만약 도주하는 적군이 기치가 가지런하고 북소리가 우렁차며, 명령 체계가 통일되고 질서 정연하다면 설령 적이 도망친다고 해도 정말로 패배한 것이 아니다. 그 속에는 반드시 기병이 숨어 있을 것이니 아군은 신중하게 대응해야 한다.

　《사마양저병법》에 '무릇 패하여 도망치는 적을 추격함에 있어 멈춰서는 안 된다. 그러나 적군이 퇴로 상에서 가다가 멈추고 가다가 멈추는 상황을 반복하면 그 의미가 무엇인지를 신중하게 살펴야 한다'고 했다.

　당 나라 고조 때인 서기 618년 11월, 진 왕 이세민이 명을 받아 농서에서 할거하여 절척성을 굳게 지키고 있던 설인고의 세력을 토벌하기 위해 출동했다. 설인고는 장수 종나후를 보내 당 군에 대항했다. 이세민은 종나후 군을 천수원에서 대파한 다음, 기병으로 하여금 추격(보병의 주력 부대는 뒤에 두고)하여 곧장 설인고의 본거지인 절척성으로 내달아 성을 포위하게 했다.

　그런데 교전에 임하여 설인고의 휘하 장수 가운데 당 군에 항복해 온 자가 많았다. 그러나 이세민은 항복한 적장들을 포로로 취급하지 않고 다시 되돌려 보냈다. 그들은 본 진으로 되돌아갔다가 재차 말을 타고 다시 당 군의 진영으로 귀순했다. 이세민은 이들 항복한 적장들을 통해 설인고 군의 허실을 자세하게 파악할 수 있었다.

이세민은 후속 부대에게 신속히 진군할 것을 명하고, 절척성을 사면에서 포위하는 한편 구변이 좋은 변사를 설인고에게 보내 화복과 이해 득실의 사리를 따져서 항복할 것을 설득했다. 결국 설인고는 성 문을 열고 당 군에 항복했다.

그 후 당의 여러 장수들이 이세민에게 승리를 축하하면서 물었다.

"대왕께서는 전쟁 초기에 종나후의 부대를 격파하고 즉각 보병은 남겨둔 채 오직 기병만을 전투에 참가시켰으며, 또 공성 장비가 없는데도 기병으로 하여금 적을 추격하여 곧장 적의 본거지인 절척성으로 진격하게 하셨습니다. 당시 저희들은 모두 적의 견고한 성을 공격해서는 승리하지 못할 것이라고 생각했습니다. 그런데도 대왕께서는 끝내 적을 항복시키셨으니 그 원인이 어디에 있습니까?"

이에 이세민이 다음과 같이 대답했다.

"이는 용병에 있어서 임기응변을 채용한 것으로 적으로 하여금 손을 쓰지 못하게 하는 전술이다. 종나후가 거느린 장병들은 모두 농서 지방 출신들로 모두 용감하고 사납다. 내가 비록 천수원에서 이들을 격파하기는 했으나 사살하거나 생포한 적군의 수는 그리 많지 않았다. 그렇기 때문에 이들을 급히 추격하지 않으면 궤멸된 적군이 모두 절척성으로 몰려들 것이고, 설인고가 그들을 수습하여 다시 전열을 갖춘다면 우리가 쉽게 이길 수 없을 것임을 알았다. 그러나 우리가 그들을 기병대로 급히 몰아쳐 저들에게 숨돌릴 기회를 주지 않는다면 저들은 모두 흩어져 고향인 농서 각지로 돌아갈 것이다. 그렇게 되면 절척성은 자연히 비게 될 것이고, 그로 인해 절척성의 수비 태세가 약해지면 설인고는 자신감을 잃고 대책을 세우지 못해 아군의 강대한 공세를 두려워할 것임을 알았다. 이것이 내가 승리한 이유다."

_《구당서》〈태종본기상〉

부 전

아니할 부(不), 不戰
적과 싸우지 않는 주도권은 우리에게 있다.

서기 619년, 이세민이 군사를 이끌고 유무주를 토벌했다.

당시 강하 왕 이도종은 17세의 나이에도 불구하고 전쟁에 참가했다.

적의 병력이 많은데 어찌했으면 좋겠느냐?

진지를 굳게 지켜서 적의 예기를 꺾는다면 반드시 승리할 것입니다.

과연 적은 군량이 다 떨어지자 밤을 틈타 도주했다.

이세민이 군사를 이끌고 추격하니 유무주는 대패하여 돌아갔다.

부전(不戰)

용병하여 싸우는데, 적군의 병력은 많고 아군은 적으며, 적의 전투력은 강한데 아군은 약하여 아군의 형세가 불리하거나 적이 원거리에서 침입했음에도 군량이 풍부할 경우에는 적과 대전해서는 안 된다. 이럴 때는 아군의 수비 태세를 한층 더 강화하고 지구전을 전개하여 적의 예기를 둔화시켜야 한다. 그렇게 하면 적을 격파할 수 있을 것이다.

《당태종·이위공문대》에 '적과 싸우지 않는 주도권은 우리에게 있다'고 했다.

해설

당 나라 고조 무덕 연간인 서기 619년 9월, 진 왕 이세민이 군을 이끌고 황하를 건너 동진하여 유무주의 세력을 토벌했다. 당시 강하 왕 이도종은 겨우 17세의 나이에도 불구하고 정벌전에 참가했다. 이도종이 이세민을 따라 옥벽성에 올라가 적진을 관찰하고 있을 때 이세민이 이도종에게 물었다.

"적은 지금 병력이 다수임을 믿고 우리와 결전하기를 원하고 있다. 너는 우리가 어떻게 해야 한다고 생각하느냐?"

이도종이 대답했다.

"지금 우리 당 군이 적의 예봉을 직접적으로 당해 내기는 어렵습니다. 제 소견으로는 계략을 써서 굴복시키기는 쉬워도 무력만으로는 이기기 어렵다고 판단됩니다. 참호를 깊이 파고 보루를 높이 쌓아 수비 태세를 견고하게 갖추어 놓고 적의 예기가 꺾이기를 기다려야 합니다. 적이 비록 다수이긴 하지만 오합지졸이라 지구전을 기도하지는 못할 것입니다. 장차 적의 군량과 마초가 떨어지기를 기다린다면 적은 반드시 저절로 흩어지고 말 것입니다. 그러면 아군은 싸우지 않고도 적을 이길 수 있습니다."

이세민이 칭찬하면서 말했다. "내 생각도 너와 같다."

그 후, 과연 유무주 군은 군량이 떨어지자 야음을 틈타 도주하고 말았다. 이세민은 이들을 추격하여 개주에서 포착, 일전을 벌인 끝에 유무주 군을 크게 격파했다.

_《구당서》〈이도종전〉

■ 보충 설명

여기에서 말하는 '부전(不戰)'은 적과 결전할 적절한 시기를 파악하는 것이 중요하다는 뜻이지 적과 싸움을 하지 말라는 의미가 아니다. 즉 주동적으로 결전할 시기를 파악하여 결행하라는 의미이다.

필전

반드시 필(必), 必戰

적을 끌어내 싸우고자 할 때 적이 아무리 참호를 깊이 파고 보루를 높이 쌓아 굳게 수비하려 해도 출동하여 싸우지 않을 수 없게 만드는 것은 적이 반드시 구하지 않을 수 없는 곳을 내가 공격하기 때문이다.

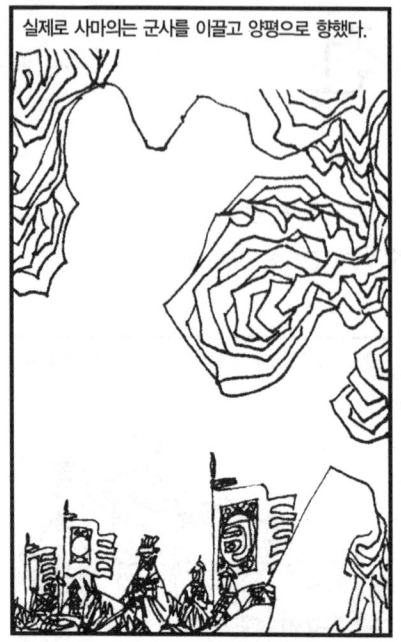

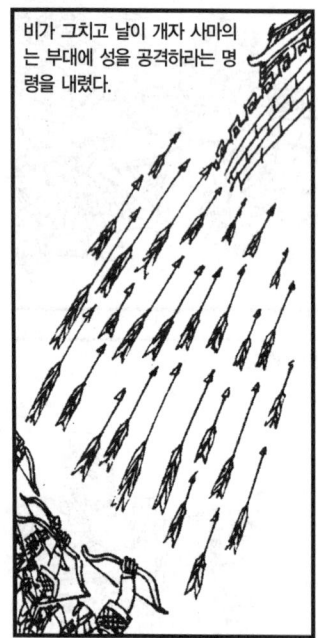

필전(必戰)

　아군이 적지에 깊숙이 진입했음에도 적이 성채에서 굳게 수비만 할 뿐 밖으로 나와 싸우지 않고 아군의 병사들을 지치게 하려 한다면 마땅히 병력을 나누어 적을 공격함으로써 적의 근거지에 타격을 가하고 적군의 퇴로를 봉쇄하며, 보급로를 차단해야 한다. 이렇게 하면 적은 어쩔 수 없이 싸움에 응할 것이다. 이때 정예병을 출동시켜 적을 공격하면 격파할 수 있다.
　《손자병법》에 '적을 끌어내 싸우고자 할 때 적이 아무리 참호를 깊이 파고 보루를 높이 쌓아 굳게 수비하려 해도 출동하여 싸우지 않을 수 없게 만드는 것은 적이 반드시 구하지 않을 수 없는 곳을 내가 공격하기 때문이다'라고 했다.

　서기 238년경, 위 나라의 명제 조예가 장안을 수비 중인 대장군 사마의를 낙양의 서울로 불러 요동 지방의 공손연 세력을 토벌하라는 명령을 내렸다. 그리고 사마의에게 물었다.
　"이번 출정은 4천 리나 되는 원거리라 그대가 아무리 기묘한 작전을 구사한다고 할지라도 많은 병력이 필요할 것이다. 그러니 전쟁 비용이 많이 드는 것에 너무 개의치 말라. 그대의 추측으로는 공손연이 어떤 방책으로 나올 것 같은가?"
　사마의가 대답했다.
　"공손연으로서는 근거지를 포기하고 미리 도망치는 것이 상책입니다. 중책은 요하에 의지하여 방어진을 구축하고 아군의 진격을 저지하는 것입니다. 가만히 앉아서 그들의 수도인 양평을 지키는 것은 그가 사로잡히게 되는 하책입니다."

다시 조예가 물었다.

"이 세 가지 방책 가운데 공손연이 어떤 것을 선택할 것이라고 보는가?"

이에 사마의는, "지혜롭고 현명한 자만이 피아의 상황을 정확하게 비교, 판단할 수 있고, 미리 계책을 세워 취사, 선택할 수 있습니다. 추측컨대 신의 예측으로는 공손연이 거점을 포기하고 미리 도주하는 것이 상책임을 알지 못할 것으로 사료됩니다"라고 대답했다.

조예가 다시 물었다. "우리 군이 출정했다가 귀환하기까지는 얼마나 걸리겠는가?"

"출정에 1백 일, 귀환에 1백 일, 전투 소요 기간이 1백 일, 휴식과 정비에 60일 정도가 소요되어 도합 일 년이면 충분할 것입니다."

사마의는 그 계획대로 출정했다. 위 나라 토벌군이 진격해 오자 공손연은 부장을 파견하여 보병과 기병 수만 명을 거느리고 요수성에 진주케 했다. 그리곤 요수성 사방에 둘레가 20여 리나 되는 넓은 참호와 담을 구축하여 사마의의 진격을 저지하도록 했다.

요수성에 도착한 위의 장수들이 즉각 공손연 군을 공격하려 하자 사마의가 이를 제지하며 말했다.

"저들의 속셈은 아군을 이곳에 고착시켜 지치게 만들려는 것이다. 그러므로 우리가 저들을 공격하는 것은 바로 그 술책에 넘어가는 것이 된다. 옛날 왕읍이 수비가 견고한 곤양성을 그대로 놓아두고 지나가는 것은 자신의 위신을 손상시키는 일이라 생각하여 곤양성 공격에 집착하다가 패망했던 고사가 있다. 지금도 그때와 상황이 같다. 적은 주력 부대를 모두 이곳에 집결시켜 놓았으므로 저들의 근거지인 양평은 분명 비어 있을 것이다. 우리가 요수성을 공격하지 않고 곧바로 적의 소굴인 양평으로 진격하여 방어가 취약한 후방 거점을 불시에 공격한다면 틀림없이 적들을 격파할 수 있을 것이다."

 사마의는 요수성 남쪽 지역에 깃발을 많이 꽂아 세우게 하고, 마치 요수성 남단으로 진출하려는 듯 양동 작전을 폈다. 공손연 군은 이를 보고 정예병을 총동원하여 남으로 달려가 사마의 군을 저지하려 했다. 그 사이에 사마의 군은 은밀히 요수를 건너 북으로 진출하여 요수을 수비 중이던 공손연 군은 그대로 둔 채 곧바로 양평으로 급진했다. 사마의 군이 양평에 접근해 오자 공손연 군은 사마의 군에 대항했다. 사마의는 저항하는 공손연 군을 격파하고 순조롭게 양평을 포위할 수 있었다.

 때는 마침 장마철이라 사마의의 장수들은 양평성에 대한 공격을 서두를 것을 주장했다. 그러나 사마의가 이를 듣지 않자 진규가 사마의에게 의문을 표시하면서 물었다. "장군께서는 지난번 상용성을 공격하실 때는 닷새 만에 견고한 성을 격파하고 반란군의 우두머리인 맹달을 죽였습니다. 그런데 지금은 멀리 요동까지 출정하셔서는 오히려 속공을 하지 않고 느긋하게 계시니 실로 이해하기 어렵습니다."

 이에 사마의가 설명했다.

 "상용성에서 전쟁을 할 때는 맹달의 군사가 적은 반면에 군량은 일 년을 지탱할 만큼 넉넉했다. 이에 비해 우리 군은 맹달보다 병력은 네 배가 많은 반면 군량은 한 달분도 채 못되었다. 한 달분의 군량을 지닌 아군과 일 년 분의 군량을 확보하고 있는 적을 비교해 보라. 어찌 속전속결을 하지 않을 수가 있었겠느냐? 하지만 네 배나 많은 병력으로 적을 공격한다면 설령 병력의 절반을 잃는다 해도 충분히 적을 이길 수 있으니 마땅히 싸워야 한다. 그렇기 때문에 나는 당시 병사들의 사상자 수에 개의치 않고 군량만을 계산하여 속전을 결행했던 것이다. 그런데 지금은 적의 병력이 많고 우리는 소수인 반면 적은 군량이 부족하여 굶주리고 있고 우리는 군량이 풍족한 상태이다. 또 장맛비가 이처럼 계속되고 있으며 공성 장비도 갖추어지지 않았으니 우리가 속전한다고 한들 무슨 이득이 있겠느냐?

나는 낙양성을 출발할 때부터 적이 아군을 공격하느냐 마느냐 하는 문제에 대해서는 조금도 우려하지 않았다. 오직 적이 아군과 싸우지 않고 도망치는 경우만을 우려했다. 아마 지금쯤 적은 군량이 다 떨어졌을 것이다. 그래서 나는 일부러 포위망의 일부를 풀어 주어 저들이 성에서 나와 우리의 우마를 노략질하게 만들고 나무를 채취해 가도록 내버려두고자 한다. 이는 적을 유인하여 공격하기 위함이다. 전쟁을 함에 있어서는 무릇 적을 적절하고도 다양한 수단으로 기만하고 상황의 변화에 따라 적을 제압해야 승리할 수 있다. 적은 병력의 다수만을 믿고 있는 까닭에 지금 비록 굶주리고 곤궁한 상태임에도 불구하고 우리에게 항복하려 들지 않고 있다. 우리는 무능한 것처럼 가장해 보여 적을 안심시켜야 한다. 우리가 눈앞의 조그마한 이익을 탐하여 적을 경동시켜서는 안 된다. 이는 좋은 방책이 아니다."

얼마 후, 장마가 걷히자 사마의는 공성 장비를 제작하고 신속하게 진격하여 적진을 향해 화살과 바윗돌을 빗발처럼 날려보내면서 맹공을 가했다. 이에 공손연 군은 위 군에게 포위 공격을 받는 상황 속에서 식량마저 떨어지는 곤경에 처했다. 마침내 사람이 사람을 서로 잡아먹는 참혹한 지경에까지 이르렀다.

이에 공손연은 더 이상 버티지 못하고 왕건과 유보를 위 군의 진영으로 보내 포위를 풀어 주면 자신과 신하들 모두 항복하겠다는 의사를 전했다. 그러나 사마의는 단호히 공손연의 항복을 거절하고, 사절로 온 왕건과 유보의 목을 베었다. 공손연은 하는 수 없이 포위망을 뚫고 도망했다. 사마의는 다시 이들을 추격하여 양수 강변에 이르러 마침내 공손연을 잡아 죽였다. 이리하여 위 나라는 요동 지방을 완전히 평정했다.

_《진서》〈선제기〉

피전

피할 피(避), 避戰
적의 예기가 왕성할 때는 접전을 피하고 적의 예기가 둔화되어 후퇴할 때 공격하라.

동한 시대 때 양주인인 왕국이 반군을 이끌고 진창을 포위했다.

조정에서는 좌장군 황보숭과 그의 부장 동탁을 보내 이들을 토벌케 했다.

아군은 신속히 전진해야 합니다!

천천히! 왕국의 부대는 진창을 공격하여 함락하지 못하면 분명 해이해질 것이다. 그때 다시 공격을 가하면 승리할 수 있다.

오랫동안 공격해도 진창을 함락하지 못하자 과연 왕국의 부대는 지쳐서 피로를 감당하지 못했다.

피전(避戰)

　강대한 적군과 싸움에 있어 만약 적군은 전장에 갓 도착하여 그 예기가 날카로 반면 아군은 역량이 약소하여 대전하기가 어렵다고 판단될 때는 응당 적의 예봉을 피해야 한다. 적이 지치고 예기가 둔화되기를 기다렸다 적을 공격한다면 승리할 수 있을 것이다.
　《손자병법》에 '적의 예기가 왕성할 때는 접전을 피하고 적의 예기가 둔화되어 후퇴할 때 공격하라'고 했다.

　후한 말엽 영제 중평 5년인 서기 189년 2월, 양주에서 반란을 일으킨 왕국(王國)의 군이 진창성을 포위하자 조정에서는 황보숭을 사령관으로 삼아 반란군을 토벌하도록 했다.
　황보숭은 출전했으나 즉시 반란군을 토벌하지 않고 진창성의 전황을 관망하기만 했다. 황보숭과 함께 출전한 동탁이 조속히 토벌을 개시할 것을 촉구했으나 황보숭은 이를 듣지 않았다.
　"백 번 싸워서 백 번 이기는 것은 싸우지 않고 적을 굴복시키는 것만 못한 법이다. 때문에 용병술에 능한 장수는 적이 아군을 이기지 못하도록 여건을 조성해 놓은 다음 적의 진영에 허점이 생기기를 기다린다. 비록 진창성은 규모는 작으나 성의 방비가 견고하고 수비가 튼튼하여 쉽게 함락되지는 않을 것이다. 그러나 왕국의 병력이 비록 강하다고는 해도 성을 공격하느라 오랜 시일과 많은 병력을 소모하는 바람에 전투력이 약화되어 장병들이 피로에 지쳐 있을 것이다. 때를 기다려 피폐한 적에게 공격을 가한다면 전승을 거두게 될 것이다."

과연, 왕국 군은 진창성을 오랫동안 공격했으나 끝내 함락하지 못하고 군사들마저 공격에 지치자 그만 포위를 풀고 철수했다. 황보숭은 그제서야 군을 출동시켜 철수하는 왕국 군을 추격했다. 그러자 이번에는 동탁이 만류했다.

"추격해서는 안 됩니다. 병법에 이르기를 궁지에 몰린 적을 너무 공격하지 말고, 또 실력을 보존한 채 철군하는 적군은 너무 핍박하지 말라고 했습니다."

이에 황보숭이 말했다.

"지금의 상황은 그와 다르다. 처음 내가 출병하여 진격하지 않았던 것은 적의 예기를 피하기 위해서였다. 그러나 지금 우리가 적을 압박하며 추격하는 것은 적의 힘이 빠지고 기력이 쇠할 틈을 기다렸기 때문이다. 우리는 피곤한 군대를 추격하는 것이지 실력을 보존한 채 철군하는 적을 추격하는 것이 아니다. 또 지금은 왕국이 도망치고 있고 군사들은 이미 투지를 상실했다. 우리는 엄정한 군기를 지닌 군으로 궤멸된 적을 추격하는 것이지 사지에 빠져 죽을 각오로 덤비는 적을 추격하는 것이 아니다"

그리고는 자신의 휘하에 예속된 부대만을 이끌고 왕국 군을 추격하여 격파했다. 이렇게 되자 동탁이 크게 부끄러워했다.

_《후한서》〈황보숭주준열전〉

위 전

둘러쌀 위(圍), 圍戰
적을 포위할 때는 반드시 한쪽 틈을 열어 주라.

위전(圍戰)

적을 포위할 때는 마땅히 적진의 사면을 포위하되 어느 한쪽을 열어 두어 적에게 한 줄기 활로가 있다는 것을 인식시켜 주어야 한다. 이는 적이 사력을 다해 저항하지 않도록 하기 위해서이다. 이렇게 하면 적의 성을 공격하여 적군을 격파할 수 있다.

《손자병법》에 '적을 포위할 때는 반드시 한쪽 틈을 열어 주라'고 했다.

후한 말기인 서기 206년경, 조조 군은 원소의 잔여 세력인 고간이 웅거하고 있는 호관을 포위 공격했으나 오랜 시일이 지나도록 호관을 함락하지 못했다. 이에 초조해진 조조는 화를 내며 "성을 함락하는 날 성내의 적병을 모두 도륙하겠다"는 다짐으로 연일 호관에 대한 공격을 독려했다.

그러나 공격한 지 수개월이 지나도록 호관은 쉽게 함락되지 않았다. 이때 조인이 조조를 찾아와 건의했다.

"성읍을 포위할 때는 반드시 적에게 탈출로가 있다는 것을 보여 주어야 합니다. 이는 적에게 살길이 있다는 것을 믿도록 하여 도주하려는 심리를 유발하기 위해서입니다. 그런데 지금 공께서는 기필코 호관을 함락하여 단 한 사람도 살려 두지 않겠다고 벼르고 계시니, 그 말씀은 적군에게 어차피 살 수 없다면 여기서 싸우다가 죽자는 생각을 품게 하여 사력을 다해 호관을 굳게 지키도록 만들어 줄 뿐입니다.

또 호관은 성벽이 견고하고 식량이 풍부하여 우리가 무리하게 공격을 강행한다면 오히려 아군의 손실이 클 것입니다. 그렇다고 해서 계속 포위만

한다면 적의 항복을 받아 내기까지 오랜 시일이 소요될 것입니다. 견고한 성을 철통같이 포위하여 적으로 하여금 결사적으로 싸우게 만들어 놓고 공격하는 것은 결코 좋은 계책이 아닙니다."

이 말에 조조는 포위망의 한쪽을 열어 고간 군이 도망갈 수 있는 길을 터 주었다. 그 결과 조조 군은 호관의 요새를 함락할 수 있었다.

_《삼국지》〈위서-조인전〉

성전

소리 성(聲), 聲戰
공격에 능한 장수는 적으로 하여금 어느 곳을 어떻게 수비해야 할지 모르게 한다.

장람은 경감이 자신이 주둔하고 있는 서안을 공격한다는 소문을 듣고 즉시 명령을 내렸다. "즉시 서안의 방비를 강화하라. 적이 공격하려고 한다."

서안은 우리가 공격하려 한다는 말을 듣고 분명 철저하게 방어할 것이다. 반면 임치는 방비가 허술할 테니 아군은 임치를 습격함에 있어 반드시 신속해야 한다.

그 다음엔 어떻게 해야 합니까?

임치를 공격하여 함락하면 서안은 자연히 고립될 것이다. 그러면 적은 분명 서안성을 버리고 도망치리라. 이야말로 한 개의 화살로 두 마리의 새를 잡는 격이 아니겠는가!

경감은 군사를 이끌고 임치성을 공격하여 반나절 만에 함락했다. 서안에 주둔하고 있던 장람은 성이 고립되었다는 소식에 성을 버리고 도망쳤다.

성전(聲戰)

　전쟁에 있어 '성'이라 함은 허장세를 의미한다. 동쪽을 공격하는 양하면서 서쪽을 공격하고(聲東擊西), 이쪽을 공격하는 양하면서 저쪽을 공격하여 적으로 하여금 도무지 어느 곳을 수비해야 할지를 모르게 만들어야 한다. 이렇게 하면 아군이 공격하고자 하는 지점은 적이 미처 수비하지 못하는 곳이 될 것이다.
　《손자병법》에 '공격에 능한 장수는 적으로 하여금 어느 곳을 어떻게 수비해야 할지 모르게 한다'고 했다.

　후한의 광무제 건무 5년인 서기 29년 10월, 후한의 대장 경감이 제남을 평정한 후, 계속해서 군을 이끌고 진격하여 극현에 할거하고 있던 장보의 세력을 토벌했다. 이에 장보는 극현에 주둔하면서 한 군의 공세를 저지하는 한편 그의 아우 장람으로 하여금 정예병 2만 명으로 서안을 지키게 했다. 아울러 관할하고 있던 제 지방의 군 태수에게는 도합 1만여 명의 병력을 모아 임치를 지키게 했다. 임치와 서안 간의 거리는 40리 정도였다.
　경감이 서안과 임치 두 곳의 중간 지점인 화중에 부대를 진주시켜 놓고 이들 두 곳의 형세를 살펴보니 서안은 비록 성은 작으나 수비가 견고한데다 장람의 정예 부대가 지키고 있었다. 반면에 임치는 성의 규모는 크나 실제로 공격이 용이한 곳으로 판단되었다. 이에 경감은 휘하의 장수들을 모아 5일 뒤에 전 군을 총집결하여 서안을 공격할 터이니 만반의 준비를 갖추라고 명했다. 서안을 지키던 장람은 이 소문을 듣고 밤낮 없이 서안성의 경계와 수비를 강화했다.

공격 개시일이 밝자 경감이 여러 장수들에게 명했다. "전 군은 밤중에 취사를 하여 새벽 일찍 식사를 완료하고, 날이 샐 무렵 임치성으로 집결하라. 우리는 임치성을 공격한다."

이에 호군 순량 등이 임치성에 대한 공격 계획을 반대하며 신속하게 서안을 공격할 것을 주장하자 경감이 이렇게 설명했다.

"그렇지 않다. 서안을 먼저 공격하는 것은 불가능하다. 적장 장람은 우리가 서안을 공격할 것이라는 소문을 듣고 밤낮으로 철통같이 서안을 수비하고 있을 것이다. 그러나 임치에서는 우리가 그들을 공격하리라고는 전혀 예상치 못하고 있다. 우리가 불시에 그들의 의표를 찔러 임치로 진격한다면 임치성에는 큰 혼란이 일어날 것이다. 그 혼란을 틈타 임치성에 일격을 가하면 하루 만에 임치를 함락할 수 있을 것이다.

임치가 함락되면 서안은 자연히 고립될 것이고 그러면 장보와 장람 사이의 교통도 단절되어 고립무원이 될 것이다. 그렇게 되면 서안의 장람 군은 스스로 성을 포기하고 도주할 것이다. 이것이 바로 일거양득이라는 것이다.

그러나 만약 우리가 서안을 먼저 공격한다면 견고한 적의 성을 포위하고 장기간 싸워야 할 것이고, 그러면 아군의 피해도 더욱 증가할 것이다. 또 설령 서안을 함락한다 해도 장람이 군을 이끌고 임치로 도망가서 그들의 병력을 통합하여 우리의 허점을 노릴지도 모르는 일이다. 그렇게 되면 적지에 깊숙이 진입하여 작전하는 우리로서는 군량 등의 후방 보급이 원활하지 못해 열흘이 못 가 제대로 싸워 보지도 못하고 저절로 곤경에 빠지게 될 것이다. 이런 이유로 서안을 공격하자는 제장들의 의견은 옳지 않다."

경감 군은 임치를 공격한 결과 과연 한나절 만에 임치성을 함락하고 입성할 수 있었다. 서안을 지키던 장람은 이 소식을 듣고 결국 군사를 이끌고 도주했다. 한 군은 싸우지도 않고 서안을 평정할 수 있었다.

_《후한서》〈경감전〉

82 화 전

화목할 화(和), 和戰
적이 아무런 조약 없이 화친을 청해 온다면 그 속에는 반드시 상대방을 기만하는 계략이 숨어 있다.

진의 장수들은 과연 유방과 화친을 맺겠다면서 사람을 보냈다. 유방은 진장의 요구에 응하려 했다.

이어서 모사 역이기와 육가를 보내 각종 수단으로 미끼를 제공하여 진의 장수들을 매수하게 했다.

강화하려고 하는 것은 그가 진 나라를 배반하려는 의도입니다만 그의 병사들이 따르지 않을까 두렵습니다.

그들의 군심이 해이해진 틈을 타서 적을 공격해야 합니다.

장량이 만류하였다.

유방이 장량의 권고를 받아들여 대군을 동원하여 진 군을 공격하니 진 군은 대패했다.

화전(和戰)

  적과 대전할 때는 거사 전에 먼저 적에게 사절을 보내 화친을 청하는 것도 좋다. 적이 그 뜻을 받아들이더라도 아군은 그 화친을 깨도 괜찮다. 아군은 진의를 은폐하고 있다가 화의 교섭으로 인해 적의 경계심이 해이해진 틈을 타서 정예군으로 선제 기습을 가하면 적을 격파할 수 있다.
  《손자병법》에 '적이 아무런 조약 없이 화친을 청해 온다면 그 속에는 반드시 상대방을 기만하는 계략이 숨어 있다'고 했다.

  진 나라 말기인 BC 207년 9월, 진 나라의 학정에 항거하는 세력이 전국 각지에서 봉기했다. 그중 하나인 패공 유방 군은 서향하여 무관으로 진격한 다음 2만 명의 병력으로 요관의 진 군을 공격하려고 했다.
  이때 장량이 건의했다.
  "진 군의 세력이 여전히 강하여 가볍게 상대할 수 없습니다. 제가 들은 바로는 이곳을 수비하는 진 나라 장수들은 대부분 백정과 장사치 출신이라 재물로 매수하기가 쉽다고 합니다. 청컨대 공께서는 잠시 머물면서 아군의 진영을 굳게 지키고 사람을 한발 앞서 보내 5만 명의 양식을 미리 준비하게 하십시오. 아울러 요관 부근의 산 위에 많은 깃발을 꽂아 놓고 거짓 병력을 설치하여 적이 우리의 형세를 파악하지 못하도록 만드십시오. 그런 다음 언변에 능한 역이기와 육가 등을 적진에 잠입시켜 진 나라 장수들에게 뇌물을 써서 매수케 하십시오."
  그의 말대로 한 결과, 과연 진 나라 장수들은 뇌물에 매수되어 진 나라를 배반하고 유방과 연합하여 서진하여 진의 수도인 함양을 공격하겠다고 했다. 이에 유방이 진 나라 장수들의 화친 제의를 받아들이려고 하자 장량이 다시 만류했다.

"진 나라 장수들이 우리에게 화의를 청하는 것은 단지 개인적으로 진을 배반하는 것일 뿐입니다. 그들 휘하의 병사들까지 과연 그들의 말에 복종하는지 과연 의심스럽습니다. 병사들이 따르지 않는다면 반드시 우리에게 위험을 안겨 줄 것입니다. 화평 교섭 분위기로 적의 경계심이 풀어지고 마비된 틈을 타서 선제 공격을 가하는 것이 상책입니다."

유방은 장량의 말에 따라 군사를 출동시켜 경계가 해이해진 요관의 진군을 향해 기습 공격하여 크게 격파했다. 이 공격은 그 후 함양으로 쳐들어가 진을 멸망시키는 중요한 기초가 되었다.

_《사기》〈유후세가〉

83 수전

받을 수(受), 受戰
적의 병력이 우세하다면 아군은 병력을 집중하여 적군의 포위 공격에 대응해야 한다.

남북조 시대 북위의 영희 원년인 서기 532년, 위의 고환이 군사를 이끌고 업성을 진격했다.

북위의 세도가인 이주 일족은 장안, 진양, 낙양, 동군의 4개 성에서 각각 출병하여 업성을 포위 공격했다.

고환은 자맥에 병력을 진주시키고 한릉산에 도착한 후 명령을 내렸다.

"원형의 방어 진지를 구축하고 전력을 다해 적군에 대항하라."

그러나 보병 3만, 기병 2천으로는 포위에서 벗어나기가 어려웠다.

뒤이어 고환이 명령했다. "소와 당나귀를 한데 묶어서 아군의 퇴로를 봉쇄하라!" 병사들은 목숨을 걸고 싸우지 않으면 안 된다는 것을 알았다.

수전(受戰)

아군보다 병력이 우세한 적이 갑자기 습격하여 아군의 진지를 포위 공격할 경우에는 피아 병력의 다소와 군세의 허실을 세밀히 분석하여 대응해야 한다. 또한 경솔히 탈출만을 꾀하다가 적에게 섬멸당하는 일이 없어야 한다. 이러한 상황에서는 진영을 원형으로 설치하고 사면에 병력을 배치하여, 적의 포위 공격에 대응해야 한다. 또 적의 포위망에 허점이 있어 탈출 가능이 보이더라도 병사들이 임의로 탈출하게 해서는 안 된다. 이때는 스스로 탈출로를 폐쇄함으로써 장병들로 하여금 사력을 다해 싸우겠다는 각오를 품도록 해야 한다. 이런 각오로 적을 맞아 힘껏 싸운다면 반드시 유리한 국면을 맞이할 수 있을 것이다.

《사마양저병법》에 '적의 병력이 우세하다면 아군은 병력을 집중하여 적군의 포위 공격에 대응해야 한다'고 했다.

북위 효무제 영희 원년인 서기 532년 봄, 고환이 업성을 공략하여 점령했다. 이에 이주광은 군을 이끌고 장안에서 출발했고, 이주조는 진양에서, 이주도율은 낙양에서, 이중원은 동군에서 출발하여 업성에 집결하여 고환군을 포위 공격하려고 했다. 이들은 자칭 20만 대군이라고 호언하면서 원수를 끼고 진을 쳤다.

위의 고환이 군사를 거느리고 업성에서 남하하여 자맥성에 주둔하자, 대도독이었던 고오조가 향리 부곡 왕도탕 등 3천 명을 이끌고 종군했다. 고환이 고오조에게 물었다.

"고 도독이 거느린 군사는 모두 한족 출신의 병사로 공성하기 어려울 거요. 내가 선비 족 군사 1천 명을 보낼 터이니 한 병과 섞어서 대오를 편성하는 것이 어떻겠소?"

이에 고오조가 대답했다.

"제가 거느린 군사는 오랫동안 훈련을 해 왔고, 전투 경험이 많아서 선비 족보다 못하지 않습니다. 그런데 지금 혼합 편성을 한다면 정의가 서로 조화되지 않을 것이며 또 승리를 한다 해도 전공을 두고 서로 다툴 것이고 패배하면 서로 죄를 미룰 것이니, 번거롭게 다시 편성할 필요가 없습니다."

고환 군은 기마병 2천과 보병 3만 명 정도로 이주의 일당과는 병력 면에서 현격한 차이가 났다. 이에 고환은 한릉산에 원진을 치고 소와 노새를 연결시켜 자기 부대의 퇴로를 막고 필사의 의지를 보였다. 퇴로가 끊긴 것을 본 고환의 장병들은 모두 필사의 각오를 품었다.

고환 군의 전세가 약하다고 판단한 이주조 등은 승세를 타고 맹렬히 공격해 왔다. 그러나 고환은 정예병을 선발하여 진지에서 갑자기 출격하여 사면으로 적을 습격하여 대파했다. 그리고 이주도율과 이주광도 추격하여 사로잡아 처형했다.

고환 군이 이주조 군을 무향에서 격퇴시키자 이주조는 북으로 달아나 수용현에 이르러 험요한 지역을 나누어 지켰다. 고환은 '이주조를 토벌한다'는 소문을 퍼뜨린 다음 군을 출동시켰다가 그만두기를 서너 차례 계속했다. 이에 이주조 군의 방어 태세는 해이해져 갔다.

고환은 날짜를 계산하여 이주조 군이 신년 초에 연회를 할 때쯤 두태로 하여금 정예 기병을 이끌고 밤낮으로 3백 리씩 달리게 하고 자신도 대군을 이끌고 뒤이어 출동했다. 이주조 군은 연회로 인해 군기가 태만해 있다가 갑자기 두태 군이 나타나자 놀라 도망쳤다. 두태 군이 이들을 추격하여 대파하니 이주조는 산속에서 목을 메어 자살했다.

_《북사》〈제본기상〉

항 전

항복할 항(降), 降戰
적의 항복을 받아들일 때는 침공해 오는 적을 대하듯 경계해야 한다.

조조는 하남의 무음으로 퇴각했다. 장수는 기병을 출동시켜 끝까지 추격하여 조조 군을 우회, 포위했다.

조조는 군대를 잠시 정돈한 뒤 반격을 시도하여 장수를 격퇴했다. 패한 장수는 부득이 유표에게 몸을 의탁했다.

조조가 여러 장수들과 함께 경계했다.

비록 우리가 장수의 항복을 받긴 했으나 그 가족들을 인질로 삼지 않은 것이 잘못이었다. 일이 이 지경에 이르러서야 비로소 교훈을 얻으니 다시는 속지 말아야 할 것이다.

항전(降戰)

적과 싸우던 도중에 만약 적이 투항해 올 경우에는 반드시 그 진위를 철저히 파악해야 한다. 또한 정찰병을 여러 곳에 파견하여 적정을 깊이 살피고 주야로 수비 태세를 견고히 하여 조금도 해이하거나 소홀해서는 안 된다.

모름지기 각각의 주·부장들로 하여금 부대의 군기를 단속하고 정돈하여, 돌발 사태에 대비하면 확실히 승리할 수 있다.

《구당서》에 '적의 항복을 받아들일 때는 침공해 오는 적을 대하듯 경계해야 한다' 고 했다.

동한 말기인 서기 197년 정월, 조조가 완성 지방에 웅거하던 장수의 세력을 토벌하여 항복을 받아 냈다. 그러나 얼마 후 장수는 조조에게 항복한 것을 후회하여 다시 조조를 배반하고, 조조 군을 기습하여 그의 큰아들 조앙과 장리인 조안민 등을 살해했다. 조조 또한 장수의 기습에 화살을 맞아 부상을 입고 패주하여 무음으로 퇴각했다.

이에 장수는 기병을 이끌고 조조 군을 추격했으나 도리어 조조 군의 역습에 걸려 격퇴당했다. 장수 군은 마침내 양성으로 패주하여 형주를 장악하고 있는 유표 세력과 합류했다.

이 일이 있은 뒤, 조조는 여러 지휘관과 참모들에게 이렇게 다짐했다.

"우리 군은 군세가 강했고, 장수 군은 오히려 약세였다. 그럼에도 불구하고 우리가 이 지경에 이른 것은 장수가 항복해 왔을 때 내가 그 가족들을 인질로 잡아 두지 않았기 때문이다. 그대들은 두고 보라. 앞으로 다시는 이와 같은 실수를 범하지 않으리라."

_《삼국지》〈위서-무제기제1〉

■ 보충 설명

조조는 이 전쟁에서 패한 이유를 그 스스로는 장수의 인질을 잡아 두지 않았기 때문이라고 믿고 있지만 이는 표면적 이유에 불과하다. 그보다 더 큰 이유는 조조가 장수의 거짓 항복 음모가 지닌 기만성을 간파하지 못했고, 또 '항복을 받아들이는 것은 곧 적을 받아들이는 것과 같다(受降如受敵)'는 사상적 준비가 모자랐다는 데 기인한다.

경계심을 상실하고 해이해져서 장수에게 재차 거병하여 반란을 도모할 틈을 주었으니, 장수된 자는 모름지기 이를 교훈으로 삼지 않으면 안 될 것이다.

천 전

하늘 천(天), 天戰
천시(天時)에 순응하여 정벌전을 행하라.

남북조 시대 북제 융화 원년에 후주의 고위가 간신들을 대거 중용했다.

간신 진덕신과 하홍진은 극악무도했다.

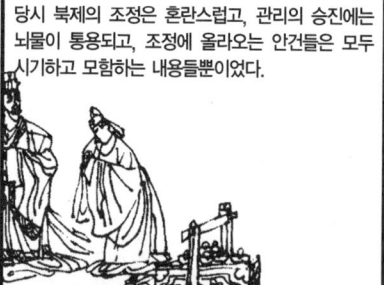

당시 북제의 조정은 혼란스럽고, 관리의 승진에는 뇌물이 통용되고, 조정에 올라오는 안건들은 모두 시기하고 모함하는 내용들뿐이었다.

북제에는 가뭄과 홍수 등의 재해가 끊이지 않고 도적들이 출몰했다.

후주의 고위는 여러 왕들을 시기하고 무고한 백성을 함부로 죽였다. 승상 곡률광과 그의 동생 곡률선도 죄 없이 죽였다.

조정에서 민간에 이르기까지 일대 혼란이 일어 바야흐로 정권이 위태로웠다.

주의 무제인 우문옹이 대신들에게 말했다.

"북제에 대란이 있으니 지금이야말로 제를 멸망시킬 좋은 기회다."

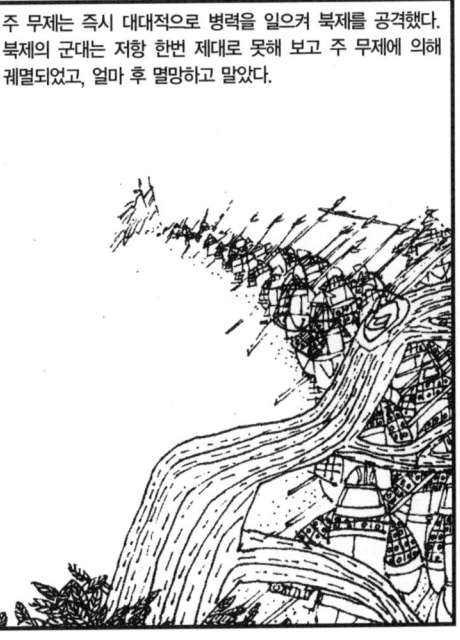
주 무제는 즉시 대대적으로 병력을 일으켜 북제를 공격했다. 북제의 군대는 저항 한번 제대로 못해 보고 주 무제에 의해 궤멸되었고, 얼마 후 멸망하고 말았다.

천전(天戰)

군을 출동시켜 무도한 자를 토벌하고 도탄에 빠진 백을 구원하고자 할 때는 반드시 천시(天時)에 순응해야 한다. 여기에서 말하는 천시란, 적국의 군주가 어리석고, 정치가 문란하며, 군사들이 교만하고, 백성들이 곤고하며, 현명한 자들이 숙청되고, 죄 없는 사람들이 주살되며, 가뭄, 병충해, 우박 등의 재난이 빈발하는 등 그 정세가 전반적으로 아국에 유리하게 작용하는 상황을 말한다. 만일 적이 이러한 상황에 처해 있을 때는 군을 출동시켜 공격을 가하면 반드시 승리한다.

《손자병법》에 '천시(天時)에 순응하여 정벌전을 행하라' 고 했다.

북제의 후주가 된 고위(高緯)가 간신들을 등용하자 육령훤, 화사개, 고아나굉, 목제파, 한장란 등을 비롯한 간신들이 제멋대로 천하를 움직이고 환관으로 있던 진덕신, 등장웅, 하홍진 등이 정치 군정에 간여했다. 그들은 친척과 동조하는 무리들만을 관직에 등용하여 파당을 형성하고, 공정해야 할 관리의 승진에 있어 정상적인 차례를 무시했다. 그로 인해 북제는 정치 기강이 무너져서 재물에 따라 관직이 좌우되고, 뇌물에 따라 형벌이 결정되는 지경에까지 이르렀다. 결국 정치는 어지럽고 민생은 도탄에 빠졌으며, 가뭄과 홍수, 병충해 등의 천재지변이 연달아 일어나고 도적이 도처에서 극성을 부렸다.

그들은 또한 제후로 봉한 여러 정파의 왕들과 대신들을 아무런 죄 없이 박해했다. 현명한 승상 곡률광과 그 아우 곡률선 등을 죄 없이 참살하고, 고위 자신의 아우인 조군 왕 고예마저 살해했다. 그 결과 북제는 국가가 멸망할 징조를 보였다. 그 붕괴는 산이 무너져 내리는 것처럼 아주 빠르게 진행되었다.

　이를 유심히 지켜보던 북주의 무제는 서기 576년 10월, 북제가 혼란한 틈을 타 대군을 이끌고 파죽지세로 쳐들어갔다. 이듬해인 577년 정월에 수도 업성을 점령하고 일거에 북제를 멸망시키니 이 결과 황하 이북에 비로소 통일 국가가 등장했다.

_《북사》〈제본기하〉

인 전

사람 인(人), 人戰
미신을 타파하고 의구심과 유언비어를 떨쳐 버리게 하면 병사들이 싸우다가 죽을 지경에 처하더라도 후퇴하거나 위축되지 않는다.

당조 무덕 6년인 서기 623년 가을, 보공석이 회남에서 반란을 일으켰다. 이에 조정에서는 조군 왕 이효공을 보내 정토케 했다.

출발 전, 이효공이 사람을 보내 술을 가져오게 했는데, 술빛이 핏빛으로 변했다.

사람들이 크게 놀라 상서롭지 못한 징조로 여겼다.

이효공은 마음을 진정시키고 잔 속의 술을 단숨에 마셔 버렸다.

조금도 의심할 것 없다. 이는 바로 보공석의 목이 달아날 징조다.

개전 초기, 보공석은 험한 요충지에 의지하여 끊임없이 이효공의 군영을 습격했다. 이효공은 나가 싸우지 않고 은밀히 군사를 보내 보공석의 군량 보급로를 끊었다.

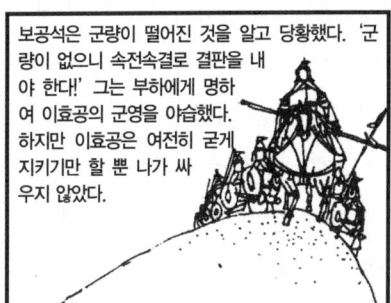

보공석은 군량이 떨어진 것을 알고 당황했다. '군량이 없으니 속전속결로 결판을 내야 한다!' 그는 부하에게 명하여 이효공의 군영을 야습했다. 하지만 이효공은 여전히 굳게 지키기만 할 뿐 나가 싸우지 않았다.

이튿날, 이효공은 늙고 약한 잔병들만을 골라 싸움을 걸도록 하고, 정예병들을 퇴로 양쪽에 매복시켜 놓았다.

얼마 후, 이효공의 잔병들이 패하여 후퇴하자 보공석은 급히 추격했다. 그러나 보공석은 이효공의 부장이 펼친 포위망에 걸려 대패하고 말았다.

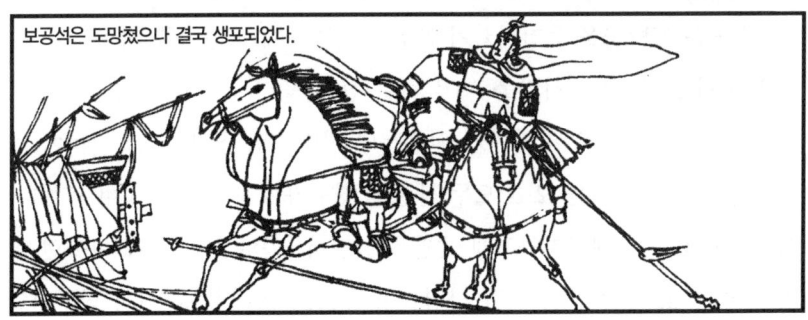

보공석은 도망쳤으나 결국 생포되었다.

인전(人戰)

전쟁에서 이른바 사람의 작용을 강조하는 것은 오직 사람에게 의지하여 미신과 요사스러운 말을 타파하는 것을 말한다. 군을 출동시키려는 중요한 순간에 올빼미가 날아와 대장기 위에 앉거나 술잔에 담겨진 술이 핏빛으로 변한다든가, 또는 군기의 기 폭이 찢겨지고 깃대가 부러지는 경우에도 주장은 미혹되지 않고 올바른 판단을 내려야 한다. 그 출정이 하늘의 뜻에 순응하는 자가 하늘의 뜻을 어기는 자를 토벌하는 것이거나, 정직한 자가 사악한 자를 정벌하거나, 또는 현명한 자가 어리석은 자를 공격하는 일이라면 승패에 대한 의구심을 품지 말고 결단 있게 행동으로 옮겨야 한다.

《손자병법》에 '미신을 타파하고 의구심과 유언비어를 떨쳐 버리게 하면 병사들이 싸우다가 죽을 지경에 처하더라도 후퇴하거나 위축되지 않는다'고 했다.

당 고조 무덕 6년인 서기 623년 9월, 회남도행대상서좌복야 보공석이 단양에 웅거하여 반란을 일으켰다. 이에 당 고조 이연은 조군 왕 이효공(李孝恭, 591~640) 등에게 보공석을 토벌하라는 명령을 내렸다.

이효공은 토벌군을 출전시키기에 앞서 장병들에게 연회를 베풀었다. 그런데 연회 도중 그가 사람을 시켜 탁주 한 잔을 가져오게 하여 마시려고 하는 순간 잔 속의 술이 갑자기 선홍색의 핏빛으로 변했다. 그 자리에 참석했던 장수들은 이를 보고 모두 불길한 징조라고 여겨 얼굴빛이 변했다. 그러나 이효공은 태연자약하게 술잔을 들면서 "화와 복은 본래 아무런 실마리 없이 오지 않는다. 오직 사람들이 스스로 초래할 뿐이다. 의구심을 가지지 말라. 이는 보공석이 우리에게 그 목을 바칠 징조다" 하고는 그 술을 단번에 마셔 버렸다. 그러자 불안해하던 장병들도 모두 마음의 안정을 되찾았다.

이효공이 토벌군을 이끌고 출동했을 때 보공석의 반란군들은 미리 험한 요새를 점령하고 당 군이 진격해 오기를 기다리고 있었다. 그러나 전지에 도착한 이효공은 당 군으로 하여금 진지와 참호를 굳게 지키기만 할 뿐 주동적으로 나가 싸우지 말 것을 명령했다. 다만 은밀히 기습 부대를 출동시켜 보공석 군의 보급로를 차단시켰다.

보공석은 군량이 떨어져 병사들이 굶주리게 되자 어느 날 야음을 틈타 당 군의 진영을 습격했다. 그러나 수비 태세를 완비해 놓고 있던 이효공은 자리에 누운 채 조금도 동요하지 않았다.

다음 날 보공석의 기습 부대가 물러가자 이효공은 노약자로 편성된 부대를 내보내 보공석의 진영에 공격을 가하게 했다. 이렇게 하여 보공석 군을 유인하는 한편 별도로 정예 기병을 선발하여 전투 태세를 갖추게 하고 보공석 군이 진에 접근하기를 기다렸다.

노약자로 편성된 당 군이 보공석 군의 진영을 공격하다가 공성하지 못하고 패주하자 보공석은 즉시 부대를 출동시켜 패주하는 당 군을 추격하게 했다. 보공석 군이 당 군의 진 앞에 접근하자 대기하고 있던 이효공의 정예 부대가 출격하여 보공석 군을 크게 무찔렀다. 당 군은 그 기세를 몰아 보공석의 다른 진영을 격파했다. 보공석은 할 수 없이 본 진의 채를 버리고 도망했으나 결국 이효공의 추격으로 사로잡히고 말았다. 이로써 강남은 완전히 평정되었다.

_《구당서》〈이효공전〉

난전

어지러울 난(亂), 亂戰
장수된 자는 위기에 처하여 마땅히 장병들과 함께 동감동고(同甘同苦) 해야 한다.

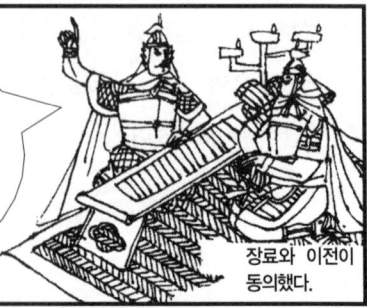

다음 날, 장료는 선두에 서서 8백여 명의 결사 대원을 이끌고 적진으로 치달아 두 명의 적장과 수십 명의 군졸들을 죽이고, 곧장 손권이 있는 본 진으로 내달았다.

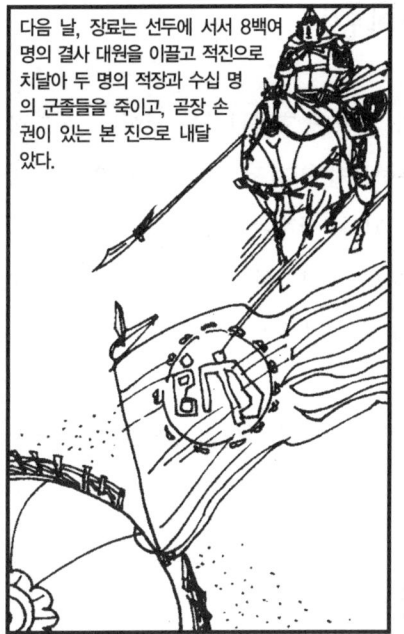

손권이 서둘러서 병력을 보내 장료를 겹겹으로 포위했으나 장료는 이리저리 포위망을 뚫었다. 그의 수하에 있는 수십 명의 부하들도 함께 충살하면서 위기를 벗어났다. 그런데 이때 미처 탈출하지 못한 병사들이 외쳤다.

"장군님, 우리를 버려 두고 가실 겁니까?"

오 군은 장료의 공격으로 우왕좌왕하는 사이에 사기가 떨어졌다. 반면 위 군은 군심이 안정되었고 사기도 크게 진작되었다. 제장과 병사들은 장료에게 내심 탄복했다. 그들은 승세를 틈타 추격하여 오 군을 대파했다.

장료는 병사들이 외치는 소리를 듣고 즉각 몸을 돌려 겹겹의 포위망 속으로 뛰어들어 위기에 처한 병사들을 구출해 냈다. 그러나 오 군은 감히 이를 막지 못했다.

난전(亂戰)

장수된 자의 기본 도리는 부하들과 함께 동고동락하는 것이다. 위기에 처하여 자신만의 안전을 도모하고 부하들을 버려서는 안 되며, 위기를 앞두고 구차하게 살기를 도모해서도 안 된다. 장수는 모름지기 부하를 사랑하고 그들의 안전을 위해 적극적인 노력을 경주하여 부하와 함께 생사고락(生死苦樂)을 함께해야 한다. 이렇게 하면 전 군의 장병들이 어찌 장수를 따르지 않을 수 있겠는가?

《사마양저병법》에 '장수된 자는 위기에 처하여 마땅히 장병들과 함께 동감동고(同甘同苦) 해야 한다'고 했다.

후한의 위공으로 있던 조조가 한중 지방에 웅거하고 있던 장로를 토벌했다. 조조는 한중으로 출발하기에 앞서 장군 장료, 악진, 이전 등으로 하여금 7천여 명의 군사를 지휘하여 합비를 지킬 것을 명했다. 출정하기 전, 그는 합비에 주둔하고 있던 호군 설제에게 한 통의 서신을 주었다. 겉봉에는 다음과 같이 쓰여 있었다. '적이 쳐들어오면 뜯어 보라.'

서기 215년 8월, 오 나라의 손권은 조조가 장로를 토벌한 틈을 노려 친히 10만 대군을 이끌고 침공하여 합비성을 포위했다. 장료 등은 그제서야 조조가 준 밀봉을 뜯어 보았다. 내용인 즉 '만일 손권이 쳐들어오면 장료와 이전 두 장군은 나가서 싸우고 악 장군은 성을 지킬 것이며, 설제 호군은 적과 대전하지 말라'고 쓰여 있었다.

이에 여러 장수들이 무슨 뜻인지를 몰라 해석을 하지 못하자 장료가 설명했다.

"조공께서는 머나먼 한중 지방까지 출정하시어 외지에 계시고 이곳으로 구원병이 오기를 기다리는 상황에서 손권이 그 틈을 이용하여 우리 합비성을 공격하면 반드시 우리가 패배하리라고 생각하셨을 것이오. 조공께서는 이러한 사태를 예상하여 적이 아군의 성을 완전히 포위하여 공격 태세를 정비하기 전에 우리가 먼저 때를 노려 조기에 선제 공격을 가함으로써 적의 기세를 꺾고 군심을 안정시키라고 지시한 것입니다. 이 명령대로 해야만 우리가 합비성을 지켜 낼 수 있습니다. 우리가 이기느냐 지느냐가 이 일전에 달려 있는데 제장들은 무얼 망설이고 계시오?"

이전 역시 장료와 의견을 같이했다.

밤이 되자 장료는 용력 있는 군사 8백 명을 선발하여 결사대를 조직하고, 소를 잡아 잔치를 베풀어 장사들을 위무한 뒤 다음 날 있을 손권 군과의 대전을 준비했다.

다음 날 동이 틀 무렵, 장료는 8백 명의 용사를 이끌고 선두에 서서 손권 군의 진영으로 돌입하여 적군 수십 명과 적장 두 명의 목을 베었다. 이렇듯 기세를 올린 장료는 자신의 이름을 큰 소리로 외치며 종횡무진, 손권의 진영을 유린하면서 손권이 있는 오 군의 지휘부로 육박했다.

장료가 들이닥치자 손권은 혼비백산했다. 손권의 휘하 장수들 역시 어찌할 바를 몰라 우왕좌왕하면서 손권과 함께 고지로 피신했다. 손권은 장창을 잡고 신변을 방어할 태세를 취했다. 장료가 그러한 손권을 바라보면서 큰 소리로 고지에서 내려와 결전을 벌일 것을 질타하자, 손권은 그 기세에 눌려 한동안 꼼짝하지 못했다.

잠시 후, 정신을 차린 손권은 장료가 이끄는 부대가 많지 않음을 보고 대군을 집결시켜 장료의 결사대를 몇 겹으로 포위할 것을 명했다. 그러나 장료는 오 군의 포위 대형을 헤치면서 곧바로 전진하여 수십 명의 용사와 함께 포위망을 돌파해 나갔다. 그런데 이때 미처 포위망을 벗어나지 못하고 뒤처진 용사들이 소리쳤다. "장군께서는 저희들을 여기에 버려 두고 가실 겁니까?"

이 말에 장료는 즉시 몸을 돌려 고함을 지르면서 다시 오 군의 포위망으로 돌입하여 나머지 군사들을 구해 탈출시켰다. 그럼에도 손권의 진영에서는 누구 하나 이를 저지하는 자가 없었다. 장료가 아침부터 점심까지 이처럼 용전분투하여 오 군을 제압하자, 오 군 장병들의 사기는 크게 꺾이고 말았다. 장료는 승리를 거두고 합비 영지로 돌아와 수비를 강화함으로써 군사들에게 자신감을 심어 주고 군심을 안정시켰다.

손권 군은 합비성을 포위한 지 열흘이 지났음에도 끝내 성을 함락하지 못하자 마침내 철군하고 말았다. 오 군의 포위가 풀리자 장료는 전 병력을 이끌고 오 군을 추격하여 대파했다. 위 군의 추격을 받은 오 군은 그 주장인 손권이 또 한 번 위 군의 포로가 될 뻔한 위기를 겪기도 했다.

_《삼국지》〈위서-장료전〉

■ 보충 설명

215년 8월, 손권은 조조가 한중의 장로를 토벌하는 기회를 노려 친히 10만 대군을 이끌고 합비를 포위 공격했다. 당시 합비를 지키던 조 군의 병력은 장료를 포함하여 7천여 명에 불과했다. 쌍방의 병력으로만 본다면 손권 군이 조조 군에 비해 14배나 많아 압도적인 우세를 점하고 있었다. 그러나 결과는 오히려 손권 군이 패하고 조 군이 승리한 채 막을 내렸다.

이 전쟁에서 조 군이 소수의 병력으로도 다수를 이길 수 있었던 것은 작전 지도가 정확했기 때문이다. 더욱 구체적으로는 두 가지를 꼽을 수 있다. 하나는 장료가 조조의 정확한 방어 계획에 따라 손권 군이 완벽하게 포위 공격의 태세를 갖추지 못한 상황에서 친히 결사대를 이끌고 성을 나가 손권 군에게 불의의 타격을 가한 점이다. 바로 이것이 적의 예기를 꺾어 놓아 적으로 하여금 두려워하고 전쟁을 겁내는 심리를 조성했다. 둘째는 손권이 공격에 실패하고 공성한 지 보름이 지나도록 별다른 진전이 없어 포위를 풀고 철군하려 했을 때 장료가 조직적으로 추격하여 손권 군을 대패시키고 손권을 사로잡을 뻔했다는 점이다.

바로 이 두 가지가 전쟁을 순조롭게 수행할 수 있게 만든 요인이다. 그밖에 장료가 장수된 자로서 위험을 무릅쓰고 병사들과 동고동락했다는 점도 승리 요인으로 꼽을 수 있다. 스스로 빗발치는 화살을 무릅쓰고 적진을 유린한 장료의 과감한 행동은 전체 부대원들로 하여금 수성을 결심케 하고, 용감하게 싸우려는 정신을 이끌어 냈으며, 적을 이겨 반드시 승리하겠다는 강한 전투력을 갖게 해 주었다.

이전

쉬울 이(易), 易戰
전투에 능한 자는 왕왕 전투를 개시하기 전에 미리 제압하기 용이한 상대나 지역을 선정하여 공격을 가하면 승리를 거둘 수 있다.

이전(易戰)

적을 공격함에 있어서는 약소하고 손쉬운 지방부터 먼저 공격해야 가볍게 승리할 수 있다. 만약 적의 부대가 여러 지역에 주둔하고 있다면 반드시 강약과 다소의 구별이 있을 것이다. 이때는 강한 곳보다는 약한 곳을, 병력이 많은 곳보다는 적은 곳을 찾아서 집중 공격한다면 승리할 수 있을 것이다.

《손자병법》에 '전투에 능한 자는 왕왕 전투를 개시하기 전에 미리 제압하기 용이한 상대나 지역을 선정하여 공격을 가하면 승리를 거둘 수 있다'고 했다.

서기 575년 7월, 북주의 무제가 북제의 하양에 대한 침공 계획을 세웠다. 신하들에게 계책을 묻자 내사도상사 우문필(宇文弼)이 간했다.

"금일 우리가 제를 공격하고자 한다면 반드시 진격 목표를 명확하게 선정해야 합니다. 하양성은 난공불락의 군사 요충지로 북제의 정예군이 집결해 있는 곳입니다. 그러므로 우리가 전 병력을 투입하여 하양성을 포위 공격한다 해도 성공하기가 어려울 것입니다. 제가 보기에는 하양성을 공격하지 말고 분수의 만곡처로 출병하시어 그곳을 공격하는 것이 좋을 듯 싶습니다. 그곳은 성채가 작고 적의 수비 병력도 많지 않을 뿐더러 산세가 평탄하여 일단 공격한다면 함락하기가 쉬울 것입니다."

그러나 무제는 우문필의 말을 듣지 않고 기어이 총력을 기울여 하양성을 목표로 공격했지만 끝내 성공하지 못했다.

_《북사》〈우문필전〉

■ 보충 설명

575년의 전쟁에서 승리하지 못한 북주의 무제는 그 이듬해인 576년에 다시 대군을 이끌고 북제를 공격했다. 이번에는 우문필의 계책을 완전히 받아들여 우선 제 군의 방어가 취약한 분곡부터 공격을 개시했다. 무제는 신속하게 진주를 함락하고 계속 동진하여 577년 정월, 북제의 수도인 업성을 점령함으로써 마침내 북제를 멸망시켰다.

북주 무제의 전후 두 차례에 걸친 작전 과정을 살펴보면, 전략을 세움에 있어서 공격 목표의 선택이 달라지면 그 전과도 달라진다는 점을 알 수 있다. 이 전쟁은 '쉬운 곳부터 시작한다(從易者始)', '강한 곳은 피하고 약한 곳을 공격한다(避强擊弱)', '약한 곳을 골라 먼저 친다(揀弱者先打)'는 원칙의 실효성을 입증해 주고 있다. 이 역시 적을 제압하고 승리하는 중요한 작전 지도 원칙 가운데 하나이다.

이 전

먹이 이(餌), 餌戰
적이 만약 작은 이익으로 아군을 유인한다 해도 그들의 속임수에 걸려들어서는 안 된다.

이전(餌戰)

작전에서 말하는 '이(餌)'란 용병하는 자가 음식 속에 독을 풀어놓는 것을 가리키는 말이 아니다. 단지 이익으로 유인할 수 있다면 모두가 이병(餌兵)이라고 부를 수 있다. 만약 전투할 때 적이 소와 말을 이용하거나, 재물을 포기하기도 하고 치중을 버린다고 해도 아군은 절대로 이러한 물건들을 탐내서는 안 된다. 탐을 내어 취한다면 반드시 실패할 것이다.

《손자병법》에 '적이 만약 작은 이익으로 아군을 유인한다 해도 그들의 속임수에 걸려들어서는 안 된다'고 했다.

후한 말기인 서기 200년 4월, 기주에 웅거하던 원소가 군을 출동시켜 조조의 장군인 동군태수 유연을 백마성에서 포위 공격했다. 이에 조조는 구원병을 이끌고 출전하여 원소 군을 격파하고 원소의 장수인 안량의 목을 베었다. 마침내 포위된 백마성까지 구출한 조조는 그 주민들을 황하의 서쪽으로 이주시켰다.

원소는 백마성에 대한 포위 공격이 실패했다는 보고를 받고서 대군을 이끌고 황하를 건너 조조 군을 추격하여 곧장 연진의 남쪽에 주둔했다. 원소의 추격군이 황하의 나루터인 연진 남쪽까지 접근해 오자 조조는 부대를 남쪽 언덕 아래에 주둔시키고, 소속 기병 부대에 모두 안장을 벗긴 다음 전마들을 들판에 풀어놓을 것을 명했다.

한편 이때 백마성에서는 조조의 보급 운송 부대가 보급품을 싣고 행진하고 있었다. 조조의 휘하 장수들은 적의 추격 기병이 매우 강하여 이기기 어려우니 접전하지 말고 철수하여 본 진의 수비 태세를 강화할 것을 건의했다. 그러나 참모 순유(荀攸)는 "지금이야말로 우리가 이병을 이용하여 적을 유인할 좋은 기회인데, 어찌 철수하여 이 좋은 기회를 놓친단 말입니까?" 하며 반대했다.

그러는 동안 원소 군의 기병장 문축과 유비가 5~6천여 명의 기병을 이끌고 조조 군의 진영을 향해 달려왔다. 이렇게 되자 초조해진 조조의 휘하 장수들이 또다시 건의했다. "지금 급히 기병을 출동시켜 적의 추격대를 맞아 싸워야 합니다."

그러나 조조는 아직 출동할 시기가 아니라며 계속해서 출병을 미루었다.

얼마 지나지 않아 원소의 군이 더욱 증가하더니 각기 흩어져서 조조 군의 치중대를 공격하기 시작했다. 그러자 조조는 "바로 지금이 출격할 때다" 하고는 기병 부대에 출격 명령을 내렸다. 비록 조조의 기병은 6백 명이 채 안 되었으나 치중대 화물 탈취에 여념이 없는 원소 군에 돌진하여 단숨에 원소 군을 대파하고, 대장 문축을 참했다.

_《삼국지》〈위서-무제기제1〉

■ 보충 설명

상황이 급변하는 전쟁터에서 장수는 항상 두 가지 모순 사이에서 고민한다. 이익인가 미끼인가, 기회인가 함정인가, 적의 행동에 허점이 생긴 것인가 의도적으로 안배한 것인가, 때와 장소에 의해 만들어진 우연한 기회인가 적이 일반적 법칙을 깨고 조작해 놓은 모략인가? 이러한 모순 사이에서 단순하고 경직되어 있는 장수는 미끼에 걸려들거나, 좋은 기회임에도 불구하고 주저하다가 절호의 한 수를 놓치고 만다. 이런 장수라면 행동을 나중으로 미루고 먼저 치밀하게 계산해 보는 태도가 필요하다. 가능한 한 실제 상황을 완벽하게 이해한 다음 정확한 판단을 내려야 할 것이다.

이 전

떠날 이(離), 離戰
적이 서로 단결하고 있을 때는 계략으로 그들을 이간시켜라.

전국 시대 때 연 나라의 대장 악의가 연·위·한·조 등 5개국의 연합군을 통솔하여 제 나라를 공격했다.

이에 제의 민 왕이 국도인 임치에서 거성으로 달아나자 연 군은 즉시 병력을 집중하여 거성을 공략했다.

초 나라 장수 요치가 제의 민 왕을 살해하고 성을 굳게 지켰다.

얼마 후, 연의 소 왕이 세상을 떠나고 혜 왕이 연 나라 왕이 되었다. 그는 태자였을 때 악의와 원수지간이었다.

연의 혜 왕은 이 말이 일리가 있다고 생각했다. "내가 일찍이 악의가 반역을 도모하리라고 간파했지!" 결국 혜 왕은 악의를 소환하고 대장 기겁을 보내 교체했다.

즉묵성의 방어 장군인 전단은 이 소식을 듣고 즉시 간첩을 보내 사방에 유언비어를 유포했다.

악의와 새 왕은 사이가 나쁘다. 악의는 돌아가면 죽을 것을 우려하여 제 나라와 연합하여 눌러 앉아 제의 왕이 되고자 한다. 이 때문에 전력을 다해 즉묵성을 공격하지 않는 것이다.

전단은 기회가 왔음을 간파하고 곧 화우진을 펼쳐서 연 군을 일거에 쳐부수었다. 그리고 악의의 공략으로 빼앗겼던 제 국의 70여 성을 수복했다.

악의는 연의 혜 왕이 자신을 불신한다는 것을 알고는 곧 조 나라에 투항했다. 즉묵성과 거성을 공격하던 연의 장병들은 연의 혜 왕이 악의를 핍박하여 축출한 것을 크게 불평했고, 그로 인해 군심은 이반되었다.

이전(離戰) 423

이전(離戰)

작전을 수행할 때는 암암리에 적국의 군신들 사이에 틈이 생기기를 기다렸다 첩자를 파견하여 그 사이를 이간시키도록 한다. 그들이 서로 의심하는 기회를 노려서 정예 부대를 보내 공격하도록 하면 목적을 달성할 수 있다.

《손자병법》에 '적이 서로 단결하고 있을 때는 계략으로 그들을 이간시켜라' 고 했다.

전국 시대인 BC 284년, 연 나라의 소 왕은 악의를 상장군으로 임명하고 진, 위, 한, 조의 연합군을 총 지휘하여 제 나라를 공격하게 했다. 악의는 명령을 받고 연합군을 지휘하여 제 나라를 공파했다.

패전한 제 나라의 민 왕이 거성으로 망명하자 이를 안 연 군은 즉각 병력을 동원하여 거성을 포위했다.

이때 초 나라에서는 장군 요치에게 명하여 제 나라를 구원하도록 했다. 요치는 제의 민 왕에 의해 국상에 임명되었다. 그러나 본래 민 왕과 사이가 나빴던 요치는 오히려 연 나라 장수 악의와 모의하여 제 나라 영토를 나누어 가질 속셈으로 민 왕을 살해했다. 이에 제 나라 군사들이 초 장 요치를 죽인 다음 살해당한 민 왕의 아들 법장을 옹립하여 왕으로 삼고 다시 거성과 즉묵성을 굳게 지키며 연 나라의 침공에 대항했다. 제 나라는 연 군과의 전투에서 즉묵성의 대부가 전사하는 지경에까지 이르렀으나 군민들이 전단(田單)을 장군으로 추대하여 연 군에 대한 항쟁을 계속했다.

얼마 후, 연 나라의 소 왕이 죽고 그 아들인 혜 왕이 즉위했다. 그러나 그는 태자로 있을 때부터 상장군 악의와 사이가 좋지 않았다. 전단은 새로 즉위한 연 나라의 혜 왕이 상장군 악의와 사이가 나쁘다는 사실을 알고 연 나라 군신을 이간시켜 내분을 일으키고자 사람들을 보내 다음과 같은 유언비어를 퍼트리게 했다.

"연 나라 장군 악의는 새로 즉위한 혜 왕과 사이가 나쁘다. 이 때문에 악의는 혜 왕에게 죽임을 당할까 봐 두려워서 귀국하지 않고 자신이 점령한 제 나라 영토에 눌러 앉아 왕이 되려고 한다. 그러나 제 나라의 민심이 아직 그를 따르지 않기 때문에 우선 즉묵성에 대한 공격을 늦추어 제 나라 백성들의 귀순을 기다렸다 제 나라 왕이 되려는 공작을 추진하고 있다. 지금 제 나라 사람들이 유일하게 걱정하는 바는 연 나라 조정에서 악의를 소환하고 다른 장수를 대신 보내 즉묵성에 대한 공격에 박차를 가하지 않을까 하는 것이다. 만일 다른 장수가 악의 대신 즉묵성을 공격한다면 즉묵성은 즉시 함락되고 말 것이다."

연 나라 혜 왕은 제 나라의 이 같은 반간계(反間計)를 진실로 오인하고 악의가 고의로 즉묵성에 대한 공격을 늦추고 있다고 믿었다. 결국 기겁을 보내 악의의 군 지휘권을 회수하고 악의를 본국으로 소환했다. 궁지에 몰린 악의는 할 수 없이 조 나라로 망명했다.

연 나라를 이간시켜 명장 악의를 제거한 전단은 농성군의 단결력이 흩어질 것을 우려하여 장병과 주민들에게 '식사할 때마다 먼저 집 뒤뜰에 모셔 놓은 조상의 제단에 음식을 떼어놓고 제사를 올리도록 하라'는 명령을 내렸다. 그러자 새들이 몰려들어 즉묵성 내에는 온통 새 떼가 들끓게 되었다. 이에 주민들이 이상하게 여기자 전단은 이런 소문을 퍼뜨렸다. '이 새 떼는 천신이 우리를 이끌어 줄 무당을 내려보내겠다는 징조다.'

얼마 후, 병사 하나가 전단을 찾아와 물었다. "제가 그 무당 노릇을 해도 되겠습니까?"

전단은 그 병사를 정말 신이 내린 사자처럼 섬겼다. 그리고 명령을 내릴 때마다 천신의 분부를 받는 무당의 이름을 빌려 하달함으로써 군민의 마음을 결속시켜 나갔다.

전단은 또다시 성 밖 진 중에 다음과 같은 유언비어를 퍼뜨렸다. '지금 즉묵성의 저항군들은 적군에게 잡혀 코를 베일까 봐 무서워하고 있다. 제 군 병사들의 코를 베어서 공격 대열의 선두에 걸어 놓으면 즉묵성이 곧바로 함락된다고 하더라.'

연 나라 군사들은 그 말을 곧이 믿고 너도나도 제 군 투항병을 끌어다가 코를 베어 선두 부대에 내세웠다. 성벽 위에서 그 광경을 바라보는 제 군의 분노는 하늘을 찔렀다. 저마다 즉묵성을 사수하기로 맹세하고 싸우다 죽는 한이 있다고 해도 연 군에게는 생포되지 않으리라고 다짐했다.

전단은 또다른 유언비어를 연 군의 진영에 살포했다.

'지금 즉묵성 내에 있는 군민들은 적군이 성 밖에 있는 자기 조상의 무덤을 파헤칠까 봐 걱정하고 있다. 만약 무덤을 파헤치는 날에는 애통하여 사기가 떨어져 제대로 싸우지 못할 것이다.'

연 나라 군사들은 이번에도 그 말대로 성 밖 제 나라 사람들의 무덤을 모두 파헤쳐 관을 쪼개고 유골을 꺼내어 불태웠다. 이에 농성군과 주민들은 조상의 유해가 불타는 광경을 보고 대성통곡했다. 그들은 당장 문을 열고 달려나가 싸우려고 했다. 전단은 군민의 적개심이 엄청나게 고양되었음을 알고 이만하면 즉묵성의 인원으로도 반격을 가할 수 있다고 판단했다.

전단은 직접 성벽 공사장에 나가 병사들과 함께 땀흘려 일했다. 자신의 아내와 가족까지 동원하여 병사들의 작업 대열에 끼어 일하게 했으며, 맛있는 음식이 생기면 아낌없이 병사들과 나누어 먹었다.

반격 개시일이 다가오자 그는 무장한 병력을 모두 은폐, 휴식시키는 한편, 적군이 볼 수 있도록 노약자와 부녀자를 성벽 위에 올려 세운 다음, 항복 사절을 연 군 진영으로 보내 관대한 조건을 간청하게 했다. 이에 연 군의 장병들은 만세를 부르며 환호했다.

전단은 다시 성내의 황금 1천 일을 모아 즉묵성의 이름난 부호들을 시켜 연 군의 주장인 기겁에게 은밀히 전하면서 이렇게 부탁하라고 명을 내렸다. "이제 곧 항복할 테니 우리 일가족만큼은 노략질하지 마십시오."

기겁은 크게 기뻐하며 그 요청을 허락했다. 이때부터 연 군의 경계심은 더욱 해이해지고 포위 상태도 느슨해졌다.

그러는 동안 전단은 성에 있는 황소 1천 마리를 징발하여 몸뚱이에 울긋불긋한 오색 용무늬를 그린 옷을 입힌 다음, 두 뿔에는 날카로운 칼을 매달아 묶고, 꼬리에는 기름을 먹인 갈대 묶음을 매달았다. 그리고 성벽 수십 군데에 밖으로 통하는 구멍을 미리 뚫어 놓았다.

이윽고 날이 어두워지자 전단은 황소 꼬리에 일제히 불을 붙이고 막아 놓았던 벽 구멍을 터 주었다. 그 뒤를 따라 용사 5천 명으로 편성된 결사대가 황소 떼를 몰면서 돌격했다. 꼬리에 불이 붙은 황소 떼는 뜨거움을 견디지 못해 길길이 날뛰면서 불을 밝혀 놓은 연 군의 숙영지로 돌진하여 닥치는 대로 들이받고 짓밟기 시작했다. 한밤중에 마음놓고 단잠을 즐기던 연 군의 장병들은 느닷없이 들이닥친 짐승 떼를 보고 대경실색했다(후세 사람들은 이를 두고 화우진(火牛陣)이라고 했다). 성내에서는 북소리를 울려 기세를 돋우고 노약자들은 온갖 구리 그릇들을 마구 두드리며 성원했다. 북소리와 쇠붙이 소리, 함성이 한데 어우러져 천지에 진동했다. 연 군의 진영은 온통 공황 상태에 빠져서 저마다 목숨을 건져 달아나느라 정신이 없었다. 제 군은 연 군의 주장 기겁을 잡아 죽였다.

전단은 즉묵성의 군사를 이끌고 패주하는 연 나라 군을 추격하여 하상까지 뒤따라갔다. 그리하여 과거 연 군에게 빼앗겼던 70여 성을 탈환하고 마침내 수도인 임치성과 제 나라 전역을 완전히 수복했다.

_《사기》〈전단열전〉

91 의 전

의심할 의(疑), 疑戰
수풀이 우거진 곳에는 차폐물을 많이 설치하여 적을 미혹한다.

남북조 시대 때 북주의 무제가 북제를 정벌했다. 이에 대장군 영창군 우문춘이 명을 받들어 계서원에 주둔했다.

우문춘이 숙영을 준비하는데, 대장군 우문헌이 우문춘에게 지시했다. "군사 행동을 함에 있어서는 모름지기 적을 기만하는 술책을 강구해야 한다. 숙영하는 데 있어서도 그러하다." 우문춘이 물었다. "무슨 고견이라도 있습니까?"

우문헌이 대답했다. "숙영지에 장막을 치지 말고 잣나무를 베어다가 나무 집을 만들어 여기에 군대가 주둔하고 있음을 표시하라. 그러면 아군이 떠난 뒤에도 적이 분명하게 알지 못할 것이다." 우문춘이 칭송했다. "좋은 생각이십니다."

이때 북제의 황제 고위가 분수를 건너 우문춘이 주둔하고 있는 계서원으로 진격하여 핍박했다.

우문춘과 우문헌은 군사를 이끌고 완강하게 저항했으나 북제의 군을 감당해 내지 못했다.

우문춘은 부득이 밤중에 계서원에서 철수했고 숙영지에는 나무로 된 빈 군영만 남았다.

북제의 추격군은 야밤에 나무 집을 보고는 적의 군영으로 알고 감히 가까이 접근하지 못했다.

동이 튼 뒤에야 북제 군은 나무 집이 빈 영채임을 알고 외쳤다. "속았다!" 북제 군이 재차 추격하려고 했으나 북주 군은 이미 멀리 달아난 뒤였다.

의전(疑戰)

 적과 대치하고 있는 상황에서 적진을 엄습하려고 할 때는 초목이 우거진 수풀 속에 기치를 많이 꽂아 놓아 숲 속에 다수의 병력이 배치되어 있는 것처럼 위장해야 한다. 이렇게 하여 적으로 하여금 동쪽의 경계와 수비를 강화하게 한 다음, 아군은 그 반대 방향인 서쪽을 불시에 공격하면 승리할 수 있다. 반대로 적진에서 퇴각하고자 할 때는 병력이 없는 위장 진지를 설치하여 부대가 주둔하고 있는 것처럼 위장한 다음 철수해야 한다. 이렇게 하면 적은 아군의 철수 의도를 의심하여 감히 추격하지 못할 것이다.
 《손자병법》에 '수풀이 우거진 곳에는 차폐물을 많이 설치하여 적을 미혹한다'고 했다.

 서기 577년, 북주의 무제가 북제를 멸망시킬 때의 일이다. 당시 무제는 우문헌(宇文憲)을 선봉장으로 삼아 작서곡으로 진주케 했다. 주의 무제는 친히 전선에서 부대를 지휘하면서 진주를 포위 공격했다. 북제의 후주 고위는 진주가 포위되었다는 소식에 친히 군을 이끌고 구원하러 왔다. 당시 북주 군은 진 왕 우문순을 천리경에, 대장군 영창공 우문춘을 계서원에, 대장군 우문성을 분수관으로 배치해 놓고 각각 부대를 진출시켜 주둔하되, 모두 우문헌의 지휘를 받게 했다.
 우문헌은 계서원 일대에 진출해 있는 우문춘에게 비밀리에 지시했다.
 "용병이란 적을 적절히 기만하는 것이다. 그대는 진영을 설치하되 장막을 치지 말고 잣나무를 베어다가 초막을 지어 마치 병력이 지키고 있는 것처럼 위장하라. 그리하여 아군의 주력이 여기서 철수한 뒤에도 이곳에 대부대가 계속 주둔하고 있는 것처럼 보이도록 하라. 그렇게 하면 아군이 만약 패하여 후퇴한다고 해도 적은 우리가 계속 이곳에 주둔하고 있는 것으로 의심하여 감히 추격해 오지 못할 것이다."

　이때 북주의 황제 고위는 천리경과 분수관으로 하여금 각각 군의 일부를 출동시켜 우문순과 우문성 군을 견제하게 한 다음 자신은 직접 주력 부대를 이끌고 계서원으로 진격하여 우문춘 군과 대치했다. 우문춘은 북제 군이 강한 것을 보고 작서곡의 본 진에 있는 우문헌에게 상황이 위급함을 보고했다. 이에 우문헌은 직접 증원군을 이끌고 우문춘의 부대를 구원하려 했다. 그런데 그가 계서원에 막 이르렀을 때 마침 우문춘이 주 무제의 명령을 받고 밤새 퇴각했다.

　추격하던 북제 군은 잣나무로 엮어 만든 초막들을 보고는 그곳에 북주 군의 기습 부대가 잠복해 있다고 여겨 더 이상 추격하지 못했다. 북제 군은 다음 날 아침이 밝아서야 그것이 북주 군이 예비해 놓은 위장된 진임을 알고 후회했다.

_《북사》〈우문헌전〉

92 궁전

다할 궁(窮), 窮戰
궁지에 몰린 적을 지나치게 추격하여 핍박해서는 안 된다.

서한 시대 때 조충국이 명을 받아 선령의 강 족을 공격했다. 부대는 강족이 살고 있는 지구 깊숙이 들어갔다.

강 족은 그곳에 장기간 주둔하고 있었던 터라 경계와 준비가 심히 허술했다. 그들은 한 군이 쳐들어오자 양식과 무기를 버리고 허겁지겁 황수로 도주했다.

조충국은 도로가 좁은 것을 보고는 부대에 명령을 내렸다. "서서히 전진하고 천천히 추격하라!"

어떤 이가 조충국에게 건의했다. "적을 추격함에는 응당 빠를수록 좋습니다."

궁전(窮戰)

용병하여 싸우는 데 있어 아군의 병력이 많고 적의 병력이 적은 상황에서 적이 아군의 위풍과 기세에 눌려 대전을 피해 퇴각한다면 적을 너무 급박하게 추격해서는 안 된다. 왜냐하면 대체로 사물이 극에 이르면 반드시 상황이 반전되기 때문이다. 사람도 극도의 궁지에 몰리게 되면 그것을 반전시키는 힘을 발휘하게 된다. 그러므로 적이 두려움에 빠져 도주할 때는 대오를 정돈하고 천천히 적을 추격하여 확실한 승리를 거두어야 한다.

《손자병법》에 '궁지에 몰린 적을 지나치게 추격하여 핍박해서는 안 된다'고 했다.

서한 선제 신작 원년인 BC 61년 7월, 한 나라의 후장군 조충국이 선령 지방의 강 족을 토벌했다. 당시 강 족은 오랫동안 한 나라의 변경을 점령하고 머물러 있었던 터라 경계와 전의가 해이한 상태였다. 이들은 한 나라의 대규모 토벌군이 출동하자 물자와 장비를 버리고 황수를 건너 서쪽으로 도망했다. 그런데 도로가 몹시 험하고 협착하여 도주 속도가 느렸다.

그런데 조충국은 이들을 급박하게 몰아쳐 추격하지 않고 서서히 그 뒤를 쫓았다. 이에 불만을 품은 측근 참모가 급히 적을 추격하여 전리품을 많이 노획해야 한다고 재촉하자 조충국이 말했다.

"저들은 지금 궁지에 몰린 위태로운 적군이니 너무 급박하게 몰아붙여서는 안 된다. 우리가 서서히 추격하면 저들은 뒤돌아 볼 틈도 없이 궤산(潰散)되고 말 것이다. 그러나 우리가 급박하게 추격하여 달아날 여유가 없어지면 저들은 분명 되돌아서서 사력을 다해 우리에게 저항할 것이다."

그제서야 장수들은 모두 조충국의 말에 수긍했다. 과연 강 족은 서로 먼저 도망치려고 하다가 수백 명이 황수에 빠져 익사했고, 추격하는 한 군에게 투항한 자와 참살당한 자가 5백여 명이 넘었다.

_《한서》〈조충국전〉

■ 보충 설명

이 사례에서처럼 세력이 다한 적을 추격할 때도 책략을 강구해야 한다. 너무 서둘러서도 안 되고 너무 심하게 핍박해서도 안 된다. 그렇지 않으면 적이 필사적으로 반항하여 적을 섬멸하는 데 지장을 초래할 수 있다.

다음은 《손빈병법》의 〈위 왕문〉 편에 나오는 이야기이다.

위 왕이 손빈에게 물었다. "탈출로가 없는 궁지에 몰린 적을 공격할 때는 어떻게 해야 하오?"

이에 손빈이 대답한다. "지나치게 압박하지 말고 적이 활로를 찾기를 기다렸다가 적을 소멸해야 합니다."

그런데 이를 구체적으로 운용할 때는 상황을 주시하면서 민첩하게 대처해야 한다. 적을 섬멸할 수 있다는 판단이 섰음에도 불구하고 병력을 집중하여 섬멸하지 않는다면 이는 '적의 상황 변화에 따라 용병 원칙을 바꾼다'는 기본적인 용병 원칙을 위반하는 셈이 된다. 이에 대한 보완책으로 약한 적은 문을 걸어 잠그고 섬멸해야 하는 경우가 생길 수도 있다.

조충국이 '도로가 좁고 험한' 지형적 특성에 근거하여 온건하고 타당한 전술을 펼쳤다는 점도 긍정적으로 볼 수 있다. 도로가 험하고 좁아서 한의 대규모 병력이 기동하기에는 불리했던 반면 지형에 익숙한 강 군이 매복하여 한 군을 저격하기에는 유리했다. 이 점이 바로 노장 조충국이 용병하는 데 있어 '매우 신중했다'는 사후의 평판을 듣는 이유다. 이 역시 한 군이 큰 손실을 입지 않고 능히 강 군을 이긴 큰 원인이 되었다고 할 수 있다.

풍 전

바람 풍(風), 風戰
순풍이 불 때는 바람의 세를 타서 싸우고, 역풍이 불 때는 진세를 엄격히 하여 적의 공격에 방비해야 한다.

오대 때 후진의 대장 두중위가 군사를 이끌고 양성에서 거란 군과 싸워 크게 이겼으나 결과적으로는 거란 군에 겹겹이 포위되었다.

포위를 당한 후진의 부대에는 식량과 물이 모자랐다. 우물을 팠지만 매번 무너져 내리는 바람에 수원(水源)을 찾지 못했다.

이때 동북풍이 거세게 불자 거란 군은 이 틈을 노려 화공을 가했다.

두 장군님, 장군께서는 어떻게 용병을 하실 겁니까? 이렇게 헛되이 죽음을 기다릴 수는 없습니다.

후진의 장병들은 매우 분노하여 외쳤다.

적의 병력이 비록 다수이긴 하나 이 모래바람 속에서는 병력의 현황을 쉽게 알 수가 없습니다. 이 바람이 우리를 도와주고 있습니다.

풍전(風戰)

적과 싸울 때 순풍이 불면 바람을 타고 적진을 공격해야 한다. 그러나 역풍이 불어 맞바람을 안고 감히 공격하지 못할 것이라고 생각하여 적이 방심하고 있는 상황이라면 그 틈을 노려 불시에 적을 습격해야 한다. 이렇듯 바람을 이용하되 상황에 따라 대처하면 승리하지 못하는 경우가 없다.

《손자병법》에 '순풍이 불 때는 바람의 세를 타서 싸우고, 역풍이 불 때는 진세를 엄격히 하여 적의 공격에 방비해야 한다'고 했다.

서기 940년, 후진의 북면행영도초토사 두중위(杜重威) 등이 군을 이끌고 양성에서 거란 족과 싸웠으나 끝내 이기지 못하고 도리어 포위를 당했다. 이때 두중위의 진영에는 식수가 없는데다 토질마저 나빠 우물을 파면 파는 대로 무너져 내리는 최악의 상황이었다. 게다가 동북풍이 거세게 불어 거란 군은 바람을 이용해 화공을 가하고 모래를 날려보내 후진 군을 괴롭히고 있었다.

포위당한 채 기갈에 시달리던 후진 군의 병사들은 저마다 성이 나서 아우성을 쳤다. "도초토사께서는 어떻게 지휘를 하셨기에 우리를 이처럼 앉아서 곤경에 빠트려 죽게 하시는 겁니까?"

그러면서 여러 장수들은 분분히 나아가 싸울 것을 요청했다. 이에 두중위가 흥분한 제장들을 만류하면서 말했다. "바람이 잔잔해지기를 기다렸다가 천천히 공격 여부를 결정하도록 합시다."

이에 마보도감 이수정이 반박했다. "비록 병력상으로는 아군이 적지만 모래 바람이 심하게 불고 있어 적은 우리의 병력이 많은지 적은지를 판단하지 못할 것입니다. 이런 상황에서는 오직 사력을 다해 싸우는 것만이 승리하는 길입니다. 이 바람이 바로 우리를 도와주고 있습니다." 그러더니 그는 곧바로 큰소리로 "전 군은 일제히 나가서 적을 격파합시다" 하고 소리쳤다.

이렇듯 장수들의 여론이 분분하자 마군좌상도배진사 장언택이 제장들을 소집하여 방책을 협의했다. 이때 누군가가 말했다. "지금은 바람이 적에게 유리하게 불고 있으니 풍향이 바뀔 때까지 기다려야 합니다."

장언택 역시 그와 같은 생각을 품고 있었으나 마군우상부진사 약원복은 즉시 공격할 것을 주장했다.

"지금 우리 진영에는 식수가 없어서 병사들이 기갈로 인해 극심한 고통을 겪고 있습니다. 이런 상황에서 풍향이 바뀌기만을 기다리다가는 우리 모두가 적에게 사로잡히고 말 것입니다. 지금 적들은 아군이 역풍을 안고는 싸우려 하지 않으리라 생각하여 방심하고 있을 것입니다. 그러니 적의 의표를 찔러 신속하게 공격해야 합니다. 이는 병법에 있는 바와 같이 적을 기만하는 방법입니다."

두중위가 이 말을 듣고 마침내 결단을 내렸다. "속수무책으로 가만히 있다가 적에게 당할 바에는 나가 싸워서 죽음으로써 국가에 신명을 바치자!"

두중위는 정예 기병대를 이끌고 방심하고 있는 거란 군의 진영을 공격하여 크게 격파하고 거란 군을 단숨에 20여 리나 패주시켰다.

거란의 왕은 처음에는 전차를 타고 10여 리를 달아났으나 후진 군의 집요한 추격이 계속되자 낙타로 바꿔 타고 멀리 도주했다. 이리하여 후진 군은 곤경에서 벗어나 안정을 되찾게 되었다.

_《구오대사》〈한서-두중위전〉

설전

눈 설(雪), 雪戰
적의 경계가 소홀한 지점을 집중 공격하라.

당 나라 헌종 때 오원제가 회서에서 반란을 일으키자 조정에서는 이소를 보내 토벌케 했다.

이소가 포로로 잡은 오원제의 장수인 정사량을 예의를 갖추어 대우하자 정사량은 크게 감격했다.

정사량이 이소에게 계책을 올려 순차로 오원제의 대장 오수림과 이석을 투항케 했다. 이소는 그들과 함께 채주성에 대한 공격 계획을 세웠다.

이소는 이석을 선봉장으로 삼고 명했다.
"어디로 가는지 묻지 말고 오로지 동쪽으로만 진군하라."

설전(雪戰)

적과 대전함에 있어 폭설이 계속 내려 적의 방비가 허술할 때는 침투 공격을 가하면 적을 격파할 수 있다.

《손자병법》에 '적의 경계가 소홀한 지점을 집중 공격하라'고 했다.

당 나라 헌종 원화 12년인 서기 817년 10월, 당 나라 조정은 회서 일대에서 당등절도사 이소(李愬, 773~821)에게 반기를 든 군벌 오원제의 세력을 토벌하라는 명령을 내렸다. 이소는 주력군이 출정하기 전에 기병 1천 명으로 하여금 관내를 순찰하게 하던 중 오원제의 수하 장수인 정사량의 부대와 조우하여 격전을 벌인 끝에 정사량을 사로잡았다.

정사량은 오원제의 군에서도 이름난 맹장으로, 끊임없이 당 나라의 동부 지역을 위협하여 곤경에 빠트리곤 하던 인물이었다. 이 때문에 그를 사로잡자 당의 장병들은 모두 정사량을 죽여 그 심장을 꺼내 그동안에 맺힌 분을 풀고자 했다. 이소 역시 여론에 따라 그를 죽이려고 했으나 정사량은 조금도 죽음을 두려워하는 기색을 보이지 않았다. 이에 이소는 그의 용맹과 기개를 아껴 정사량을 석방했다. 정사량은 이소의 아량에 감복하여 목숨을 바쳐 보답할 것을 맹세했다. 이소는 정사량을 착생장으로 임명한 다음 적을 생포하라는 임무를 부여했다.

이소의 주력군이 오원제를 토벌하러 출정하려 할 때 정사량이 이소에게 자청했다.

"지금 오원제의 왼팔 격인 오수림이 문책을 점거하고 있습니다. 우리 조정의 군대가 오수림 군에게 접근하지 못하는 이유는 진광흡이 그의 참모장으로 있으면서 꾀를 내어 획책하고 있기 때문입니다. 진광흡은 용맹스러우나 경솔하여 자신이 홀로 싸움터에 나가서 공을 세우기를 좋아합니다. 제가 가서 그를 사로잡아 오겠습니다. 진광흡만 사로잡는다면 오수림은 싸우지 않아도 저절로 항복해 올 것입니다."

정사량이 진광흡을 사로잡으니 과연 오수림도 스스로 관군에 항복해 왔다. 오수림을 청하여 오원제 군을 격파할 방책을 묻자 오수림이 대답했다. "장군께서 오원제의 세력을 격파하고자 하신다면 먼저 적장 이석을 사로잡지 않고서는 불가능합니다."

이석 역시 오원제의 장수로서, 용맹과 지략이 뛰어난 인물이었다. 그는 오랫동안 홍교채를 수비 중이었는데, 매번 작전에서 관군의 실력을 경시하고 있었다. 때마침 이석은 군사를 거느리고 들판에서 보리를 수확하고 있었고, 이소는 그 기회를 빌어 이석을 생포하기로 계획을 세웠다. 이소는 사용에게 용사 3백 명을 주어 출동시켜 숲 속에 군사를 매복시켜 놓고 기다리다가 마침내 이석을 사로잡아 돌아왔다.

이석이 잡혀 오자 당 나라 장병들은 모두 이소에게 이석을 죽일 것을 요청했다. 그러자 이소는 그를 귀한 손님으로 예우하고 때로는 함께 정담을 나누기도 하면서 이석과 친밀한 관계를 유지했다. 이에 다른 장수들이 이소의 처사를 몹시 불쾌하게 여겼다. 그러나 자기 혼자만의 힘으로는 이석을 동료 장수들의 질시로부터 보호할 수 없다고 생각한 이소는 이석을 형틀에 묶어 장안으로 압송했다. 그러면서 비밀리에 미리 황제에게 다음과 같은 글을 올렸다. "만일 이석을 죽인다면 오원제를 토벌하려는 작전은 성공할 수 없을 것입니다."

이에 황제는 특명을 내려 즉시 이석을 사면하고 이소에게 되돌려 보냈다. 이석이 안전하게 돌아오자 이소는 크게 기뻐하며 즉각 그를 병마사로 임명한 다음, 칼을 찬 채 자신의 군막에 출입할 수 있게 했다. 그런 뒤에야 이소는 비로소 이석과 더불어 채주의 오원제 군을 격파할 계획을 세웠다.

이소는 3천 명의 정예병으로 구성된 선봉 부대를 편성하여 이석을 선봉장으로 삼고 이충의를 그의 부장으로 임명했다. 그리고 자신은 감군 3천 명을 지휘하는 중군장을 겸하고, 이진에게도 3천 명의 군사를 주어 후군장으로 삼은 뒤 출전 명령을 내렸다. "전 군은 오로지 동쪽으로만 진군하라."

이소의 토벌군은 60여 리를 행군하여 한밤중에 장시촌에 도착했다. 이소 군은 그곳을 지키던 적의 수비대를 급습하여 모조리 죽인 다음 군사들에게 잠시 휴식을 취하게 했다. 이소는 군사들에게 휴대 식량으로 식사를 하도록 하고 병기와 장비를 손질하는 등 전투 태세를 가다듬고 나서 다시 전진했다.

그런데 이소 군이 행군하는 도중, 폭설이 내리면서 살을 에는 듯한 세찬 바람이 불어왔다. 그로 인해 군기가 찢어지고 깃대가 부러졌으며, 혹심한 추위로 동사하는 인마가 속출했다. 이렇듯 악천후 속에서 행군이 계속되자 장병들은 이러다간 모두 다 죽고 말 것이라며 비관하기 시작했다.

장수들이 이소에게 행군의 방향을 묻자 이소가 명확하고도 굳게 대답했다. "채주성으로 들어가 오원제를 사로잡는다."

이 말이 진중에 퍼지자 장병들은 모두 사색이 되어 서로를 돌아보며 울면서 한탄했다. "우리 장군이 이석의 간계에 속아넘어갔구나!"

그러면서도 장병들은 이소가 두려워 감히 그 명령을 거역하지 못했다.

한밤중이 되자 눈이 더욱 많이 내렸다. 이에 이소는 경무장한 부대를 남북으로 나누어 보내 낭산에서 채주로 이어지는 적의 지원 부대의 통로를 차단하는 한편 오원제의 정예 주력 부대가 집결해 있는 회곡과 채주로 통하는 모든 교량을 파괴했다. 이소 군은 장시촌에서 방향을 꺾어 동남으로 70여 리를 더 행군한 끝에 오원제가 있는 채주 현호성에 도착했다. 현호성 부근에는 거위와 오리 떼가 살고 있는 연못이 있었다. 이소는 거위와 오리 떼를 놀라게 하여 그 우는 소리와 군사들이 움직이는 소리를 뒤섞이게 함으로써 적으로 하여금 토벌군이 접근하고 있다는 사실을 알아차리지 못하게 했다.

채수성은 처음 오원제의 백부인 오소성이 채주에 웅거하면서 반란을 일으킨 이래 30여 년 간 단 한 번도 당 군이 채주성까지 진출한 적이 없었기에 수비 태세가 전혀 갖추어지지 않은 상태였다. 가장 먼저 토벌군의 선봉장인 이석이 앞장서서 적이 곤히 잠자는 틈을 타 성을 공격했다. 당 나라 군사들은 선봉장의 뒤를 따라 벽으로 기어올라가 문을 지키던 수비병들을 살해했다. 단, 목탁 치는 야경꾼들만은 살려 두어 평상시처럼 시각을 알리게 했다. 그런 다음 문을 열고 군사들을 성내로 끌어들여 현호성을 점령했다.

첫닭이 울 무렵에야 눈이 그쳤다. 당 나라 토벌군은 마침내 반란군의 괴수인 오원제를 사로잡아 장안으로 압송했다. 그리하여 채주를 위시한 회서 지방은 당 군에 의해 모두 평정되었다.

_《구당서》〈이소전〉

양 전

기를 양(養), 養戰
병사들을 푹 쉬게 하고 장비를 정비하여 정기와 예기를 기르며 피로하지 않도록 유의하여 사기를 진작시켜 전투 역량을 축적해야 한다.

초 군은 왕전이 쳐들어온다는 말에 전 군을 동원하여 저지했다. 그러나 왕전은 진영만 굳게 지킬 뿐 나가 싸우지 않았다.

왕전은 매일 군영에서 사병들을 쉬게 했다. 병사들에게 목욕을 하게 하고 옷을 빨게 하며, 맛있는 음식을 주고 병사들과 담소를 나누며 그들과 동고동락했다.

얼마 후, 왕전이 병사들에게 물었다.
"너희들, 군사 훈련에 진전이 있느냐?"
"이전에 비해 강해졌습니다."
왕전이 말했다. "좋다, 이제 출병해도 되겠다."

초의 군대는 진 군과 싸울 기회가 오지 않자 병력을 동으로 이동시켰다. 이에 왕전은 휴식을 통해 잘 정비된 대군으로 하여금 뒤를 쫓게 하고 단숨에 공격하여 초 군을 대파했다. 그리고 승세를 몰아 다수의 성을 탈취했다.

양전(養戰)

　적과 싸우다가 아군이 패했을 경우에는 먼저 군사들의 사기를 살펴보아야 한다. 만일 장병들의 사기가 왕성하다면 격려하여 다시 나가 싸우게 하고, 사기가 저하되어 있다면 우선 사기를 진작시켜 개개인의 전투력과 투지를 가다듬은 다음에 나가 싸우게 해야 한다.
　《손자병법》에 '병사들을 잘 쉬게 하고 정비하여 정기와 예기를 기르며, 피로하지 않도록 유의하여 사기를 진작하여 전투 역량을 축적해야 한다'고 했다.

　BC 225년, 진 왕 영정이 중국을 천하 통일할 목적으로 장군 이신에게 물었다. "내가 초 나라를 쳐서 탈취하고자 하오. 장군의 계산으로는 병력이 얼마나 필요하다고 보는가?"
　이신이 대답했다. "20만 명이면 충분하다고 봅니다."
　시황제가 다시 노장 왕전에게 같은 내용을 묻자, 왕전이 대답했다. "60만 대군이 아니면 초 나라를 격파할 수 없습니다."
　이 말을 들은 황제는 "왕 장군도 이제 늙었구려! 어찌 그리 겁이 많소?" 하고는 이신과 몽염에게 20만의 군사를 주어 남하하여 초 나라를 공격할 것을 명했다.
　왕전은 자신의 의견이 채납되지 않자 신병을 핑계로 사직하고 고향인 빈양으로 내려갔다.
　한편 이신은 군사를 이끌고 평여로 진격하고, 몽염은 침읍으로 진격하여 각각 초 군을 대파했다.

그 후 이신은 언영으로 진격하여 초 군을 격파하고 서쪽으로 가 성보에서 몽염과 합류하기로 했다. 그러나 첫 전투에서 패한 초 나라 군은 이신이 병력을 서진하려는 기회를 노리고 있었다. 결국 초는 다른 부대를 동원하여 3일을 밤낮 없이 강행군하여 진 군을 추격한 끝에 이신 군을 크게 격파했다. 그리고는 이신 군의 진영에까지 돌입하여 도위급 장교 7명을 잡아 죽였다.

이신이 패잔병을 이끌고 본국으로 귀환하자, 진 왕은 격분했다. 결국 친히 빈양까지 가서 왕전에게 사과하고, 아울러 출정군을 맡아 지휘해 줄 것을 강권했다.

이에 왕전이 어쩔 수 없이 응하면서 말했다. "신은 늙고 병들어 정신이 혼미합니다. 만약 대왕께서 노신을 기용하시려면 60만의 병력을 주십시오. 그렇지 않으면 노신은 나아가 싸울 수가 없습니다."

진 왕은 왕전의 요구를 받아들였고, 왕전은 60만 대군을 거느리고 출정길에 올랐다. 이에 진 왕은 친히 패상까지 나와 왕전의 출정을 전송했다.

초 나라는 이 소식을 듣고 즉시 전국의 병력을 총동원하여 왕전의 침공군에 대항했다. 그러나 왕전은 초 군과 대치한 상태에서 접전을 피하고 영문을 굳게 닫아 수비 태세만 취할 뿐 나가 싸우지 않았다.

왕전은 장병들로 하여금 충분한 휴식을 취하게 하고 날마다 목욕을 하게 하고 풍부하고 좋은 급식으로 체력을 증진시키고 장병들을 위무하면서 병사들과 동고동락했다.

이렇게 한 지 얼마 후, 왕전은 한 참모를 불러 물었다. "요즘 병사들이 진중에서 무슨 놀이를 하며 지내는가?"

"모두들 힘이 솟아 무거운 돌 던지기와 장애물 넘기를 하며 지내고 있습니다."

왕전은 이 말에 기뻐하며 말했다. "이제는 군사들을 전투에 투입해도 되겠구나."

 반면 초 군은 그동안 여러 차례에 걸쳐 진 군에게 도전해도 진 군이 전혀 응하지 않자 결국 군을 철수하여 동쪽으로 이동시켰다. 초 군이 기동할 기회를 노리고 있던 왕전은 즉시 군을 출동시켜 철수하는 초 군을 추격했다.

 진 군은 추격전을 전개하여 초 군을 크게 격파하고 기 지방 남쪽까지 추격한 끝에, 마침내 초 군의 주장인 항연을 잡아 죽였다. 나아가 진 군은 주장을 잃은 초 군을 궤주시키고 그 여세를 몰아 초 나라 전역을 평정했다.

_《사기》〈백기왕전열전〉

서전

편지 서(書), 書戰

병사들과 친척이 서로 통신하게 되면 유언비어가 퍼져 병사들에게 무서워하고 두려워하는 마음이 생기고, 친척들이 진중에 왕래하게 하면 병사들이 가정을 그리워하게 된다.

삼국 시대 때 촉의 대장 관우는 강릉에, 오의 대장 여몽은 육구에 주둔하고 있었다. 둘은 멀리 떨어져 있지 않았다.

여몽은 겉으로는 관우와 우호적이었지만 암암리에 병력을 보내 촉의 공안과 남군의 2개 성을 습격했다.

오 군은 관우 휘하에 있는 장병의 가족들을 포로로 잡아 그들을 안무하고 위무했다.

어느 날, 여몽과 고향이 같은 한 병사가 비가 내리자 백성의 삿갓을 빼앗아 투구 위에 덮는 일이 발생했다. 이에 여몽은 "비록 나와 동향이긴 하나 군법을 어겼으므로 참수해야 한다"면서 그를 참수했다.

여몽은 늘 백성들과 접촉하고 안부를 물으며 의약을 보내 주었다. 그의 군대는 백성들에게 추호도 폐를 끼치지 않음으로써 민심을 크게 얻었다.

관우는 공안과 남군이 함락되었다는 소식을 듣고 병력을 일으켜 2개 성을 탈환하고자 여러 차례 공안과 남군에 사람을 보내 정황을 살폈다. 그러나 파견한 사람들마다 자유롭게 돌아본 뒤 가족들이 모두 편안히 생활하고 있다고 보고했다.

파견했던 사람들이 귀환하자 장졸들이 몰래 가족들의 정황을 물었다. 전보다 더 잘 지내고 있다는 대답을 들은 관우의 휘하 장졸들은 더 이상 여몽과 싸우기를 원치 않았다.

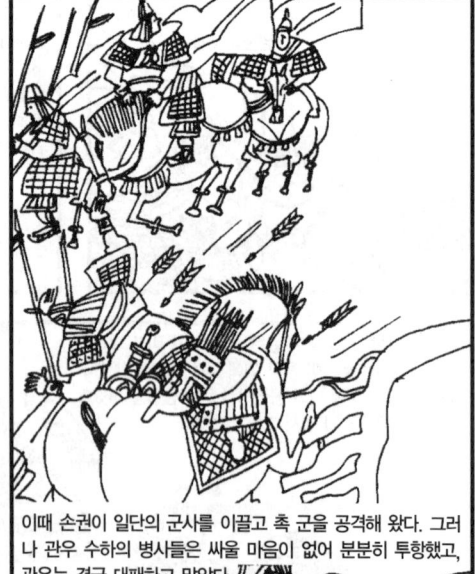

이때 손권이 일단의 군사를 이끌고 촉 군을 공격해 왔다. 그러나 관우 수하의 병사들은 싸울 마음이 없어 분분히 투항했고, 관우는 결국 대패하고 말았다.

서전(書戰)

 적과 대치하고 있을 때는 장병들이 고향의 가족과 서신을 주고받거나 친척들이 진중으로 왕래하게 해서는 안 된다. 이는 장병들 사이에 유언비어가 퍼져 군심이 동요되는 것을 방지하기 위해서이다.
 《병법》에 '병사들과 친척이 서로 통신하게 되면 유언비어가 퍼져 병사들에게 무서워하고 두려워하는 마음이 생기고, 친척들이 진중에 왕래하게 하면 병사들이 가정을 그리워하게 된다'고 했다.

해 설

 삼국 시대인 서기 219년, 형주를 지키던 촉한의 장군 관우가 강릉에 수비대를 주둔시켜 놓고 번성에 있는 위 나라 조인의 군을 공격하고 있었다. 한편 오 나라는 관우가 출동한 틈을 타서 여몽을 노숙의 후임으로 삼아 오군을 육구에 진주시켰다.
 여몽은 육구에 처음 부임하여 겉으로는 공손함을 더하여 촉한과의 우의를 다져 관우와 친교를 맺었다. 그러나 뒤이어 출정 중인 관우의 배후를 급습하여 촉한의 관할 지역인 공안과 남군 2개 성을 탈취했다. 이에 촉한의 수비장 부사인 등이 모두 여몽에게 항복해 왔다. 여몽은 이어서 관우의 근거지인 형주성을 점령한 다음, 관우의 가족과 촉한 군의 장병 가족들이 모두 편안히 살도록 보살펴 주었다. 그리고 오 나라 장병들에게는 엄명을 내려 민가를 침범하여 백성들의 재물을 탈취하는 등의 민폐를 끼치는 일이 없도록 했다.
 당시 여몽의 휘하에는 여몽과 고향이 같은 여남 출신의 병사 한 명이 있었는데, 어느 날 비가 내리자 민가에서 삿갓 한 개를 얻어 갑옷 위에 덮는 일이 발생했다. 이를 안 여몽은 "관물인 투구를 잘 보관하려는 너의 행위는 칭찬할 만하나 민폐를 끼친 것이 분명하다. 이는 군령을 범한 것이므로 나의 동향이라고 하여 덮어 둘 수는 없다" 하면서 눈물을 흘리며 병사의 목을 베었다. 이때부터 여몽의 군사들은 엄격한 군령을 두려워한 나머지 길에 떨어진 물건조차 줍지 않게 되었다.

여몽은 아침저녁으로 측근에게 명하여 민정을 살피게 했다. 노인들을 위문하고, 생활에 필요한 것을 물어 환자에게는 의약품을 보내 주고, 굶주리거나 추위에 시달리는 사람에게는 식량과 의복을 전달했다.

한편 관우는 번성 포위전에서 패하여 회군하던 중에 오 나라 여몽 군이 형주, 남군, 공안을 기습 점령했다는 소식을 들었다. 이에 관우는 여러 차례 사자를 보내 그곳의 정황을 탐문했다. 그러나 여몽은 관우의 사자가 올 때마다 후히 대접하고, 일부러 형주 성내를 일주시키며 집집마다 안부를 물어볼 수 있게 하며, 어떤 가족에게는 편지를 써서 사자에게 전달토록 했다. 관우의 사자들은 군영으로 돌아가서 장병들이 사사로이 물어보는 대로, 가족들은 모두 무사한데다 여몽이 잘해 준다고 전했다. 관우의 장병들은 형주성에서 돌아온 사자의 입을 통해 가족과 친지들이 여몽의 배려로 무사히 지낸다는 소식을 듣고 여몽의 군과 싸울 마음을 접었다.

얼마 지나지 않아 오 나라의 황제 손권이 대병력을 이끌고 형주를 공격해 왔다. 그러나 세가 고립되고 힘이 부족한 것을 안 관우는 형주성을 탈환하려는 계획을 포기하고 맥성으로 패주했다가 서쪽의 장향으로 도망했다. 이리하여 관우 휘하의 장병들은 모두 전의를 잃은 채 오 군에게 항복했으며, 관우도 끝내 오 군에게 잡혀 죽고 말았다.

_《삼국지》〈오서-여몽전〉

97 변전

변할 변(變), 變戰
적정의 변화에 따라 적절히 대응하여 대책을 세운다면 승리할 수 있다. 이를 가리켜 여신(如神)과 같다고 할 것이다.

변전(變戰)

군사가가 용병을 하는 데 있어 그 관건은 임기응변에 달려 있고, 귀한 것은 부대를 잘 요해하는 데 있다. 그러므로 군을 출동시킬 때는 반드시 사전에 적의 형세를 자세하게 살피고 적정을 판단해야 한다. 만일 적의 방어 태세가 완벽하여 공격할 만한 허점이 없다면 적의 내부에 변화가 일어나기를 기다려야 한다. 그러다가 적에게 변화가 보이면 그 기회를 포착하여 유연하게 임기응변으로 대처해야 한다. 이와 같이 한다면 유리한 국면을 맞을 수 있다.

《손자병법》에 '적정의 변화에 따라 적절히 대응하여 대책을 세운다면 승리할 수 있다. 이를 가리켜 여신(如神)과 같다고 할 것이다'라고 했다.

서기 922년 오대 때인 후량 말기의 일이다. 위박 지방에서 반란이 일어나 반란군이 갓 부임한 절도사 하덕륜을 구금하고, 하동 지구에 근거한 진(후당의 전신)에 투항했다. 이에 진 왕 이존훈(뒤에 후당의 장종이 됨)이 군을 이끌고 위주에 입성했다.

진 군의 침공을 받은 후량에서는 장군 유심(劉鄩)이 지휘하는 방어군으로 하여금 신야현에서 진 군과 대전하게 했다. 그러나 유심은 진 군과 대진한 상태에서 공격을 시도하지 않고, 진영의 보루를 증설하고 진지 주변에 방어용 도랑을 깊이 파서 수비를 강화했다. 또한 신야에서 황하에 이르는 길을 수축하여 군량을 운반케 했다. 지구전을 벌여 진 군에 대항하기 위한 조치였다.

그러나 후량의 말제 주우정은 유심에게 계속해서 조속히 출전할 것을 명했다. 이에 유심은 다음과 같은 답서를 올렸다.

"지금은 진 군의 세력이 강하여 아군이 쉽게 공격할 수 없습니다. 저들의 변화를 살피며 기다렸다가 대응하여 싸우도록 하겠습니다. 아군에게 공격 기회가 생긴다면 어찌 신이 가만히 앉아 좋은 기회를 잃고 환란을 기르겠습니까?"

그러나 현지의 사정을 모르는 말제는 조급하게 다시 사자를 보내 후당군을 무찌를 방책을 물었다. 유심이 답했다. "신은 어떠한 특별한 방책도 가지고 있지 않습니다. 다만 군사들에게 한 사람당 1백 두의 군량미를 보급해 주신다면 그 군량이 다 떨어지기 전에 적을 격파하도록 하겠습니다."

이 보고를 받은 말제는 화를 냈다. "장군은 군량미를 남겨 두었다가 기아병을 치료하려 하는가?" 그러면서 다시 측근 환관을 보내 싸울 것을 독촉했다.

거듭되는 독촉에 유심이 여러 장수들에게 물었다.

"전장의 장수가 출정하여 밖에 있을 때는 작전 지휘에 재량권을 가지고 있는 법이라 설령 황제의 명이라 해도 따르지 못하는 경우가 생길 수 있다. 작전은 상황의 변동에 따라 임기응변해야 하는 것을, 어떻게 미리 승리할 계책을 확정지어 놓을 수가 있겠느냐? 나는 지금 적의 군세가 매우 강하여 우리가 공격을 한다 해도 쉽게 승리할 수 없다고 생각한다. 제장들의 견해는 어떠한가?"

이에 제장들은 모두가 나가 싸우겠다고 주장했다. 유심은 이런 상황을 보고 단지 침묵만 할 뿐 더 이상 말을 하지 않았다.

어느 날 유심은 여러 장수들을 군영문 앞에 소집하여, 황하의 강물을 한 그릇씩 따라 준 다음 그 물을 마시게 했다. 장수들은 유심의 의도를 모른 채, 어떤 자는 그 물을 마시기도 하고 또 어떤 자는 사양하기도 했다. 그러자 유심이 장수들을 꾸짖었다.

"한 그릇의 황하 물도 다 마시기 어려운데, 도도히 흐르는 저 황하 수를 어찌 다 마실 수 있단 말인가?"

유심에게 질책을 당한 장수들은 그제서야 강한 적세를 도도한 황하에 비유한 뜻을 깨닫고 모두 얼굴빛이 변했다.

이 무렵 이존훈은 친히 군을 지휘하여 계속해서 유심의 진영에 압력을 가하며 싸움을 걸어왔다. 그러나 유심은 여전히 응전하지 않았다. 이 사실을 안 말제는 또다시 사자를 보내 반드시 출전하여 진 군과 싸우라는 엄명을 내렸다. 유심은 하는 수 없이 1만여 명의 병력을 이끌고 진 군의 진영에 돌입하여 다수의 적을 생포했다. 그러나 유심 군은 곧 진 군의 주력 부대에게 반격을 당했다. 유심은 진 군의 세가 신속, 맹렬한 것을 보고 싸움을 피해 고원성으로 후퇴했다. 이에 이존훈은 휘하의 이사원, 이존심의 부대와 합세하여 고원성을 협공했다. 이미 수비에 유리한 지형을 잃은 유심 군은 진 군의 집중 공격으로 결국 대패했고, 유심 역시 단지 수십 명의 기병만을 이끌고 남으로 도망쳤다.

_《구오대사》〈양서-유심전〉

■ 보충 설명

이처럼 적정의 정황을 확실하게 모르는 상황에서는 변화에 기인하여 적을 제압하려는 지도 방침은 관철될 수 없다. 이것이 바로 후량 군이 작전에서 실패한 가장 큰 원인이다.

외전

두려워할 외(畏), 畏戰

비겁한 자는 처단하여 병사들이 눈앞의 적을 두려워하지 않도록 하라. 그러나 전군이 적을 두려워할 때는 무서운 형벌로 다스리는 대신 부드럽고 온화한 방법으로 장병들의 마음을 안정시킴으로써 살 수 있다는 자신감을 갖게 해야 한다.

남북조 시대 때 진의 무제인 진패선이 양의 장군 왕승변을 정토했다. 그는 조카 진천을 불러 계책을 논의했다.

당시 오흥에는 왕승변의 사위인 두감이 주둔하고 있었는데, 그 병력이 매우 강대했다.

무제는 비밀리에 진천을 보내 장흥으로 되돌아가게 했다. 출발 전에 그에게 말했다.

"장흥은 나의 고향이다. 부대에 명하여 성책을 세우고 양 군의 공격을 막도록 하라."

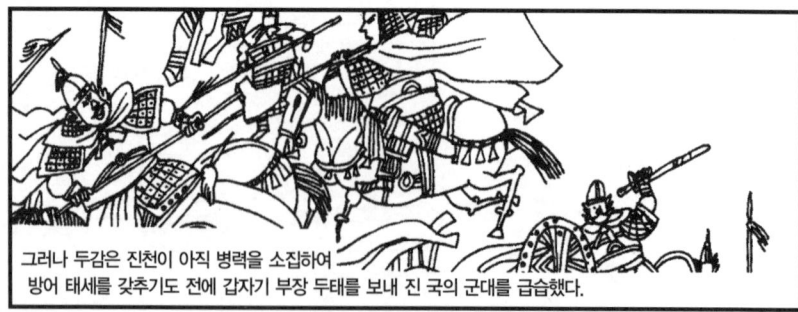

그러나 두감은 진천이 아직 병력을 소집하여 방어 태세를 갖추기도 전에 갑자기 부장 두태를 보내 진 국의 군대를 급습했다.

진 나라의 장병들은 무방비 상태로 있다가 양 군의 기습에 대경실색하여 어찌할 바를 몰라 우왕좌왕했다.

그러나 진천은 평상시와 같은 모습으로 태연자약하게 담소를 즐겼다. 곧이어 침착하게 병력을 배치하고 병사들에게 굳게 지킬 것을 명했다.

모두들 당황하지 마라. 적군은 아직 공격을 개시하지 않았다. 우리에게는 충분한 시간이 있다.

장졸들은 진천의 태연하고 여유 있는 모습에 빠르게 안정을 되찾았다.

진 군은 진천의 지휘 하에 침착하게 응전하여 양 군의 공세를 훌륭하게 막아냈다.

외전(畏戰)

  적과 전투 도중에 겁이 많고 나약한 병사가 있어, 전진하라는 북소리를 듣고도 전진하지 않고, 후퇴하라는 징소리가 울리지 않았는데도 미리 후퇴하는 경우에는, 반드시 가려내 참형으로 다스려 장병들의 본보기로 삼아야 한다. 그러나 모든 장병이 전투에 공포를 느껴 사기가 저하되었을 경우에는 처벌을 가하면 더욱더 사기가 떨어지므로 중형을 가해서는 안 된다. 이럴 때는 지휘관이 부드러운 얼굴로 군사들을 어루만져 주고 적이 두렵지 않다는 믿음을 심어 주며, 사명감을 고취시키고, 필승에 대한 자신감을 갖도록 유도해야 한다. 이렇게 하면 군사들의 공포심은 저절로 진정될 것이다.

  《사마양저병법》에 '비겁한 자는 처단하여 병사들이 눈앞의 적을 두려워하지 않도록 하라. 그러나 전 군이 적을 두려워할 때는 무서운 형벌로 다스리는 대신 부드럽고 온화한 방법으로 장병들의 마음을 안정시킴으로써 살 수 있다는 자신감을 갖게 해야 한다'고 했다.

  남북조 시대인 서기 555년 9월, 진의 무제가 된 양 나라 장군 진패선이 같은 양 나라 장군인 왕승변을 토벌할 때의 일이다.

  진패선은 그의 조카인 진천과 더불어 작전 방략을 계획했다. 당시 왕승변의 사위였던 두감은 이미 오흥 지방을 점령하여 다수의 병력으로 세력을 확장하고 있었다. 이 소식을 들은 진패선은 진천에게 은밀히 명령을 내려 오흥의 북방 장성(현명, 오늘의 절강성 장흥)으로 귀환하여 성책을 세우고, 오흥에서 북상하는 두감 군의 침입에 대비하도록 했다.

두감은 부장 두태의 부대를 출동시켜 진패선 군의 허점을 뚫고 장성을 습격했다. 불시에 공격을 당한 진천 군의 장병들은 모두 사색이 되었다. 그러나 진천은 조금도 두려워하는 기색 없이 태연한 어조로 평상시처럼 질서정연하게 부대를 지휘했다. 그 결과 군사들의 마음이 빠르게 진정되어 전쟁에서 승리할 수 있었다.

_《남사》〈진본기상-문제기〉

■ 보충 설명

본 편에서는 전쟁에 임하여 군사들이 적을 겁내고 전쟁을 두려워하는 문제에 대한 방안을 제시하고 있다. 즉 전장에서 기율의 필요성과 부대 사상 교육의 중요성을 말하는 것으로, 이들은 상보 상성(相補相成)해야 한다는 관계를 천명하고 있다. 이는 치군하고 용병하는 도리로써 아주 귀중한 사상이다.

호 전

좋아할 호(好), 好戰
국가가 비록 강대하더라도 전쟁을 좋아하면 반드시 멸망할 것이다.

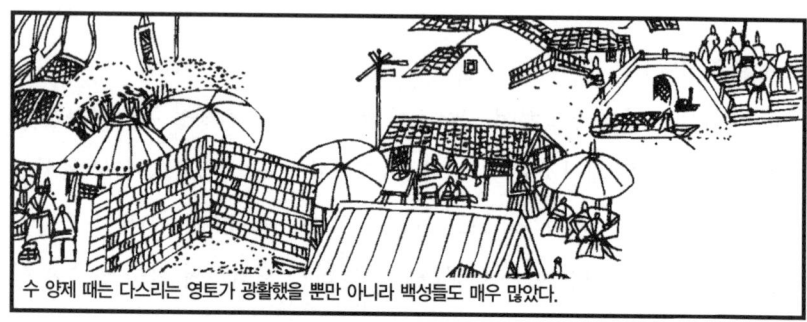

수 양제 때는 다스리는 영토가 광활했을 뿐만 아니라 백성들도 매우 많았다.

그러나 무력을 남용하여 전쟁을 일삼으니, 세 차례에 걸쳐 고구려를 침공했고 해를 거듭해도 전쟁은 끊이지 않았다.

수의 대업 8년인 서기 612년, 양제는 1백만의 군대를 이끌고 출정하여 고구려의 요동성을 공격했으나 대패했다.

대외 전쟁의 실패로 수 나라의 국력은 날로 쇠잔해지고, 수 왕조 내부의 통치 계급 내에도 혼란이 일어나 사분오열(四分五裂)되었다.

얼마 후, 전국적으로 농민 봉기가 일어나 수 왕조는 멸망했고, 양제 또한 피살되었다.

국군(國君)의 지위에 있는 자는 응당 이 고사를 교훈 삼아 전쟁을 할 때는 신중해야 할 것이다.

호전(好戰)

병기는 사람의 생명을 빼앗는 흉기이며, 전쟁은 인의와 도덕에 역행하는 행위이다. 무력이란 실로 부득이한 경우에만 사용할 것이며, 나라가 크고 백성이 많다고 해서 함부로 타국의 영토를 침략하거나 전쟁을 일으켜서는 안 된다. 군주나 백성이 전쟁을 좋아한다면 그 나라는 패망하고 말 것이다. 무력이란 불장난과 같아서 적절히 통제하지 않으면 스스로를 타게 하는 자멸의 재앙을 불러들인다. 그러므로 지도자 된 이는 무력을 남용하여 전쟁을 국가 흥망에 궁극적 수단으로 일삼는 것은 국가의 흥망과 직결된다는 것을 한시도 잊어서는 안 된다.

《사마양저병법》에 '국가가 비록 강대하더라도 전쟁을 좋아하면 반드시 멸망할 것이다' 라고 했다.

수 나라는 중국을 천하 통일하여 국토가 넓고 백성 또한 많았다. 그러나 수 양제(煬帝, 569~618)는 604년 7월, 음모를 꾸며 아버지를 죽이고 제위를 찬탈한 뒤 대내적으로는 전횡과 폭정을 일삼고, 대외적으로는 군사력을 길러 쉴새없이 군을 동원하여 주변 국가들을 침략했다.

특히 612년에서 614년 사이에는 3백40여 만 명(매차마다 1백10만 명)의 대병력을 동원하여 세 차례나 고구려 정벌을 시도했으나, 요동에서 궤멸당하고 말았다. 게다가 계속되는 전쟁으로 많은 병사들이 숨지고 국내의 생산 활동은 파괴되었으며, 엄중한 병역과 부역, 압제 때문에 백성들의 생활은 피폐되어 갔다. 이에 각지에서 농민들이 항거하여 반란이 일어나 끝내 자멸하고 말았으니 어찌 후세의 웃음거리가 아니겠는가? 전쟁이란 지도자가 참으로 조심해야 할 국가 대사인 것이다.

_《수서》〈양제기〉,《자치통감》〈수기 5〉

■ 보충 설명

《손자병법》의 〈모공 편〉에는 의미심장한 표현이 나온다. '백 번 싸워 백 번 이기는 것만이 최상은 아니다. 싸우지 않고도 적을 굴복시키는 것이야말로 최상이다.' 여기서 싸우지 않는다는 것은 무장을 포기하고 전쟁을 하지 말라는 뜻이 아니라 적과 직접 맞붙어 싸우지 않고도 적을 굴복시키라는 뜻이다. 이는 전쟁에 있어 손자가 갈망하는 가장 이상적인 경지이다.

손자는 다시 말한다. '전쟁하는 방법 가운데 최상은 적을 온전한 채로 굴복시키는 것이고, 적을 쳐부수어 굴복시키는 것은 차선이다.…… 따라서 전술이 뛰어난 자는 적군을 굴복시키기 위해 싸우지 아니하며, 적의 성을 함락하기 위해 공격하지 않으며, 적국을 부수는 데 있어 지구전을 벌이지 않는다. 반드시 책략으로써 적을 굴복시킨다. 그래서 병력의 큰 손실 없이도 완전한 승리를 거둔다. 이것이 책략으로써 적을 굴복시키는 방법이다.'

싸우지 않고 이긴다는 것은, 원대한 정치적 포부와 넓은 포용력을 가지고 있고 책략에 대한 수양이 성숙한 지도자만이 장악할 수 있는 경지이다. 이러한 경지는 공과 이익을 탐내고 그저 승리만을 추구하는 자는 결코 얻을 수 없다. 힘으로만 이기려 하고 책략으로 승리하지 않으며, 성과 땅만 공격할 줄 알고 군과 나라를 온전하게 하는 도를 모르는 지도자는 절대로 이 경지를 터득할 수 없다. 한때 대제국을 구가하던 수 나라의 짧고도 갑작스러운 멸망이 바로 이 진리를 잘 말해 주고 있다.

망 전

잊을 망(忘), 忘戰
천하가 비록 태평하더라도 전쟁을 잊으면 반드시 망국의 위험이 닥친다.

당 나라 현종 시절, 국가는 오랫동안 태평성대를 구가하고 있었다. 그로 인해 병기는 감춰져 녹슬고, 전마는 모두 안장이 벗겨져 남산에 방목되었다.

무장들은 중용되지 못하고, 병사들은 훈련되지 않고, 국가는 조금도 경계함이 없고, 백성들도 전쟁을 잊어버렸다.

천보 연간, 절도사 안록산과 사사명이 반란을 일으켜 경도를 공격해 오자 국가 전체가 혼란에 빠졌다.

갑작스러운 안사의 난이 일어나자 조정은 황망 중에 응전했다. 그러나 문관들은 병력을 장악하거나 통솔하지 못하고 백성들도 나아가 싸울 줄을 몰랐다.

국방·군사란 모름지기 국가의 존망과 관계가 있다. 이같이 중차대한 문제를 어찌 한시도 잊을 수 있겠는가!

얼마 지나지 않아 경도 황성은 완전히 함락되어 파괴되었고, 당 왕조는 통치권을 거의 상실했다.

망전(忘戰)

생활이 안정되어 있더라도 위급하고 어려운 상황을 잊어서는 안 된다. 태평성대라 할지라도 전란의 정황을 망각해서는 안 된다. 이것이야말로 선대의 성현들이 우리에게 남긴 중요한 교훈이다. 국가는 일 년 사계절 내내 훈련 제도를 갖추어 전쟁을 잊지 않고 있다는 것을 분명하게 보여 주어야 한다. 옛날 군왕들이 태평성대에도 춘하추동 사계절마다 사냥을 함으로써 강무 의식을 거행했던 것은, 국가가 전쟁을 잊어서는 안 되며, 백성들도 군사 훈련을 게을리해서는 안 된다는 점을 교도하기 위해서였다.

《사마양저병법》에 '천하가 비록 태평하더라도 전쟁을 잊으면 반드시 망국의 위험이 닥친다'고 했다.

당 나라 현종(玄宗, 685~762)은 즉위 초기부터 요숭, 송경 등의 현명한 신하들을 발탁하여 국가와 백성의 이익을 추구하는 정치를 폈다. 그 결과 약 50년 간에 걸쳐 이른바 '개원의 치(開元의 治)'라고 불리는 태평성대가 계속되었다. 그러나 현종은 통치 후반기에 접어들면서 태평성대를 이루었다는 자만에 빠져 궁궐 깊숙이 틀어박혀 양귀비와의 철없는 사랑을 즐겼다. 군정의 대권은 이임보, 양국충 등에 의해 농락당했고, 국가에서는 무기를 부수고 군마를 풀어 주었으며, 전국의 요새를 지키는 진장들은 해임해 버렸다. 그 결과 국가는 국방을 모르게 되었고 백성들도 전쟁을 잊고 지냈다.

그러던 중 천보 4년인 서기 755년 11월, 안록산(安祿山)과 사사명(史思明) 등이 15만의 병력을 이끌고 범양에서 군사를 일으켜 반년도 안 되어 동경과 낙양, 서경, 장안 등을 잇달아 함락했다. 조정에서는 문신들을 출정시켰으나 군을 제대로 지휘하지 못했고, 군사들 역시 장터에서 모은 오합지졸이라 제대로 싸움을 수행하지 못했다. 반란을 평정하는 데 무려 7년이라는 세월이 소요되었고, 그 사이에 당 왕조는 기력을 거의 소모했다. 한때 세계적인 대제국을 구가하던 당은 결국 멸망의 길로 접어들었다.

_《구당서》〈현종본기〉, 《자치통감》〈당기32〉

■ 보충 설명

국가나 민족은 외적의 침략을 받으면 일반적으로 무력의 중요성을 인식하고, 있는 힘을 다해 침략자를 물리치기 위해 전쟁에 뛰어든다. 그러나 상대적으로 평화로운 상황에 있을 때는 무를 잊고 외환을 생각하지 않는다. 이 때문에 국가가 멸망의 위기에 처한 역사가 적지 않다. 안정과 위기는 서로 맞물려 돌고 도는 관계이다. 태평할 때 위기와 어려움을 예방하여 대의를 그르치는 일이 없도록 해야 할 것이다.

'군자는 태평할 때도 위기를 잊지 않고, 순탄할 때도 멸망을 잊지 않는다. 국가가 잘 다스려지고 있을 때도 혼란을 잊지 않는다. 그렇게 함으로써 작게는 내 몸을, 크게는 가정과 국가를 보전할 수 있다.'

_《주역》〈계사전하〉